金蝶 ERP 实验课程指定教材

业财一体化实验教程
——基于金蝶云星空 V7.5

傅仕伟　杨　兰　郑　菁◎编著

清华大学出版社
北京

内 容 简 介

本书基于金蝶具有划时代意义的云管理平台——金蝶云星空 V7.5 为蓝本，采用贴近企业实际业务流程处理的方式编写。书中设计了某企业的完整案例，每章提供该企业具体的管理和业务流程，以完整的业务数据详细介绍业财融合模式下财务管理系统涉及的功能和具体操作，使读者对企业的实际业务理解得更透彻，不仅"知其然"，更"知其所以然"，将所学知识应用于企业的实际管理和业务中。

本书适合高等院校财务管理、会计信息化、工商管理、信息管理等相关专业的学生，对于企业的业务管理人员和信息化主管也是一本不错的参考书。

本书封面贴有清华大学出版社防伪标签，无标签者不得销售。
版权所有，侵权必究。举报：010-62782989，beiqinquan@tup.tsinghua.edu.cn

图书在版编目(CIP)数据

业财一体化实验教程：基于金蝶云星空 V7.5 / 傅仕伟，杨兰，郑菁编著. —北京：清华大学出版社，2022.1（2024.8重印）
金蝶 ERP 实验课程指定教材
ISBN 978-7-302-59635-6

Ⅰ. ①业… Ⅱ. ①傅… ②杨… ③郑… Ⅲ. ①会计信息－财务管理系统－教材 Ⅳ. ①F232

中国版本图书馆 CIP 数据核字(2021)第 249003 号

责任编辑：	高　屾
封面设计：	周晓亮
版式设计：	孔祥峰
责任校对：	马遥遥
责任印制：	宋　林

出版发行：清华大学出版社
　　网　　址：https://www.tup.com.cn，https://www.wqxuetang.com
　　地　　址：北京清华大学学研大厦 A 座　　邮　编：100084
　　社 总 机：010-83470000　　邮　购：010-62786544
　　投稿与读者服务：010-62776969，c-service@tup.tsinghua.edu.cn
　　质 量 反 馈：010-62772015，zhiliang@tup.tsinghua.edu.cn
印 装 者：涿州汇美亿浓印刷有限公司
经　　销：全国新华书店
开　　本：185mm×260mm　　印　张：17.5　　字　数：506 千字
版　　次：2022 年 1 月第 1 版　　印　次：2024 年 8 月第 10 次印刷
定　　价：58.00 元

产品编号：095016-01

前言

新技术的飞速发展，尤其是互联网、移动互联网、云计算、大数据、人工智能、区块链等新技术催生了很多新兴企业，同时给传统企业的经营管理方式带来了巨大的冲击。如何运用这些新的技术，提升企业的竞争实力，并预见企业经营过程中随时可能产生的各种风险，是企业管理者们时时在思考的问题。

随着人工智能技术与财务会计的结合、金税工程的深入推进、"互联网+"管理模式的演进，企业财务会计的重点和内涵正在发生变化。

首先，财务会计已经从传统的会计核算向业财融合转型，财务人员不仅要掌握财务的专业知识，还需要了解企业内部的销售、采购、库存、生产等业务流程。唯有如此，才能有效解读财务凭证、报表中各项数字背后的业务场景，为企业的生产经营提供有效的财务支持保障。

其次，企业高层对管理的实时性、精确性要求更高了。无论何时、无论何地，企业高层都希望通过手机、电脑等移动设备随时获知企业经营的财务数据、业务数据；同时，也能通过这些数据及时反映出企业在经营上可能存在的问题，预见未来的风险。

再次，随着企业业务的逐步扩展及市场经营范围的扩大，跨地域多组织的运作模式已经成为很多企业的典型架构和管理方式。如何及时有效地反映多组织、多业务单元的经营绩效，以判断企业的经营战略是否存在问题，是企业高层关注的重点。

以上这些因素促使管理软件企业将互联网及移动互联网、人工智能等技术融入优秀企业的管理模式，推出创新性的管理软件。

金蝶作为国内知名的管理软件厂商，一直致力于帮助中国企业借助管理信息化提升管理水平和竞争力，并在技术创新和管理模式的融合上不断突破，在云 ERP 领域已经处于国内领先地位。故本书以金蝶具有划时代意义的创新产品——金蝶云星空 V7.5 为蓝本，来编写"互联网+"时代下的企业云管理的相关案例教程，以适应企业业财融合的管理需求。

金蝶云星空 V7.5 是金蝶采用最新的云计算技术开发的、适应在互联网商业环境和"云+端"模式下运行的新一代企业管理软件，致力于打造"开放""标准""社交"的企业管理应用架构，为中国企业提供更加开放、更加强大、更加便捷的管理软件，强化企业的管理竞争力。

在以业财融合为导向的会计信息化方面，金蝶云星空 V7.5 具备了以下几个显著的新特性。

- ❑ 通过智能会计平台实现真正的平台级财务核算。智能会计平台在总账与业务系统之间搭建起桥梁，既实现了财务与业务的独立性，又能轻松建立连接，加大财务与业务处理的灵活度，真正实现了业务随时发生、财务随时核算的管理需要。
- ❑ 动态扩展的财务核算体系。系统既可以根据对外披露财报的需要构建法人账，也可以依据企业管理的需要构建利润中心管理账，并建立管理所需的多个维度的核算体系，包括按产品线、按地域管理、按行政组织的核算，实现对不同组织的独立业绩考核。
- ❑ 精细化的利润中心考核体系。系统既可以实现按企业、按事业部进行利润中心考核，还可以进一步层层分解，按照阿米巴的经营管理模式，实现按经营单元、按团队进行精细化的利润考核。
- ❑ 灵活的多组织销售业务协同。系统提供了多种销售业务协同模式，包括"集中销售+分散发货+集中结算""集中销售+分散发货+分散结算""集中销售+集中发货+分散结算""集中销售+集中发货+集中结算"等模式。

- 灵活的多组织采购业务协同。系统提供了多种采购业务协同模式，包括"集中采购+分散收货+集中结算""集中采购+分散收货+分散结算""集中采购+集中收货+分散结算""集中采购+集中收货+集中结算"等模式。
- 可扩展的多组织结算体系。在多组织协同与精细化考核体系下，必然存在对内部组织独立核算与考核的需求。多组织结算可以灵活定义多组织内部结算关系，并支持多会计核算体系、多种价格模式的内部结算，轻松应对内部复杂多变的结算业务。
- 丰富的移动应用。金蝶云星空 V7.5 基于金蝶的云之家平台，提供了丰富的财务、供应链移动轻应用，包括掌上资金、移动下单、业务审批、掌上订货、经营分析等，为基于移动互联网的管理模式创新提供了强有力的平台。

本书采用贴近企业实际业务流程处理的方式进行编写，在书中设计了某企业的完整案例，每个章节提供该企业具体的管理和业务流程，同时提供完整的业务数据来详细介绍业财融合模式下财务管理系统涉及的功能和具体操作。这种业务流程化的编写模式有利于让读者对金蝶云星空管理系统的功能有更深刻的认识，并对企业的实际业务理解更透彻，让学生不仅"知其然"，更"知其所以然"，能将所学的知识应用于企业的实际财务业务中。

本书共分为 8 章，以业财融合的模式详细介绍了总账管理、应收款管理、应付款管理、出纳管理、固定资产管理、发票管理、费用管理、人人报销、智能会计平台、销售管理、采购管理、组织间结算、库存管理、存货核算、报表、合并报表等系统功能。

本书提供了丰富的教学资源(扫描右侧二维码即可获取)，包含的内容有：

(1) 金蝶云星空 V7.5 安装文件(限于文件太大，仅提供下载地址)，便于读者操作；

(2) 初始账套数据，便于学生练习；

(3) 教学课件(PPT 格式)，便于教师授课；

(4) 考题，便于教师在教完本书后，对学生进行关键知识点的考核。

同时，本书提供操作视频(扫描正文相应位置二维码即可观看)，便于学习时重点参考。

说明：

读者可登录金蝶云社区获取更多的学习资源，网址为：https://vip.kingdee.com/，选择"金蝶云·星空"。该板块提供了相关的学习内容，同时可通过社区论坛进行学习、交流，便于自助解决学习中遇到的各种问题。

本书结合了作者所在企业的多年信息化实践的经验，适合作为高等院校财务管理、会计信息化、工商管理、信息管理等相关专业的教材，对学生了解企业的管理与实际业务，以及如何与信息系统结合非常有帮助；当然，对于企业业务管理人员和信息化主管也是一本不错的参考书。

本书在编写的过程中，参考了作者所在公司的一些工作成果，也借鉴了一些企业管理和信息化建设的相关资料和文献。因人员较多，在此不一一表述。因为有了他们的辛勤劳动，才会凝结成本书的最终成果。在此，谨对他们表示衷心的感谢！

编者

2021 年 10 月

目 录

第1章 系统简介……………………………… 1
1.1 产品体系结构 ……………………… 1
1.2 整体业务架构 ……………………… 2

第2章 实验背景介绍 ………………………… 5

第3章 系统管理 ……………………………… 9
3.1 系统概述 …………………………… 9
3.2 实验练习 …………………………… 9
实验一 金蝶云星空产品安装 ……… 9
实验二 新建数据中心 ……………… 16
实验三 数据中心维护 ……………… 19
实验四 搭建组织机构 ……………… 22
实验五 基础资料控制 ……………… 28
实验六 用户权限管理 ……………… 29
实验七 基础资料维护 ……………… 33

第4章 系统初始化 …………………………… 49
4.1 系统初始化概述 …………………… 49
4.2 实验练习 …………………………… 49
实验一 总账初始化 ………………… 49
实验二 出纳系统初始化 …………… 57
实验三 应收应付初始化 …………… 63
实验四 费用管理初始化 …………… 67
实验五 固定资产初始化 …………… 68
实验六 库存系统初始化 …………… 71
实验七 存货核算系统初始化 ……… 74

第5章 日常业务管理 ………………………… 79
5.1 系统概述 …………………………… 79
5.2 实验练习 …………………………… 80
实验一 集中采购业务 ……………… 80
实验二 一般采购业务 ……………… 90
实验三 支付定金的采购 …………… 95
实验四 采购退料 …………………… 101
实验五 集中销售 …………………… 107
实验六 收取定金的销售业务 ……… 119

实验七 寄售业务 …………………… 125
实验八 简单生产领料业务 ………… 132
实验九 费用报销业务 ……………… 135
实验十 员工借款业务 ……………… 138
实验十一 资产调拨业务 …………… 141
实验十二 资产盘点 ………………… 149
实验十三 计提折旧 ………………… 155
实验十四 取现业务 ………………… 160
实验十五 支付货款 ………………… 162
实验十六 收到货款 ………………… 164
实验十七 应收票据处理 …………… 167
实验十八 资金下拨 ………………… 172
实验十九 资金上划 ………………… 175
实验二十 盘亏资产处置 …………… 178
实验二十一 缴纳税费 ……………… 179
实验二十二 计提电费 ……………… 180
实验二十三 计提工资 ……………… 182
实验二十四 结转制造费用 ………… 184
实验二十五 结转入库成本 ………… 186
实验二十六 存货盘点 ……………… 188
实验二十七 结转未交增值税 ……… 192
实验二十八 计提税金及附加 ……… 195
实验二十九 出纳凭证复核并指定
现金流量 ………………… 196

第6章 期末处理 ……………………………… 203
6.1 期末处理概述 ……………………… 203
6.2 实验练习 …………………………… 203
实验一 凭证审核 …………………… 203
实验二 凭证过账 …………………… 204
实验三 结转损益 …………………… 205
实验四 出纳管理结账 ……………… 208
实验五 应收款管理结账 …………… 209
实验六 应付款管理结账 …………… 210
实验七 费用管理关账 ……………… 210
实验八 存货核算关账与结账 ……… 211

实验九 固定资产结账 ………… 212
实验十 总账结账 ………… 213

第7章 报表 …………………………… 215

7.1 系统概述 ………… 215
    7.1.1 报表系统主要业务流程 …… 215
    7.1.2 重点功能概述 ………… 216
7.2 实验练习 ………… 216
实验一 资产负债表 ………… 216
实验二 利润表 ………… 226
实验三 现金流量表 ………… 231

第8章 合并报表 ………………………… 237

8.1 系统概述 ………… 237
8.2 实验练习 ………… 237
实验一 合并准备 ………… 237
实验二 编制报表模板 ………… 240
实验三 个别报表编制 ………… 252
实验四 抵销与调整 ………… 263
实验五 合并报表编制 ………… 271

第 1 章 系统简介

会计信息系统,是一门融计算机科学、管理科学、信息科学和会计学为一体的综合学科。学生通过对会计信息系统基本理论的学习,可以为以后工作中的实际应用打下坚实的基础。随着企业市场竞争的日益激烈,越来越多的公司要求学生一上岗就能熟练操作信息化软件,光有理论的学习已远远不能满足企业用人的需要。本书就以企业的实际经营运作为蓝本,结合学校实验操作的要求,让学生通过上机实验模拟企业的真实业务场景进行相关技能的演练和提升。

依据目前国内外企业信息软件的使用情况,本书选择国内知名软件公司——金蝶国际软件集团有限公司的金蝶云星空系统作为本书的学习范本。

与国外软件相比,金蝶云星空系统更符合中国国情,适合中国企业,其优异性已通过数十万家客户的应用得到验证。

金蝶云星空系统,是第一款基于云平台的社交化 ERP 系统。它是基于 WEB2.0 与云技术的一个开放式、社会化的新时代企业管理服务平台。整个产品采用 SOA 架构,完全基于 BOS 平台组建而成,业务架构上贯穿流程驱动与角色驱动思想,结合中国管理模式与中国管理实践积累,精细化支持企业财务管理、供应链管理、生产管理、供应链协同管理等核心应用。

1.1 产品体系结构

金蝶根据企业的应用规模开发了以下系列产品:适用于小微企业的金蝶云星辰,适用于中小型企业的 K/3 wise,适用于中大型企业的云星空,适用于大型集团型企业的 EAS,以及适用于超大型企业的金蝶云星瀚。同时,金蝶还有第一个基于服务导向架构(SOA)的商业操作系统——金蝶 Cloud-BOS,以及基于云原生架构的低代码开发平台金蝶云苍穹,作为构造金蝶企业级管理系统的基础平台。

下面以金蝶的主流产品云星空 V7.5 为蓝本,介绍金蝶软件的应用。

金蝶云星空系统,是一款云时代下诞生的新型 ERP 产品。在功能层面上,把握住了当下中国制造企业的特性与需求,兼容多语言、多会计准则、多税制;支持多组织、多工厂应用,是一款助力企业集团化发展的产品;针对中国企业组织结构多样化、考核体系变化快等特性,能够动态构建核算与考核体系。

在软件运行模式上,金蝶云星空颠覆传统 ERP 的服务模式,免安装客户端,纯 WEB 应用,更支持移动互联下的智能终端应用,用户可以在任何时间、任何地点进行管理运作,突破企业管理的办公室局限和 8 小时工作时间局限。同时对用户而言,这是一款完全社交化的 ERP 产品,用户可以一边向供应商订货,一边与同事、领导、供应商在线协调,工作首先从做朋友开始;此外,这是一款基于角色与业务的全流程驱动产品,对普通用户而言,以后不再是自己找工作做,而是"工作找人"。

金蝶云星空系统的主要功能涵盖了企业经营管理活动的各个方面。同时,它也在进一步发展中。金蝶云星空教学版是基于金蝶云星空软件系统 V7.5 来定制研发的,未来会跟随其版本同步升级发展。

目前金蝶云星空系统 V7.5 的子系统主要包括：
- 总账管理子系统
- 智能会计平台子系统
- 报表管理子系统
- 应收款管理子系统
- 应付款管理子系统
- 出纳管理子系统
- 存货核算子系统
- 产品成本核算子系统
- 标准成本分析子系统
- 固定资产管理子系统
- 发票管理子系统
- 合并报表管理子系统
- 资金管理子系统
- 网上银行管理子系统
- 费用管理子系统
- 人人报销子系统
- 预算管理子系统
- 经营会计子系统
- 采购管理子系统
- 销售管理子系统
- 信用管理子系统
- 库存管理子系统
- 组织间结算子系统
- 工程数据管理子系统
- 生产管理子系统
- 委外管理子系统
- 计划管理子系统
- 车间管理子系统
- 质量管理子系统
- 质量追溯子系统
- 促销管理子系统
- 返利管理子系统
- B2B 电商中心
- 全网会员
- BBC 业务中心
- BBC 分销商门户
- BBC 门店门户

1.2 整体业务架构

金蝶云星空结合当今先进管理理论和数十万家国内客户最佳应用实践，面向多事业部、多地点、多工厂等运营协同与管控型企业及集团公司，提供一个通用的 ERP 服务平台。金蝶云星空支持的协同应用包括但不限于：集中销售、集中采购、多工厂计划、跨工厂领料、跨工厂加工、工厂间调拨、内部交易及结算等。

金蝶云星空系统整体业务架构，如图 1-1 所示。

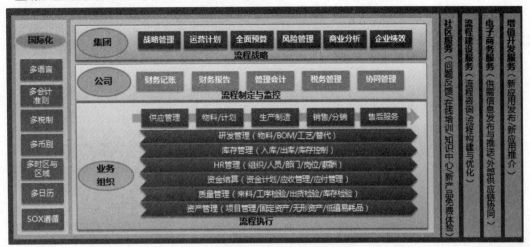

图 1-1　金蝶云星空系统整体业务架构

金蝶云星空管理信息系统涵盖了企业管理的方方面面，本书将以金蝶云星空 V7.5 为蓝本，从业财融合的角度介绍金蝶云星空财务、供应链两大部分的相关内容。

第 2 章

实验背景介绍

  本教材模拟某家高新技术企业——云端集团有限公司(以下简称云端集团)的 ERP 会计信息系统从上线实施到业务应用的全过程。

  云端集团是 2020 年新成立的高新技术企业,注册资本 3800 万元,主营智能制造设备的生产与销售。主要产品是自动驾驶机器人。公司生产的机器人结合最新的人工智能技术能实现针对不同的生产线全自动智能调整对接产线需求,是目前市面上最新型的智能全自动贴合机。产品一经推出,就备受广大客户的关注和踊跃订购。

  云端集团下设云端科技公司和云端销售公司两个法人组织,集团公司作为总管控公司,主要负责整个集团及下属公司的资金管理,保证资金利用率;云端科技公司作为主体公司,负责生产、采购、销售和寄售业务;云端销售公司主要负责产品的直接销售,同时为了节省成本,销售公司可以直接向科技公司要货。云端集团采用"分级管理、充分授权"的管理方式,针对集团基础信息,统一由集团公司创建管理,根据业务情况给不同的公司分配不同的信息;科技公司作为主体公司,拥有较大的自主经营权,产品在供应给销售公司的同时,也可以自行对外销售;销售公司作为公司主要的直销渠道,主要负责销售业务,其他业务委托集团和科技公司实现。

  集团虽然成立不久,但是集团管理层对信息化的要求比较高,为了有效利用企业资源,确保企业管理人员可以随时查看企业财务业务数据并做出实时分析,集团决定采用适用于集团云管理的 ERP 软件来管理企业的财务业务数据,经考察、评估后,企业于 2020 年购买了金蝶云星空系统 V7.5,并准备于次年 1 月正式启用。

  本次实施的 ERP 管理系统包括总账管理子系统、应收款管理子系统、应付款管理子系统、出纳管理子系统、固定资产管理子系统、发票管理子系统、费用管理子系统、人人报销子系统、采购管理子系统、销售管理子系统、库存管理子系统、存货核算子系统、组织间结算子系统、智能会计平台子系统、报表管理子系统、合并报表管理子系统。

  按照软件供应商的要求,上线前要先整理集团的一些资料,如组织架构、人员等。该集团的组织架构如图 2-1 所示。

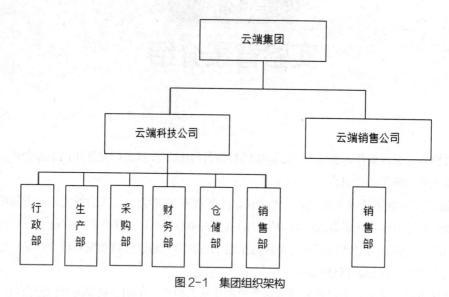

图 2-1 集团组织架构

公司各组织主要业务职责如表 2-1 所示。

表 2-1 公司各组织主要业务职责

组织	职责	业务职能
云端集团	云端集团公司法人，不参与企业的具体业务，主要负责集团的资金管理，负责下属子公司合并业务核算，出具合并报表	• 结算职能 • 收付职能 • 资金职能 • 服务职能 • 资产职能
云端科技公司	云端科技公司法人，负责云端科技公司的生产、销售、采购等具体业务，负责企业产品创新，保证产品质量，同时独立核算，追求企业利润最大化	• 销售职能 • 采购职能 • 库存职能 • 工厂职能 • 结算职能 • 质检职能 • 收付职能 • 资金职能 • 资产职能 • 服务职能

(续表)

组织	职责	业务职能
云端销售公司	云端销售公司法人,负责公司销售业务,负责拓展市场,同时独立核算,追求销售利润最大化	·销售职能 ·采购职能 ·库存职能 ·结算职能 ·质检职能 ·收付职能 ·资金职能 ·营销职能 ·资产职能

集团的其他基础资料在后面章节的操作中将逐一介绍。

第 3 章 系统管理

3.1 系统概述

使用 ERP 软件时涉及的组织、部门、人员众多,而且对信息资源的共享和隔离要求高,金蝶云星空 V7.5 作为一款新型云时代下的 ERP 产品,可以实现多法人、多事业部、多地点等多组织应用模式,在开始使用云星空进行业务处理之前,需要搭建企业的组织架构体系,根据企业具体情况对基础资料进行隔离和共享设置,并根据不同的业务要求为用户设置合适的权限来访问系统。上述功能都可在系统管理中得到处理,深入地理解和熟练地掌握系统管理部分的功能是使用云星空进行业务处理的前提条件。

3.2 实验练习

如已经部署并恢复数据中心,可直接跳过实验一~实验三。

实验一 金蝶云星空产品安装

在使用金蝶云星空系统之前,必须先安装好金蝶云星空系统。

↗ 应用场景

公司购买了金蝶云星空软件,并准备于 2021 年 1 月正式使用,信息部主管收到软件供应商提供的软件安装包后,开始安装系统。

↗ 实验步骤
- 制定部署策略。
- 安装配套软件。
- 安装金蝶云星空软件。

↗ 操作部门及人员

一般由软件供应商或公司信息系统部的人员负责安装软件。

↗ 实验前准备
- 当企业购买了软件后,就要开始安装工作。与普通应用软件不同的是,ERP 软件的安装相对复杂,需要考虑的因素更多。根据使用人数的多少、数据量的大小等,ERP 软件的安装布局也有不同的解决方案。在安装金蝶云星空软件前,需要统计企业的业务流量、数据大小、用户数等,据以分析计算机及网络等的配置标准。
- 一般情况下,中型应用企业客户需要准备两台部门级服务器及若干台计算机(根据用户数确定计算机数量)。

➚ 操作指导

金蝶云星空以 B/S 架构为基础。B/S 架构是一种典型的三层结构。其中：以浏览器为支撑的客户端负责与用户交互；业务服务器层进行业务逻辑处理；数据服务器层采用关系数据库进行业务数据的持久化存储。

对于数据库，应安装数据库产品和金蝶云星空数据库服务部件。目前，金蝶云星空系统同时支持数据库产品 Microsoft SQL Server 和 Oracle，所有的业务数据都存储在这里。

Web 服务层包括所有业务系统的业务逻辑组件。这些组件会被客户端所调用，是金蝶云星空系统的核心部分。

1. 系统部署角色

金蝶云星空系统的部署角色分为应用服务器、管理中心、管理数据库、账套数据库、管理员、用户。系统角色的定义如表 3-1 所示。

表 3-1 系统角色定义

角色	定义
应用服务器	提供"系统业务站点"，一般用户通过访问应用服务器来使用系统；应用服务器可访问的数据中心列表、用户许可都是管理中心提供的
管理中心	提供"系统管理站点"，仅供管理员访问，用于管理数据中心数据库和应用服务器，用户许可管理也在管理中心进行 管理中心和应用服务器是一对多的关系，即一个管理中心可管理多个应用服务器，每个应用服务器只能注册到一个管理中心
管理数据库	提供"管理数据"给管理中心；该角色不需安装任何金蝶组件，仅有数据库系统即可
账套数据库	提供"数据中心"给应用服务器访问；该角色不需安装任何金蝶组件，仅有数据库系统即可
管理员	"系统管理员"，通过浏览器访问管理中心进行系统管理
用户	"一般用户"，通过浏览器或 WPF 客户端访问应用服务器

2. 基本部署策略

1) 生产环境部署方案

数据库、应用服务器(管理中心)分别单独部署在专用服务器上，如图 3-1 所示，适用于金蝶云星空系统大多数部署场景。

为保证系统性能，在客户生产环境，应用服务器和数据库服务器必须分开单独部署，并且建议这些服务器专用于金蝶云星空服务，不建议用其他企业的应用服务器(如 AD、DNS、Mail 等)兼任。这样做才能保证不会发生多种服务争抢服务器运算资源，严重影响金蝶云星空系统运行性能的情况。从网络安全角度考虑，管理员可能对数据库服务器、应用服务器采用不同的安全策略，例如将数据库隔离在单独 VLAN、将应用服务器放在 DMZ 等，服务器分开部署更能满足网络安全方面的要求。

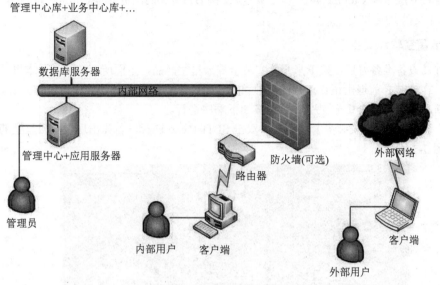

图 3-1 生产环境标准部署方案

2) 非生产环境部署方案

数据库、管理中心、应用服务器都装在同一服务器上,适用于金蝶云星空系统演示、练习等应用场景,如图 3-2 所示。

对于系统演示、测试或开发等小型的应用场景,业务量较小,可以将数据库、管理中心和应用服务器安装在同一台服务器上。为保证系统性能,在客户生产环境严禁采用这种部署方式。

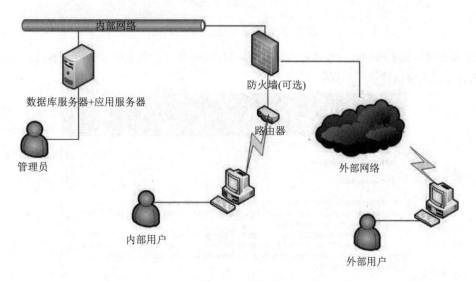

图 3-2 非生产环境部署方案

3. 配套软件安装

在安装金蝶云星空软件之前,建议在数据库服务器上先安装数据库,金蝶云星空支持 Microsoft SQL Server 和 Oracle 两种数据库软件。本书安装的配套数据库是 SQL Server 2008 R2。

金蝶云星空访问支持 Silverlight 和 HTML5 两种模式。支持 Silverlight 插件的浏览器有 Internet

Explorer 8.0～11.0 版本和 Chrome 44 及以上版本。支持 HTML5 的浏览器有 Chrome 37 及以上版本，IE 浏览器 11.0 及以上版本。

4. 金蝶云星空软件安装

配套软件及设备准备好后，接下来开始安装金蝶云星空产品，下面所有安装都以本机系统管理员身份登录，在安装之前退出正在运行的其他第三方软件，特别是杀毒软件和相关防火墙。

用户在新环境上安装金蝶云星空时，请按如下顺序进行。

(1) 打开【金蝶云星空安装盘】文件夹，双击 SETUP.exe 图标，首先出现金蝶云星空的安装程序界面，如图 3-3 所示。

图 3-3　金蝶云星空安装程序界面

(2) 单击【开始】按钮，进入许可协议界面，如图 3-4 所示，认真阅读许可说明后，勾选"本人已阅读并接受上述软件许可协议"。

图 3-4　许可协议界面

(3) 单击【下一步】按钮，进入产品功能选择界面，如图 3-5 所示，本书采用非生产环境的部署方式，因此选择"全部"；在该界面还可以修改安装位置，单击界面上的【浏览】按钮可以修改安装位置。

图 3-5　功能选择界面

(4) 单击【下一步】按钮，进入环境检测界面，如图 3-6 所示。

图 3-6　环境检测界面

(5) 环境检测之后会提示需要修复的问题，如图 3-7 所示，单击【自动修复】按钮后，可自动安装和启用产品依赖的 Windows 组件和服务。

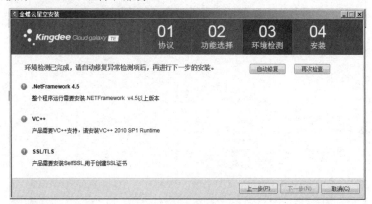

图 3-7　环境检测结果界面

(6) 自动修复结束后，单击【再次检查】按钮，若通过环境检测，界面如图 3-8 所示。

图 3-8 检查通过界面

(7) 单击【下一步】按钮，进入安装等待界面，如图 3-9 所示。

图 3-9 安装等待界面

(8) 安装完成后跳转到安装完成界面，如图 3-10 所示，单击【完成】按钮，成功完成金蝶云星空软件的安装。

图 3-10 安装完成界面

(9) 安装完成后，默认打开管理站点，单击【创建】，右边显示 SQL Server 管理中心，如图 3-11 所示，在该界面填写数据库服务相关信息，管理员为"sa"，密码可自行设置。"数据库文件路径""数据库文件日志路径"一定要存在，填写完成后单击【测试连接】按钮，测试连接成功后，单击【创建】进行管理中心创建。

图 3-11　管理中心向导

(10) 完成管理中心数据库创建后，系统提示创建完成，如图 3-12 所示。

图 3-12　管理中心创建完成

(11) 单击【完成】按钮，自动打开管理中心登录界面，如图 3-13 所示，默认管理员用户名：Administrator，默认密码：888888。

图 3-13　管理中心登录界面

(12) 完成产品安装后,在桌面会出现"金蝶云星空"和"金蝶云星空管理中心"两个桌面快捷方式图标,如图 3-14 所示。后续要进行数据中心管理维护时,双击打开"金蝶云星空管理中心"登录;要进行业务处理时,双击打开"金蝶云星空"即可。

图 3-14　快捷方式图标

实验二　新建数据中心

数据中心是业务数据的载体,支持 SQL Server 和 Oracle 两种数据库类型,并可以按数据中心设置系统时区。在使用金蝶云星空系统之前,必须先建立存储业务数据的数据中心。

↗ 应用场景
金蝶软件安装已经完成,即将准备使用金蝶云星空软件。

↗ 实验步骤
☐ 新建数据中心。

↗ 操作部门及人员
由软件供应商或者公司信息系统部的人员负责数据中心的设立。

↗ 实验前准备
☐ 了解拟使用的系统,进而确定数据中心类别。
☐ 确认数据库服务器路径、拟采用的数据库类型、身份验证方式和系统时区。

↗ 操作指导

新建数据中心的步骤具体如下。

(1) 双击安装后生成的桌面快捷图标"金蝶云星空管理中心",打开金蝶云星空管理中心登录界面,默认管理员用户名:Administrator,默认密码:888888,单击【登录】按钮后,进入管理中心界面。

(2) 在管理中心界面,单击左上角的功能菜单,如图3-15所示。

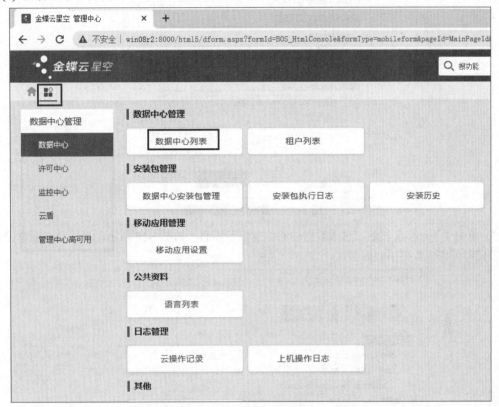

图3-15 管理中心界面

(3) 在功能菜单中,执行【数据中心】—【数据中心列表】命令,打开数据中心列表界面,如图3-16所示,可看到目前管理中心管理的全部数据中心记录。

图3-16 数据中心列表界面

(4) 单击【创建】—【创建 SQL Server 数据中心】，打开创建 SQL Server 数据中心向导界面，如图 3-17 所示，根据数据库服务器填写信息。

图 3-17　数据中心向导界面

(5) 单击【下一步】按钮，进入数据中心信息填写界面，如图 3-18 所示，填写完成后单击【创建】按钮即可完成数据中心的创建。

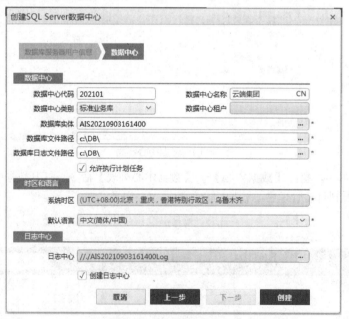

图 3-18　数据中心向导界面

(6) 数据中心创建完毕后，在【金蝶云星空管理中心】中的【数据中心列表】中，可以找到新增的数据中心。

实验三　数据中心维护

↗ 应用场景

为了确保数据安全性或为了在灾难发生时对数据丢失的损害降到最低限度，需要定期将业务操作过程中的各种数据进行备份，一旦数据中心被破坏，可以通过恢复功能将备份的数据中心恢复成一个新的数据中心继续进行业务处理。

↗ 实验步骤

- 数据中心的备份与恢复。
- 数据中心的云备份。

↗ 操作部门及人员

由公司信息系统部的人员负责数据中心的维护。

↗ 操作指导

1. 数据中心备份与恢复

信息部管理员双击桌面快捷图标"金蝶云星空管理中心"，打开金蝶云星空管理中心登录界面，默认管理员用户名：Administrator，默认密码：888888，单击【登录】按钮后，进入管理中心界面。

当需要备份数据中心的时候，执行【数据中心】—【数据中心列表】命令，打开数据中心列表，选择需要备份的数据中心后，单击【备份】按钮，打开数据中心备份界面，如图3-19所示。在备份界面填写数据库管理员、密码及备份路径后，单击【执行备份】按钮，完成数据中心的备份。

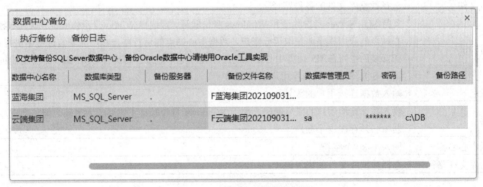

图3-19　数据中心备份界面

当需要恢复数据中心的时候，执行【数据中心】—【数据中心列表】命令，打开数据中心列表，单击【恢复】按钮，打开数据中心恢复界面，如图3-20所示。在恢复界面，根据具体情况填写数据库服务器、数据库管理员、密码及备份文件路径等信息后，单击【执行恢复】按钮，完成数据中心的恢复。

图 3-20　数据中心恢复界面

恢复界面字段说明如表 3-2 所示。

表 3-2　恢复界面字段说明

字段名称	说明
数据库服务器	存放备份文件的数据库服务器
数据库管理员	输入数据库服务器管理员名称
管理员密码	输入数据库服务器管理员密码
备份文件	选择数据库文件的备份路径
身份验证	支持 SQL Server 身份验证和 Windows 身份验证，若选择 Windows 身份验证，默认从数据中心站点的应用程序池获取运行账户，数据中心站点的运行账户在产品安装过程中进行设置，在安装后也可在 IIS 数据中心站点的应用程序池中修改；若选择 SQL Server 身份验证，请输入 SQL Server 数据库用户名和密码
登录名	输入数据连接用户的账号
密码	输入数据连接用户的账号密码，使用 Windows 身份验证不需要输入密码，但是数据库服务器中必须存在这个账户
数据中心名称	输入 1~80 个字符
数据库文件路径	选择数据库文件的恢复路径

❖ **注意：**

数据中心备份和恢复的时候，目前仅支持备份和恢复 SQL Server 数据中心，如果要备份和恢复 Oracle 数据中心，请使用 Oracle 工具实现。

2. 数据中心云备份

在服务器硬盘空间不够大的情况下，可以通过数据中心云备份的方式将数据中心备份到金蝶云盘中，后续要恢复时到云盘获取恢复即可，这种方式可以最大化地节省数据库服务器的硬盘空间。

当需要云备份的时候，登录管理中心执行【数据中心】—【数据中心列表】命令，打开数据中心列表界面，执行【云盾】—【云备份】命令，打开云备份数据中心界面，在界面中填写数据中心信息、数据库管理员名称和密码、云备份信息等内容。如果对备份文件要求加密，则勾选"文件加密"，然后输入安全密钥，如图3-21所示，单击【执行云备份】按钮，就开始备份数据中心，并将备份文件保存到云端。

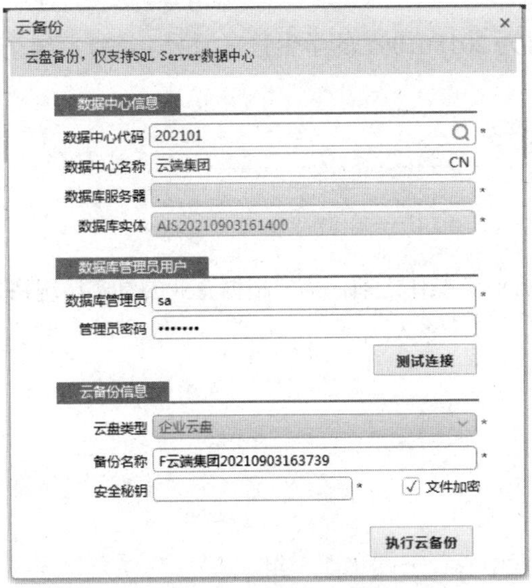

图 3-21　云备份界面

当需要云恢复的时候，执行【云盾】—【云恢复】命令，打开恢复金蝶云盘数据中心界面，在界面中选择之前备份在云盘上的数据中心备份文件，并填写对应的数据库服务器信息，以及恢复数据中心信息。如果之前使用的云盘文件是加密过的，则勾选"文件加密"，并输入安全密钥，如图 3-22 所示，单击【执行云恢复】按钮，系统就开始恢复数据中心。

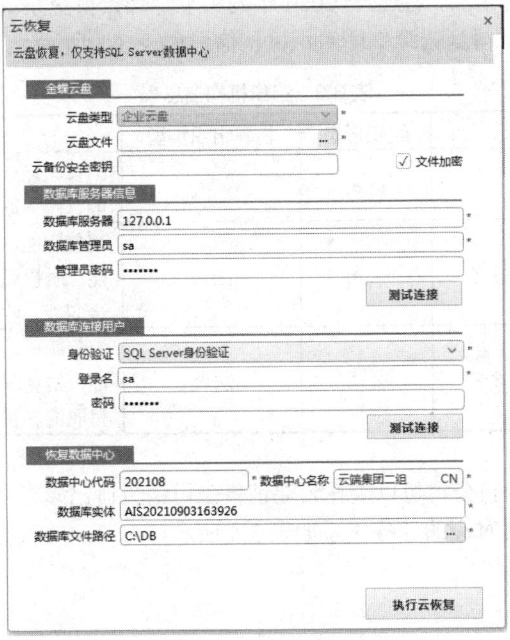

图 3-22　云恢复界面

> ❖ **注意:**
>
> 云备份除了提供基本的备份恢复功能外,还提供云盘账套维护和云操作记录查看功能。用户可用云盘账套维护来删除保存在云盘中的废弃文件,还可使用云操作记录来查看所有云备份和恢复的操作记录,以提高管理的安全性。

从实验四开始,以学号为 201801001 的学生张三为例,进行后续全部实验操作。

实验四 搭建组织机构

↗ 应用场景
开始使用金蝶云星空进行业务操作之前,需要根据企业的真实情况搭建组织机构。

↗ 实验步骤
- 搭建组织机构。
- 搭建组织业务关系。

↗ 实验前准备
- 使用教师提供的数据中心:云端集团一组。

↗ 实验数据
云端集团是 2020 年新成立的高新技术企业,注册资本 3800 万元,主营智能制造设备的生产与销售。云端集团有云端科技公司和云端销售公司。云端科技公司作为主体公司,负责生产、采购、资金管理和部分寄售业务。云端销售公司负责产品的销售。随着公司的发展壮大,需要用到 ERP 软件来管理企业,经考察、评估后,企业于 2020 年购买了金蝶云星空系统 V7.5,并准备于次年 1 月正式启用,根据该情况分析得到云端集团组织机构信息如表 3-3 所示。

表 3-3 组织机构信息表

组织编码	组织名称	组织形态	核算组织类型	业务组织类型
学号	云端集团_姓名	公司	法人	结算职能、资产职能、资金职能、收付职能、服务职能
学号.001	云端科技公司_姓名	公司	法人	销售职能、采购职能、库存职能、工厂职能、质检职能、结算职能、资产职能、资金职能、收付职能、服务职能
学号.002	云端销售公司_姓名	公司	法人	销售职能、采购职能、库存职能、质检职能、结算职能、资产职能、资金职能、收付职能、营销职能

在销售业务中,云端科技公司可以委托云端销售公司销售自己库存中的产品,也可以实现公司之间的库存调拨,因此设置对应的业务关系如表 3-4 所示。

表 3-4　业务关系信息表

业务关系	委托方	受托方
委托销售	云端科技公司_姓名	云端销售公司_姓名
库存调拨	云端科技公司_姓名	云端销售公司_姓名

▶ 操作指导

1. 搭建组织机构

输入云星空地址，打开金蝶云星空登录界面，选择"金蝶云星空账号"，数据中心为"云端集团一组"，用户名：Administrator，默认密码：888888，单击【登录】按钮，进入云星空系统管理界面，如图 3-23 所示。

图 3-23　云星空登录界面

每个数据中心初次登录需要进行多组织设置，每个数据中心只需设置一次，因此由一人设置该功能后，其他使用者只需按照图 3-26 所示的步骤新增组织机构即可。

启用多组织步骤：单击左上角的功能菜单，执行【系统管理】—【组织机构】—【组织机构】—【启用多组织】命令，如图 3-24 所示。

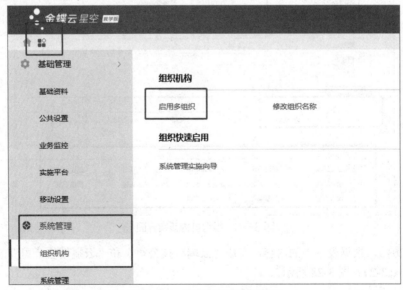

图 3-24　云星空功能菜单界面

选择启用多组织，单击【保存】按钮，如图 3-25 所示。

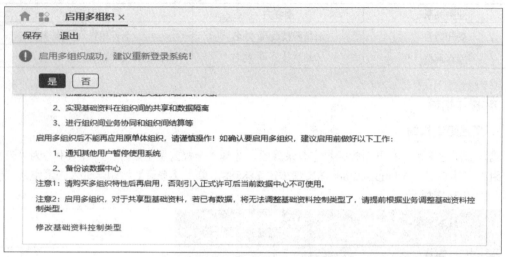

图 3-25 启用多组织界面

重新登录管理员账户，用户名：Administrator，密码：888888，单击左上角的功能菜单，执行【系统管理】—【组织机构】—【组织机构-修改】命令，打开组织机构查询界面。单击【新增】按钮，打开组织机构新增界面，根据表 3-3 的内容，填写组织机构信息，根据学号和姓名输入正确信息，以张三同学为例，输入编码为"201801001"，名称为"云端集团_张三"，形态为"公司"，核算组织为"法人"，业务组织勾选"结算职能""资产职能""资金职能""收付职能""服务职能"，组织机构新增界面如图 3-26 所示，输入正确信息后，依次单击【保存】【提交】【审核】按钮，完成组织机构的审核。

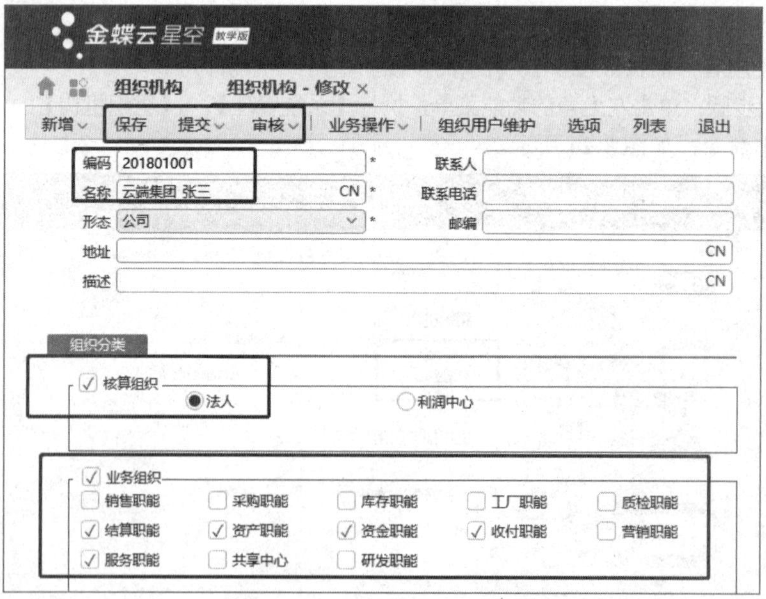

图 3-26 组织机构新增界面

参考上述方法，根据表 3-3 的内容，完成"云端科技公司"和"云端销售公司"的组织机构新增和审核，如图 3-27、图 3-28 所示。

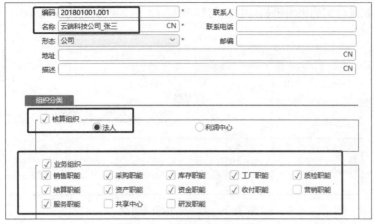

图 3-27　科技公司新增界面

图 3-28　销售公司新增界面

组织机构新增界面主要字段的属性说明如表 3-5 所示。

表 3-5　组织机构字段属性说明

字段名称	说明
编码	组织机构的编码不能重复
描述	可以不填写组织的描述信息
组织形态	来源于组织形态基础资料，默认为公司
组织分类	分为核算组织和业务组织两种类型，必须至少选择一个
核算组织	财务上独立核算的组织分为法人和利润中心两种，当核算组织被选中时，可以选择法人、利润中心其中之一
法人	对于独立核算的法人组织，只有当核算组织被选中时，才可选择法人
利润中心	对于独立核算的利润中心，只有当核算组织被选中时，才可选择利润中心
业务组织	对于业务上独立运作的组织，只有当组织为业务组织时，才可以选择具体的组织职能
组织职能	来源于组织职能的基础资料
组织属性	在组织属性分类下可以进行所属法人的设置
所属法人	来源于法人属性的组织，当组织本身为法人时，所属法人为本身；当组织为业务组织或者利润中心时，必须从系统的法人组织中选择一个组织作为所属法人

根据表 3-3 完成全部的组织机构信息新增和审核后，进入组织机构查询界面，组织机构信息如图 3-29 所示。

图 3-29　组织机构查询界面

2. 建立组织业务关系

登录用户为系统管理员：Administrator，默认密码：888888，登录云星空系统后，打开功能菜单，执行【系统管理】—【组织机构】—【组织关系】—【组织业务关系】命令，进入组织业务关系查询界面。

❖ **注意：**

在每个"数据中心"中，同一类型的业务组织关系只能设置一个，针对组织业务关系查询界面已存在组织业务关系的情况，如图 3-30 所示，其他学生无须再新增同类组织业务关系，只需在该已存在的业务关系上进行修改即可。

图 3-30　组织业务关系查询界面

以"委托销售"组织关系为例，双击"委托销售"业务关系，单击进入"委托销售"业务关系修改界面，单击【新增行】按钮，在新一行的"委托方"处添加自己的科技公司，在"受托方"处添加自己的销售公司，如图 3-31 所示。

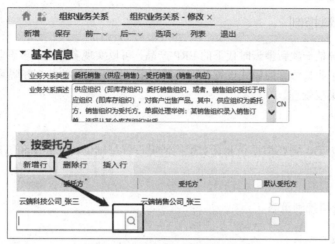

图 3-31 组织业务关系修改界面

针对组织业务关系列表中无任何业务关系的情况，单击【新增】按钮，打开【组织业务关系-新增】界面，根据表 3-4 的信息，"业务关系类型"选择"委托销售(供应-销售)-受托销售(销售-供应)"，委托方列表中选择"云端科技公司_张三"，在对应的受托方列表中选择"云端销售公司_张三"，设置完成后单击【保存】按钮，完成"委托销售"组织业务关系设置，如图 3-32 所示。

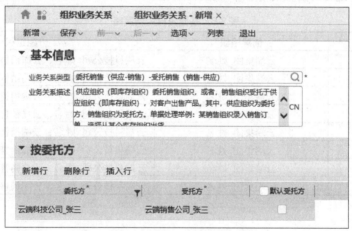

图 3-32 组织业务关系新增界面

参考上述方法，根据表 3-4 中的内容设置"库存调拨"组织业务关系。完成设置后，执行【系统管理】—【组织机构】—【组织关系】—【组织业务关系】命令，打开组织业务关系查询界面，如图 3-33 所示，查看设置完成的组织业务关系。

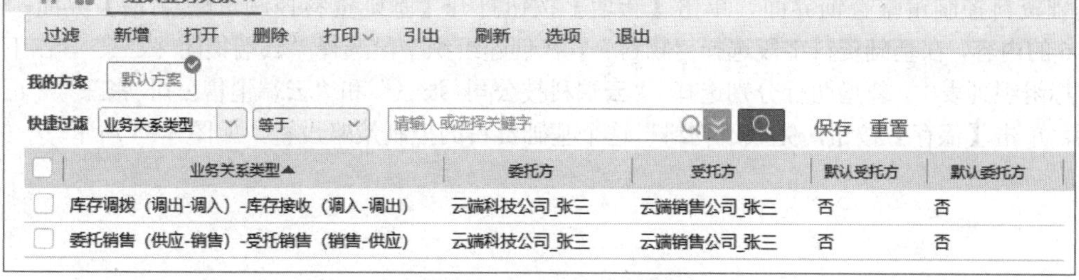

图 3-33 查看组织业务关系

实验五 基础资料控制

金蝶云星空系统是一款新型云时代下的 ERP 产品，可以实现多法人、多事业部、多地点等多组织应用模式，根据企业具体管控模式设置基础资料在多个组织之间的共享和隔离关系，能够帮助企业实现不同程度的集权管理。

↗ 应用场景
搭建完组织机构后，需要根据企业真实管控情况设置基础资料的共享和隔离关系。

↗ 实验步骤
☐ 设置基础资料控制策略。

↗ 实验前准备
☐ 使用教师提供的数据中心：云端集团一组。

↗ 实验数据
云端集团的基础资料由集团创建，然后由集团根据业务需要选择性地分配给下属公司使用，根据该情况整理的基础资料控制策略信息如表 3-6 所示。

表 3-6 基础资料控制策略

基础资料名称	创建组织	分配组织
物料	云端集团_姓名	云端科技公司_姓名、云端销售公司_姓名
部门	云端集团_姓名	云端科技公司_姓名、云端销售公司_姓名
供应商	云端集团_姓名	云端科技公司_姓名、云端销售公司_姓名
客户	云端集团_姓名	云端科技公司_姓名、云端销售公司_姓名
资产位置	云端集团_姓名	云端科技公司_姓名、云端销售公司_姓名
银行账号	云端集团_姓名	云端科技公司_姓名、云端销售公司_姓名
内部账户	云端集团_姓名	云端科技公司_姓名、云端销售公司_姓名
岗位信息	云端集团_姓名	云端科技公司_姓名、云端销售公司_姓名

↗ 操作指导

1. 设置基础资料控制策略

登录用户为系统管理员：Administrator，默认密码：888888，登录金蝶云星空系统后，打开功能菜单，执行【系统管理】—【组织机构】—【基础资料控制】—【基础资料控制策略】命令，打开基础资料控制策略查询界面，单击【新增】按钮打开【基础资料控制策略-新增】界面，根据表 3-6 的内容，在基础资料字段选择"物料"，在创建组织字段选择"云端集团_张三"，在下方分配目标组织列表中，新增两行分别选择 "云端科技公司_张三"和"云端销售公司_张三"，正确输入后，单击【保存】按钮，完成"物料"这个基础资料的控制策略设置，如图 3-34 所示。

图 3-34 基础资料控制策略新增界面

> **注意:**
>
> 在【基础资料控制策略-新增】界面中选择创建组织和分配目标组织的时候,可通过快捷键 F8 调用组织机构列表界面,勾选需要选择的组织机构后,单击返回数据,可以将选择的组织机构信息回填到对应的字段中。

参考上述方法,根据表 3-6 中的内容设置其他基础资料的控制策略,完成设置后,执行【系统管理】—【组织机构】—【基础资料控制】—【基础资料控制策略】命令,打开基础资料控制策略查询界面,如图 3-35 所示,查看设置完成的基础资料控制策略。

图 3-35 基础资料控制策略查询界面

实验六　用户权限管理

金蝶云星空系统中流转着企业的基础数据和业务数据,企业数据信息的保密性和安全性是非常重要的,比如企业的资金状况只有财务部的相关工作人员可以查看,其他人员没有权限了解这些信息;如果企业是多组织企业,每个组织下的财务人员只能看到自己所属组织下的资金情况,只有企业业中特定的财务主管才能看见所有组织的资金情况。针对使用人员的数据安全性,金蝶云星空系统中提供了系统管理模块来实现用户权限的管理。

↗ **应用场景**

为了防止企业的一些关键信息被无关人员随意获取，需要对操作软件系统的每一个人员进行权限的分配。

↗ **实验步骤**

- 创建信息管理员。
- 用户管理。

↗ **操作部门及人员**

由公司信息系统部的人员负责用户权限的设置。

↗ **实验前准备**

- 使用教师提供的数据中心：云端集团一组。
- 统计每个系统使用人员的业务操作范围，并明确功能、业务等的操作权限。

↗ **实验数据**

用户详细信息如表 3-7 所示。

表 3-7 用户详细信息表

用户名称	密码	组织	角色
信息管理员_姓名	学号	云端集团_姓名	Administrator 全功能角色
		云端科技公司_姓名	
		云端销售公司_姓名	
科技公司会计_姓名	学号	云端科技公司_姓名	会计
		云端销售公司_姓名	资产会计
科技公司出纳_姓名	学号	云端科技公司_姓名	出纳
科技公司采购_姓名	学号	云端科技公司_姓名	采购主管
科技公司销售_姓名	学号	云端科技公司_姓名	销售主管
科技公司生产_姓名	学号	云端科技公司_姓名	生产主管
科技公司仓管_姓名	学号	云端科技公司_姓名	仓库主管
		云端销售公司_姓名	仓库主管
销售公司会计_姓名	学号	云端销售公司_姓名	会计
销售公司出纳_姓名	学号	云端销售公司_姓名	出纳
销售公司销售_姓名	学号	云端科技公司_姓名	销售主管
	学号	云端销售公司_姓名	销售主管
集团公司出纳_姓名	学号	云端集团_姓名	出纳
集团公司会计_姓名	学号	云端集团_姓名	会计
		云端科技公司_姓名	
		云端销售公司_姓名	

⏵ 操作指导

1. 创建信息管理员

登录用户为系统管理员：Administrator，默认密码：888888，登录金蝶云星空系统后，打开功能菜单，执行【系统管理】—【系统管理】—【用户管理】—【查询用户】命令，打开查询用户界面，单击【新增】按钮，如图 3-36 所示。

图 3-36　查询用户界面

单击【新增】按钮，打开用户新增界面，根据表 3-7 的内容，设置"信息管理员_张三"这个用户的信息，在"用户名称"字段中输入"信息管理员_张三"，在下方"组织角色"列表中，单击【新增行】按钮，添加"云端集团_张三""云端科技公司_张三"和"云端销售公司_张三"三个组织；单击"云端集团_张三"这个组织后，在右边的角色列表中添加"Administrator"和"全功能角色"角色，然后，依次选择"云端科技公司_张三"和"云端销售公司_张三"添加"Administrator"角色和"全功能角色"(每个组织均需进行角色添加操作，正确添加后单击每个组织都能看到对应的角色)，完成后单击【保存】按钮，完成"信息管理员_张三"这个用户的添加，如图 3-37 所示。

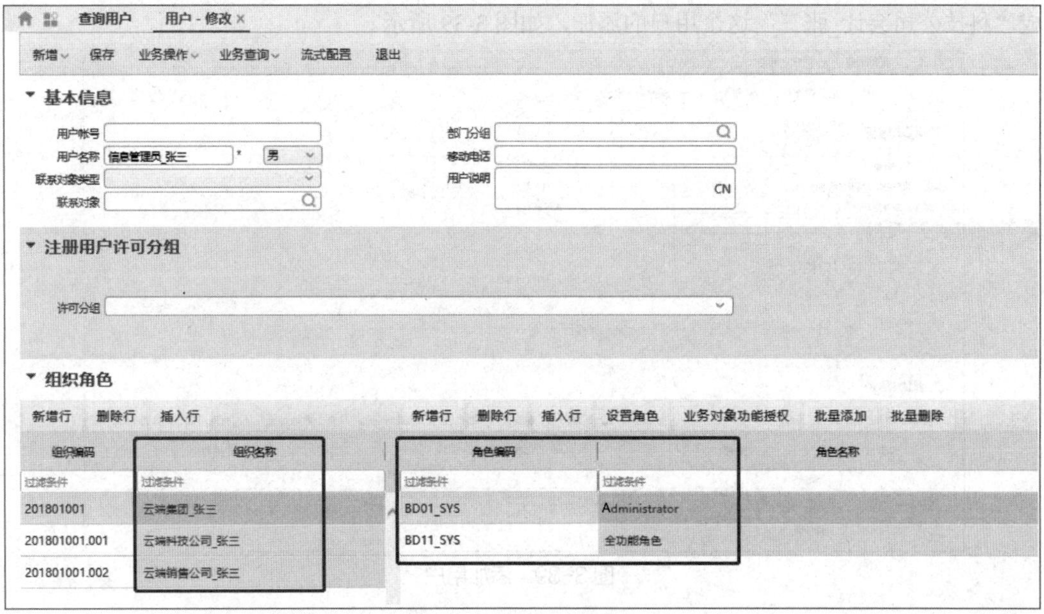

图 3-37　用户修改界面

在查询用户界面，勾选新建的"信息管理员_张三"用户，单击【密码策略】—【重置密码】打开重置用户密码界面，根据表 3-7 的内容，修改密码为自己的学号，以学生张三为例，修改密码为"201801001"，如图 3-38 所示。

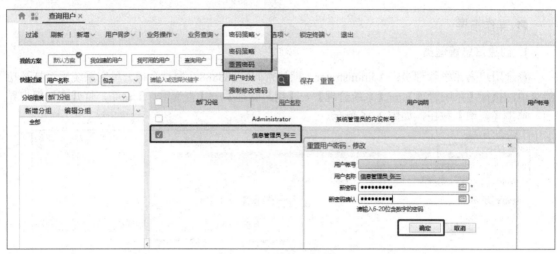

图 3-38 重置密码界面

2. 用户管理

登录用户为：信息管理员_张三，密码：201801001，登录金蝶云星空系统后，打开功能菜单，执行【系统管理】—【系统管理】—【用户管理】—【查询用户】命令，打开查询用户界面，单击【新增】按钮打开用户新增界面，根据表 3-7 的内容，设置"科技公司会计_张三"这个用户的信息，在"用户名称"字段中输入"科技公司会计_张三"，在下方组织列表中，选择"云端科技公司_张三"和"云端销售公司_张三"这两个组织；选择"云端科技公司_张三"，在右边的角色列表中添加"会计"角色，选择"云端销售公司_张三"添加"资产会计"角色，完成后单击【保存】按钮，完成"科技公司会计_张三"这个用户的添加，如图 3-39 所示。

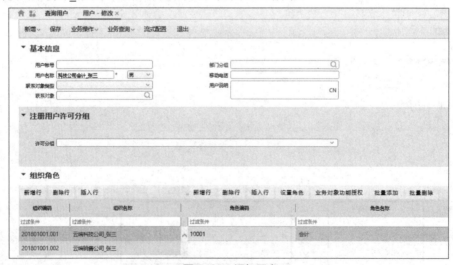

图 3-39 添加用户

在查询用户界面，勾选新建的"科技公司会计_张三"用户，单击【密码策略】—【重置密码】，打开重置用户密码界面，根据表 3-7 的内容，修改密码为学号"201801001"。

参考上述方法，根据表 3-7 的内容新增其他用户信息并修改登录密码，完成后执行【系统管理】—【系统管理】—【用户管理】—【查询用户】命令，打开用户查询界面，如图 3-40 所示，查看新增完成的全部用户信息。

图 3-40　查询用户

实验七　基础资料维护

↗ 应用场景

企业在使用会计信息系统前，需要整理企业目前用到的基础资料，并录入到系统中，为后续业务流转做准备。

↗ 实验步骤

- ❑ 设置物料信息。
- ❑ 设置客户信息。
- ❑ 设置供应商信息。
- ❑ 设置仓库信息。
- ❑ 设置部门信息。
- ❑ 设置岗位信息。
- ❑ 设置员工信息。
- ❑ 设置业务员。
- ❑ 设置会计核算体系。
- ❑ 设置组织间结算价目表。
- ❑ 设置组织间结算关系。

↗ 操作部门及人员

由公司信息系统部的人员负责基础资料设置。

↗ 实验前准备

使用教师提供的数据中心：云端集团一组。

实验数据

物料信息均由"云端集团_姓名"创建,根据业务需求分配给不同的组织使用,全部物料的税率均为13%,详细信息如表3-8所示。

表3-8 物料信息

物料编码	物料名称	物料属性/存货类别	分配组织	控制	税率
学号.001	自动驾驶机器人R型	自制/产成品	云端科技公司_姓名 云端销售公司_姓名	允许销售、允许库存、允许生产	13%
学号.002	自动驾驶机器人S型	自制/产成品	云端科技公司_姓名 云端销售公司_姓名	允许销售、允许库存、允许生产	13%
学号.003	智能芯片	外购/原材料	云端科技公司_姓名	允许采购、允许销售、允许库存	13%
学号.004	主控系统	外购/原材料	云端科技公司_姓名	允许采购、允许销售、允许库存	13%
学号.005	酷炫外壳	外购/原材料	云端科技公司_姓名	允许采购、允许销售、允许库存	13%
学号.006	电脑	资产/资产	云端科技公司_姓名 云端销售公司_姓名	允许采购、允许库存、允许资产	13%
学号.007	电力	费用/服务	云端科技公司_姓名 云端销售公司_姓名	允许采购	13%

客户信息均由"云端集团_姓名"创建,根据业务需求分配给不同的组织使用,详细信息如表3-9所示。

表3-9 客户信息

编码	客户名称	客户类别	对应组织	分配组织	结算币别	税率
学号.001	迅腾科技	普通销售客户	-	云端销售公司_姓名	人民币	13%
学号.002	度白科技	普通销售客户	-	云端科技公司_姓名 云端销售公司_姓名	人民币	13%
学号.003	米小科技	寄售客户	-	云端销售公司_姓名	人民币	13%
学号.004	云端销售公司_姓名	内部结算客户	云端销售公司_姓名	云端销售公司_姓名	人民币	13%

供应商信息均由"云端集团_姓名"创建,根据业务需求分配给不同的组织使用,详细信息如表3-10所示。

表3-10 供应商信息

编码	供应商名称	对应组织	分配组织	结算币别	税率
学号.001	精益电子	-	云端科技公司_姓名	人民币	13%
学号.002	华南制造	-	云端科技公司_姓名 云端销售公司_姓名	人民币	13%
学号.003	供电公司	-	云端科技公司_姓名 云端销售公司_姓名	人民币	13%
学号.004	云端科技公司_姓名	云端科技公司_姓名	云端销售公司_姓名	人民币	13%

仓库详细信息如表 3-11 所示。

表 3-11　仓库信息

编号	创建组织	仓库名称	仓库属性	使用组织
学号.001	云端科技公司_姓名	科技公司原料仓	普通仓库	云端科技公司_姓名
学号.002	云端科技公司_姓名	科技公司成品仓	普通仓库	云端科技公司_姓名
学号.003	云端科技公司_姓名	客户仓	客户仓库	云端科技公司_姓名

部门信息均由"云端集团_姓名"创建，根据业务需求分配给不同的组织使用，详细信息如表 3-12 所示。

表 3-12　部门信息

创建组织	部门名称	生效日期	部门属性	分配组织
云端集团_姓名	行政部	2021/1/1	管理部门	云端科技公司_姓名
云端集团_姓名	财务部	2021/1/1	管理部门	云端科技公司_姓名
云端集团_姓名	采购部	2021/1/1	管理部门	云端科技公司_姓名
云端集团_姓名	生产部	2021/1/1	基本生产部门	云端科技公司_姓名
云端集团_姓名	仓储部	2021/1/1	辅助生产部门	云端科技公司_姓名
云端集团_姓名	销售部	2021/1/1	销售部门	云端科技公司_姓名 云端销售公司_姓名

岗位信息均由"云端集团_姓名"创建，根据业务需求分配给不同的组织使用，详细信息如表 3-13 所示。

表 3-13　岗位信息

创建组织	岗位名称	所属部门	生效日期	分配组织
云端集团_姓名	行政经理	行政部	2021/1/1	云端科技公司_姓名
云端集团_姓名	财务主管	财务部	2021/1/1	云端科技公司_姓名
云端集团_姓名	采购主管	采购部	2021/1/1	云端科技公司_姓名
云端集团_姓名	生产主管	生产部	2021/1/1	云端科技公司_姓名
云端集团_姓名	仓管主管	仓储部	2021/1/1	云端科技公司_姓名
云端集团_姓名	销售员(业务员)	销售部	2021/1/1	云端科技公司_姓名 云端销售公司_姓名

员工信息如表 3-14 所示，其中林丽丽在"云端科技公司_姓名"中"就任岗位"为"销售员(业务员)"，乔羽在"云端销售公司_姓名"中"就任岗位"为"销售员(业务员)"。

表 3-14 员工信息

创建组织	员工姓名	员工编码	工作组织	所属部门	就任岗位	开始日期
云端科技公司_姓名	林青	学号.001	云端科技公司_姓名	行政部	行政经理	2021/1/1
	华峰	学号.002	云端科技公司_姓名	财务部	财务主管	2021/1/1
	刘辉	学号.003	云端科技公司_姓名	采购部	采购主管	2021/1/1
	林东	学号.004	云端科技公司_姓名	生产部	生产主管	2021/1/1
	程云	学号.005	云端科技公司_姓名	仓储部	仓管主管	2021/1/1
	林丽丽	学号.006	云端科技公司_姓名	销售部	销售员(业务员)	2021/1/1
云端销售公司_姓名	乔羽	学号.007	云端销售公司_姓名	销售部	销售员(业务员)	2021/1/1

会计核算体系信息如表 3-15 所示。

表 3-15 会计核算体系信息(内置)

编码	名称	核算组织	适用会计政策	默认会计政策	下级组织
KJHSTX01_SYS	财务会计核算体系	云端集团_姓名	中国准则会计政策	中国准则会计政策	云端集团_姓名
		云端科技公司_姓名	中国准则会计政策	中国准则会计政策	云端科技公司_姓名
		云端销售公司_姓名	中国准则会计政策	中国准则会计政策	云端销售公司_姓名

"云端科技公司_姓名"创建组织间结算价目表,并将该价目表分发给"云端销售公司_姓名",详细信息如表 3-16 所示。

表 3-16 组织间结算价目表信息

名称	核算组织	币别	生效日期	失效日期
组织间结算价目表_姓名	云端科技公司_姓名	人民币	2021/1/1	2100/1/1
物料编码	物料名称	定价单位	含税价格	税率
学号.001	自动驾驶机器人 R 型	pcs	62,000.00	13%
学号.002	自动驾驶机器人 S 型	pcs	60,000.00	13%

云端集团内部存在集中销售业务处理,根据该业务情况创建组织间结算关系,详细信息如表 3-17 所示。

表 3-17 组织间结算关系信息

会计核算体系	供货方	接收方	结算价目表名称
财务会计核算体系	云端科技公司_姓名	云端销售公司_姓名	组织间结算价目表_姓名

↗ 操作指导

1. 设置物料信息

登录用户:信息管理员_张三,密码:201801001,登录金蝶云星空系统后,切换组织到"云端集团_张三",打开功能菜单,执行【基础管理】—【基础资料】—【主数据】—【物料】命令,打开物料新增界面,根据表 3-8 的内容,新增物料"自动驾驶机器人 R 型",在表头中输入编码为

"201801001.001",输入名称为"自动驾驶机器人 R 型";在"基本"页签中,选择物料属性为"自制",选择存货类别为"产成品",选择默认税率为"13%增值税",勾选"控制"为"允许销售""允许库存""允许生产"。填写完成后,依次单击【保存】【提交】【审核】按钮,完成物料的审核,如图 3-41 所示。

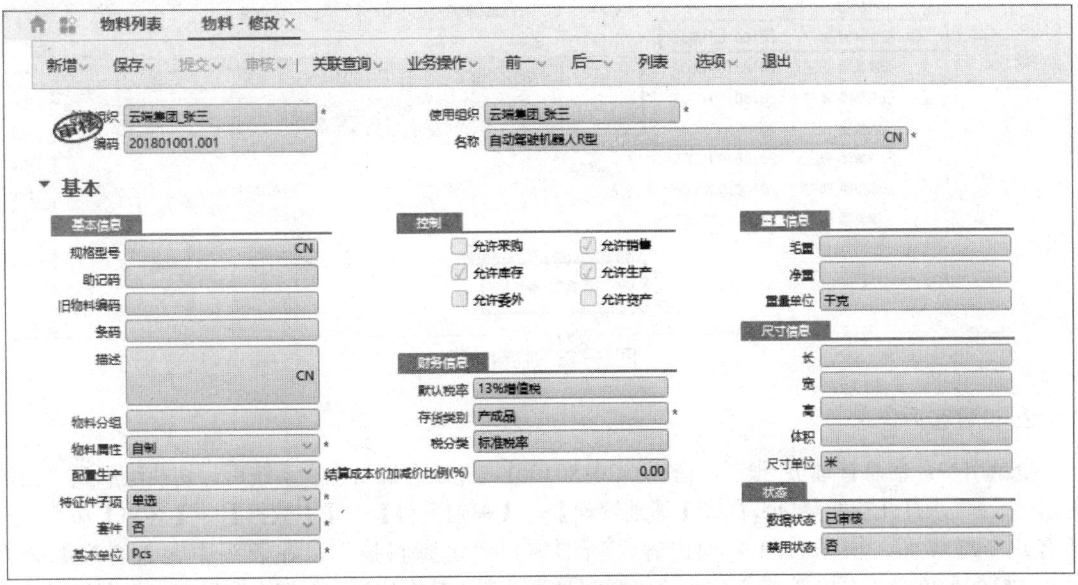

图 3-41 物料修改界面

参照上述步骤,根据表 3-8 的内容新增并审核其他物料信息。全部物料信息新增结束后,执行【基础管理】—【基础资料】—【主数据】—【物料列表】命令,打开物料列表界面,如图 3-42 所示。

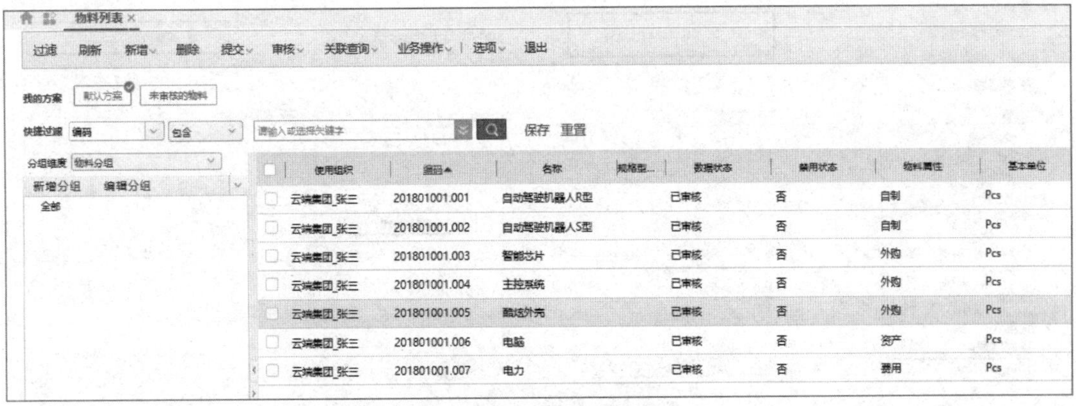

图 3-42 物料列表界面

在物料列表界面,根据表 3-8 的内容,依次完成所有物料组织分配。以"自动驾驶机器人 R 型"为例,勾选物料"自动驾驶机器人 R 型",执行【业务操作】—【分配】命令,打开"请选择分配组织"窗口,根据表 3-8 的内容,在"待分配组织"窗口勾选"云端科技公司_张三"和"云端销售公司_张三",同时勾选"分配后自动审核",如图 3-43 所示,单击【确定】按钮,完成物料的组织分配。

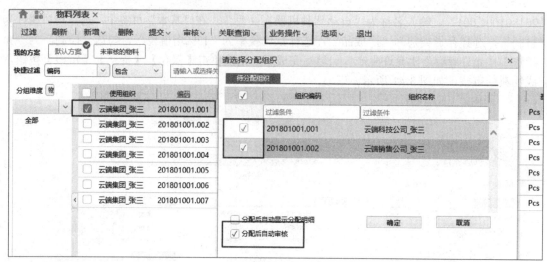

图 3-43 物料分配

2. 设置客户信息

登录用户：信息管理员_张三，密码：201801001，登录金蝶云星空系统后，切换组织到"云端集团_张三"，打开功能菜单，执行【基础管理】—【基础资料】—【主数据】—【客户】命令，打开客户新增界面，根据表 3-9 的内容，新增客户"迅腾科技"，在表头中输入客户编码为"201801001.001"，输入客户名称为"迅腾科技"；在"基本信息"页签中选择客户类别为"普通销售客户"；在下方"商务信息"页签中，选择结算币别为"人民币"，税率为"13%"，填写完成后，依次单击【保存】【提交】【审核】按钮，完成客户的审核，如图 3-44 所示。

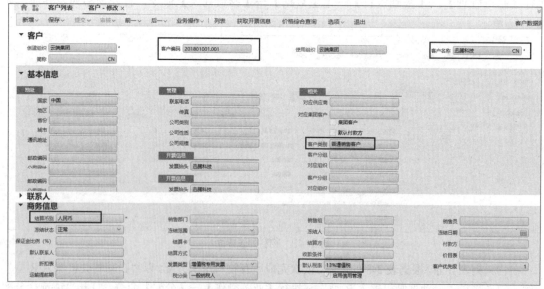

图 3-44 客户修改界面

客户"迅腾科技"新增并审核后，参照上述步骤，根据表 3-9 的内容新增并审核其他客户信息，全部客户信息新增结束后，执行【基础管理】—【基础资料】—【主数据】—【客户列表】命令，打开客户列表界面，如图 3-45 所示。

图 3-45 客户列表界面

全部客户信息新增并审核结束后，在客户列表界面，依次分配组织；勾选客户"迅腾科技"，执行【业务操作】—【分配】命令，打开"请选择分配组织"窗口，根据表 3-9 的内容，在"待分配组织"窗口勾选"云端销售公司_张三"，同时勾选"分配后自动审核"，单击【确定】按钮，如图 3-46 所示，依次完成所有客户的分配。

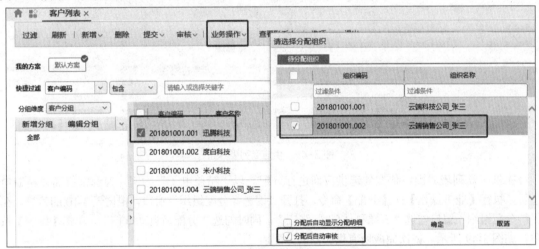

图 3-46 客户分配

3. 设置供应商信息

登录用户：信息管理员_张三，密码：201801001，登录金蝶云星空系统后，切换组织到"云端集团_张三"，打开功能菜单，执行【基础管理】—【基础资料】—【主数据】—【供应商】命令，打开供应商新增界面，根据表 3-10 的内容，新增供应商"精益电子"，在表头中输入编码为"201801001.001"，输入名称为"精益电子"；在"财务信息"页签中选择结算币别为"人民币"，默认税率"13%增值税"，填写完成后，依次单击【保存】【提交】【审核】按钮完成供应商的审核，如图 3-47 所示。

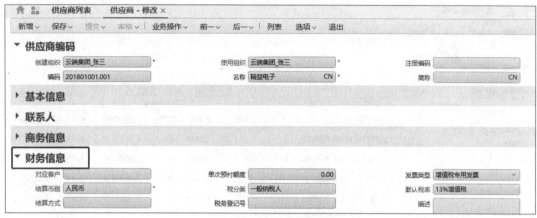

图 3-47　供应商修改界面

参照上述步骤，根据表 3-10 的内容，新增并审核其他所有供应商信息，全部供应商信息新增结束后，执行【基础管理】—【基础资料】—【主数据】—【供应商列表】命令，打开供应商列表界面，如图 3-48 所示。

图 3-48　供应商列表界面

在供应商列表界面，依次勾选供应商进行分配。以"精益电子"为例，勾选供应商"精益电子"，执行【业务操作】—【分配】命令，打开"请选择分配组织"窗口，根据表 3-10 的信息，在"待分配组织"窗口勾选"云端科技公司_张三"，同时勾选"分配后自动审核"，单击【确定】按钮，如图 3-49 所示，依次完成所有供应商的分配。

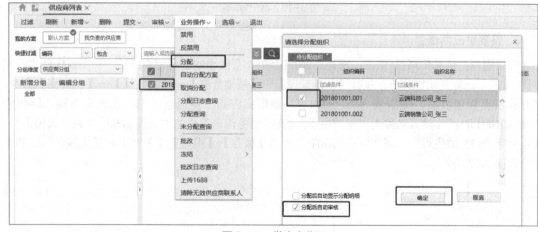

图 3-49　供应商分配

4. 设置仓库信息

登录用户：信息管理员_张三，密码：201801001，登录金蝶云星空系统后，切换组织到"云端科技公司_张三"，打开功能菜单，执行【供应链】—【库存管理】—【基础资料】—【仓库列表】命令，打开"仓库列表"界面后，单击【新增】按钮，打开仓库新增界面后，根据表 3-11 的内容，新增仓库"科技公司原料仓"，在表头中输入编码为"201801001.001"，输入名称为"科技公司原料仓"；在"基本信息"页签中选择仓库属性为"普通仓库"。填写完成后，依次单击【保存】【提交】【审核】按钮，完成仓库的审核，如图 3-50 所示。

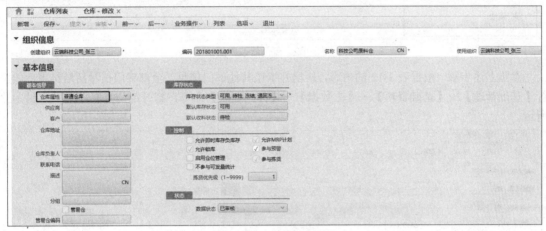

图 3-50 仓库修改界面

参照上述步骤，根据表 3-11 的内容新增审核其他仓库信息。全部仓库信息新增结束后，执行【供应链】—【库存管理】—【基础资料】—【仓库列表】命令，打开仓库列表界面，如图 3-51 所示。

图 3-51 仓库列表界面

5. 设置部门信息

登录用户：信息管理员_张三，密码：201801001，登录金蝶云星空系统后，切换组织到"云端集团_张三"，打开功能菜单，执行【基础管理】—【基础资料】—【主数据】—【部门列表】命令，打开部门新增界面，根据表 3-12 的内容，新增部门"行政部"，输入名称为"行政部"；在"基本信息"页签中，填写生效日期为"2021/1/1"，在"部门属性"页签中，选择部门属性为"管理部门"。填写完成后，如图 3-52 所示，依次单击【保存】【提交】【审核】按钮，完成部门的审核。

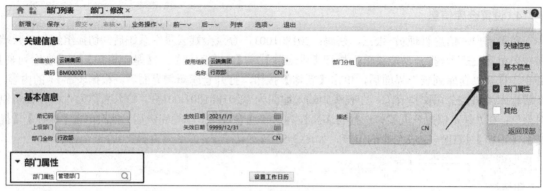

图 3-52 部门修改界面

参照上述步骤,根据表 3-12 的内容,新增并审核其他部门信息,全部部门信息新增结束后,执行【基础管理】—【基础资料】—【主数据】—【部门列表】命令,打开部门列表界面,如图 3-53 所示。

图 3-53 部门列表界面

在部门列表界面,依次完成各部门分配。以"行政部"为例,勾选部门"行政部",执行【业务操作】—【分配】命令,打开"请选择分配组织"窗口,根据表 3-12 的内容,在"待分配组织"窗口勾选"云端科技公司_张三",同时勾选"分配后自动审核",单击【确定】按钮,如图 3-54 所示,依次完成所有部门的分配。

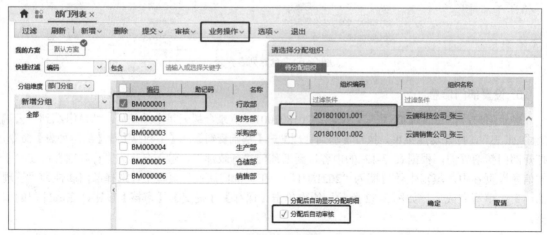

图 3-54 部门分配

6. 设置岗位信息

登录用户：信息管理员_张三，密码：201801001，登录金蝶云星空系统后，切换组织到"云端集团_张三"，打开功能菜单，执行【基础管理】—【基础资料】—【公共资料】—【岗位信息列表】命令，打开岗位信息新增界面，根据表 3-13 的内容，新增岗位"行政经理"，输入名称为"行政经理"；在"基本信息"页签中填写生效日期为"2021/1/1"，选择所属部门为"行政部"，如图 3-55 所示，依次单击【保存】【提交】【审核】按钮，完成岗位信息的审核。

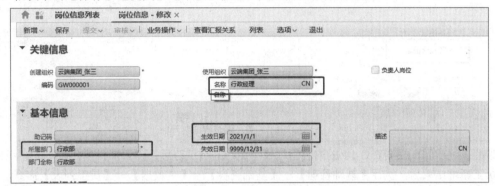

图 3-55　岗位信息修改界面

参照上述步骤，根据表 3-13 的内容新增并审核其他岗位信息，全部供应商信息新增结束后，执行【基础管理】—【基础资料】—【公共资料】—【岗位信息列表】命令，打开岗位信息列表界面，如图 3-56 所示。

图 3-56　岗位信息列表界面

在岗位信息列表界面，依次完成岗位信息分配。以"行政经理"为例，勾选岗位"行政经理"，执行【业务操作】—【分配】命令，打开"请选择分配组织"窗口，根据表 3-13 的内容，在"待分配组织"窗口勾选"云端科技公司_张三"，同时勾选"分配后自动审核"，单击【确定】按钮。根据表 3-13 的内容，依次完成所有岗位信息的分配。

7. 设置员工信息

登录用户：信息管理员_张三，密码：201801001，登录金蝶云星空系统后，根据表 3-14 的内容，新增员工"林青"，该员工由"云端科技公司_张三"创建，因此切换组织到"云端科技公司_张三"，打开功能菜单，执行【基础管理】—【基础资料】—【主数据】—【员工列表】命令，打开员工新增界面，在表头中输入员工编码为"201801001.001"，输入员工姓名为"林青"；在"员工任岗"页签中单击【添加行】按钮，增加一行任岗信息，工作组织选择"云端科技公司_张三"，所属部门选择"行政部",就任岗位选择"行政经理",任岗开始日期填写"2021/1/1",如图 3-57 所示,填写完成后,依次单击【保存】【提交】【审核】按钮,完成员工信息的审核。

图 3-57 员工修改界面

参照上述步骤,根据表 3-14 的内容新增所有组织的员工信息。"云端科技公司_张三"创建的全部员工新增结束后,执行【基础管理】—【基础资料】—【主数据】—【员工列表】命令,打开员工列表界面,如图 3-58 所示。

图 3-58 员工列表界面(云端科技公司_张三)

"云端销售公司_张三"创建的全部员工新增结束后,执行【基础管理】—【基础资料】—【主数据】—【员工列表】命令,打开员工列表界面,如图 3-59 所示。

图 3-59 员工列表界面(云端销售公司_张三)

8. 设置业务员

登录用户:信息管理员_张三,密码:201801001,登录金蝶云星空系统后,切换组织到"云端集团_张三",打开功能菜单,执行【基础管理】—【基础资料】—【公共资料】—【业务员列表】命令,打开业务员列表界面,单击【新增】按钮打开业务员新增界面设置业务员信息。在表头中选择业务员类型为"销售员",在业务员分录中单击【新增行】按钮,业务组织选择"云端科技公司_张三",职员选择"林丽丽";再单击【新增行】按钮,业务组织选择"云端销售公司_张三",职员选择"乔羽",填写完成后单击【保存】按钮,完成业务员的设置,如图 3-60 所示。

图 3-60　业务员修改界面

9. 设置会计核算体系

登录用户：信息管理员_张三，密码：201801001，登录金蝶云星空系统后，切换组织到"云端集团_张三"，打开功能菜单，执行【财务会计】—【总账】—【基础资料】—【会计核算体系】命令。打开会计核算体系界面，勾选编码为"KJHSTX01_SYS"的会计核算体系(注意：不是新增)，对默认的会计核算体系进行修改操作，如图 3-61 所示。

图 3-61　会计核算体系界面

在会计核算体系界面，双击打开编码为"KJHSTX01_SYS"的会计核算体系的修改界面，根据表 3-15 的内容，修改会计核算体系。通过在下方"核算组织"页签中单击【新增行】按钮来增加对应的核算组织，并在"下级组织"处选择对应组织(如：核算组织选中"云端集团_张三"，在下方下级组织也选择"云端集团_张三")，修改确认无误后，依次单击【保存】【提交】【审核】按钮，完成会计核算体系的修改，如图 3-62 所示。

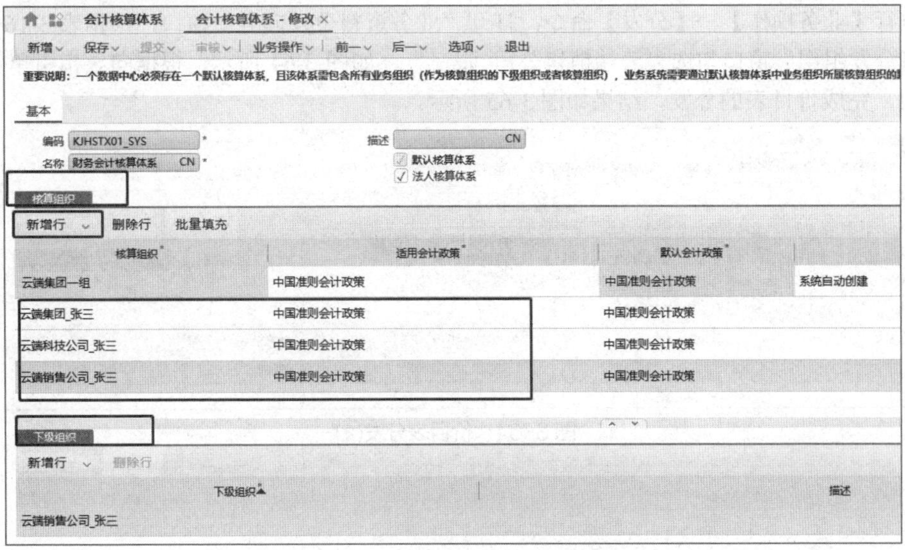

图 3-62　会计核算体系修改界面

❖ 注意：

会计核算体系"KJHSTX01_SYS"只有一个，全部学生共同维护修改，建议使用一个数据中心的同学推荐一个学生来维护即可。

10. 设置组织间结算价目表

登录用户：信息管理员_张三，密码：201801001，登录金蝶云星空系统后，切换组织到"云端科技公司_张三"，打开功能菜单，执行【供应链】—【组织间结算】—【价格资料】—【组织间结算价目表列表】命令，打开组织间结算价目表新增界面，根据表 3-16 的内容，在表头中输入名称为"组织间结算价目_张三"，勾选"含税"，生效日输入"2021/1/1"，在"明细信息"页签下单击【新增行】按钮后，选择物料"自动驾驶机器人 R 型"，设置对应的含税单价为"¥62,000.00"，税率为"13%"；选择物料"自动驾驶机器人 S 型" 设置对应的含税单价为"¥60,000.00"，税率为"13%"；填写完成后依次单击【保存】【提交】【审核】按钮，完成价目表的审核，如图 3-63 所示。

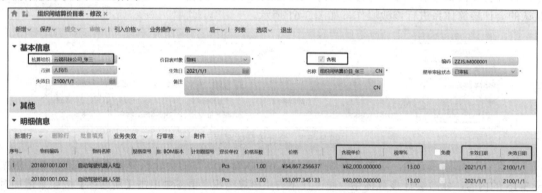

图 3-63 组织间结算价目表新增界面

组织间结算价目表新增并审核后，执行【供应链】—【组织间结算】—【价格资料】—【组织间结算价目表列表】命令，打开组织间结算价目表列表界面，勾选上述步骤新增的"组织间结算价目"，执行【业务操作】—【分发】命令，打开"业务资料分发向导"窗口，根据表 3-16 的内容，在"选择分发组织"窗口勾选"云端销售公司_张三"，如图 3-64 所示，根据向导指引单击【下一步】按钮，完成价目表的分发，结果如图 3-65 所示。

图 3-64 价目表分发(1)

图 3-65　价目表分发(2)

11. 设置组织间结算关系

登录用户：信息管理员_张三，密码：201801001，登录金蝶云星空系统后，打开功能菜单，执行【供应链】—【组织间结算】—【组织间结算关系】—【组织间结算关系】命令，打开组织间结算关系新增界面，根据表 3-17 的内容，新增组织间结算关系，在表头中选择会计核算体系为"财务会计核算体系"；在"结算关系明细"页签下单击【新增行】按钮，选择供货方为"云端科技公司_张三"，默认应收组织为"云端科技公司_张三"；选择接收方为"云端销售公司_张三"，默认应付组织为"云端销售公司_张三"；选择该行结算关系明细后，在下方价格来源位置选择结算价目表为"组织间结算价目_张三"，填写完成后，依次单击【保存】【提交】【审核】按钮，完成组织间结算关系的审核，如图 3-66 所示。

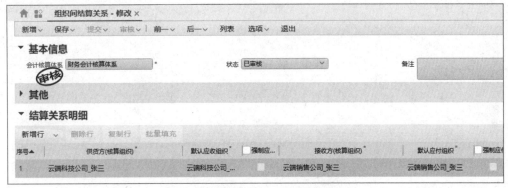

图 3-66　组织间结算关系-新增界面

第 4 章 系统初始化

4.1 系统初始化概述

系统初始化是系统首次使用时，根据企业的实际情况进行参数设置，并录入基础资料与初始数据的过程。系统初始化是系统运行的基础，进行系统日常业务操作之前，需要完成对各系统的初始化操作。完成各系统初始化之后，才可以进行系统的日常业务处理。系统初始化的任务如下：总账系统初始化—出纳管理系统初始化—应收应付系统初始化—费用管理系统初始化—固定资产系统初始化—库存管理系统初始化—存货核算系统初始化。

4.2 实验练习

实验准备：本节案例数据以学号为 201801001 的学生张三为例，进行后续全部实验操作。

实验一 总账初始化

↗ 应用场景
在进行总账系统处理日常业务前，先要完成总账系统的初始化操作。

↗ 实验步骤
- 新建账簿。
- 设置总账系统参数。
- 录入初始余额。
- 设置自动转账模板。
- 结束初始化。

↗ 实验前准备
- 使用教师提供的数据中心：云端集团一组。
- 用户名称：信息管理员_张三。
- 密码为学号：201801001。

↗ 实验数据

1. 新建账簿

根据云端集团的实际情况，新建如下账簿，具体数据如表 4-1 所示。

表 4-1 账簿信息

编码	账簿名称	创建组织	核算组织	账簿类型	启用期间
学号.001	云端集团_姓名	云端集团_姓名	云端集团_姓名	主账簿	2021.01
学号.002	云端科技公司_姓名	云端集团_姓名	云端科技公司_姓名	主账簿	2021.01
学号.003	云端销售公司_姓名	云端集团_姓名	云端销售公司_姓名	主账簿	2021.01

2. 设置总账系统参数

根据云端集团的实际业务需要,对总账系统参数进行设置,具体数据如表 4-2 所示。

表 4-2 总账系统参数设置

组织机构	账簿	利润分配科目	本年利润科目	凭证过账前必须审核	凭证过账前必须出纳复核
云端集团_姓名	云端集团_姓名	4104 利润分配	4103 本年利润	√	√
云端科技公司_姓名	云端科技公司_姓名	4104 利润分配	4103 本年利润	√	√
云端销售公司_姓名	云端销售公司_姓名	4104 利润分配	4103 本年利润	√	√

3. 录入各组织初始余额

1) 云端集团账簿初始余额情况如表 4-3 所示。

表 4-3 云端集团会计科目及初始余额

科目编码	科目名称	核算维度	余额方向	币别	汇率	期初余额
1001	库存现金		借方	人民币	1	250,326.10
1002	银行存款		借方	人民币	1	22,089,673.90
1511	长期股权投资	云端科技公司_姓名	借方	人民币	1	72,000,000.00
		云端销售公司_姓名	借方	人民币	1	28,000,000.00
4001	实收资本		贷方	人民币	1	95,340,000.00
4101	盈余公积		贷方	人民币	1	27,000,000.00

2) 云端科技公司账簿初始余额情况如表 4-4 所示。

表 4-4 云端科技公司会计科目及初始余额

科目编码	科目名称	核算维度	余额方向	币别	汇率	期初余额
1001	库存现金		借方	人民币	1	338,052.10
1002	银行存款		借方	人民币	1	7,556,947.90
1122	应收账款	云端销售公司_姓名	借方	人民币	1	3,320,000.00
1403	原材料	智能芯片	借方	人民币	1	600,000.00
		主控系统	借方	人民币	1	150,000.00
		酷炫外壳	借方	人民币	1	160,000.00
1405	库存商品	自动驾驶机器人 R 型	借方	人民币	1	11,815,000.00
		自动驾驶机器人 S 型	借方	人民币	1	11,815,000.00
1601	固定资产	房屋及建筑物	借方	人民币	1	20,000,000.00
		机器设备	借方	人民币	1	18,000,000.00
		电子设备	借方	人民币	1	25,000.00
		其他设备	借方	人民币	1	20,000.00

(续表)

科目编码	科目名称	核算维度	余额方向	币别	汇率	期初余额
2202.02	明细应付款	精益电子	贷方	人民币	1	800,000.00
		华南制造	贷方	人民币	1	1,000,000.00
4001	实收资本		贷方	人民币	1	48,000,000.00
4002	资本公积		贷方	人民币	1	6,400,000.00
4101	盈余公积		贷方	人民币	1	8,000,000.00
4104	利润分配		贷方	人民币	1	9,600,000.00

3) 云端科技公司的原材料和库存商品的初始明细数据如表4-5和表4-6所示。

表4-5 原材料的初始明细数据

名称	数量	期初余额
智能芯片	200	600,000.00
主控系统	300	150,000.00
酷炫外壳	320	160,000.00

表4-6 库存商品的初始明细数据

名称	数量	期初余额
自动驾驶机器人R型	250	11,815,000.00
自动驾驶机器人S型	272	11,815,000.00

4) 云端销售公司账簿初始余额情况如表4-7所示。

表4-7 云端销售公司会计科目及初始余额

科目编码	科目名称	核算维度	余额方向	币别	汇率	期初余额
1001	库存现金		借方	人民币	1	119,201.40
1002	银行存款		借方	人民币	1	27,742,935.36
1122	应收账款	迅腾科技	借方	人民币	1	1,000,000.00
		度白科技	借方	人民币	1	3,000,000.00
1601	固定资产	电子设备	借方	人民币	1	10,000.00
2202.02	明细应付款	云端科技公司_姓名	贷方	人民币	1	3,320,000.00
2221.15	应交税费-未交增值税		贷方	人民币	1	552,136.76
4001	实收资本		贷方	人民币	1	16,000,000.00
4002	资本公积		贷方	人民币	1	6,400,000.00
4101	盈余公积		贷方	人民币	1	800,000.00
4104	利润分配		贷方	人民币	1	4,800,000.00

4. 设置自动转账模板

自动转账模板的应用便于定期执行转账模板，即可自动生成记账凭证，云端集团在总账系统初始化时对自动转账模板进行设置，自动转账模板信息如表4-8所示。

表 4-8　自动转账模板信息

账簿	转账类型	名称	摘要	转账方式	科目名称	核算维度	方向	转账比例	包含未过账凭证
云端科技公司_姓名	其他	归集制造费用	归集制造费用	转入	生产成本	生产部/组装费用	自动判定	100	√
	其他			按比例转出余额	制造费用	生产部/所有费用类型	自动判定	100	√
云端科技公司_姓名、云端销售公司_姓名	其他	结转增值税	结转增值税	按比例转出余额	应交税费-应交增值税(销项税额)		自动判定	100	√
	其他			按比例转出余额	应交税费-应交增值税(进项税额)		自动判定	100	√
	其他			转入	应交税费-未交增值税		自动判定	100	√

5. 结束初始化

云端集团在总账系统完成各组织初始余额录入后，即可结束初始化。

↗ 实验操作

1. 新建账簿

信息管理员_张三登录金蝶云星空系统，打开功能菜单，执行【财务会计】—【总账】—【基础资料】—【账簿】命令，进入账簿界面，单击【新增】按钮，进入账簿新增界面，根据表 4-1 新建"云端集团_张三"账簿，录入编码为"001"，账簿名称为"云端集团_张三"，核算体系为"财务会计核算体系"，核算组织为"云端集团_张三"，账簿类型选择"主账簿"，启用期间选择"2021.1"，如图 4-1 所示。依次单击【保存】【提交】【审核】按钮，完成账簿信息的新增。

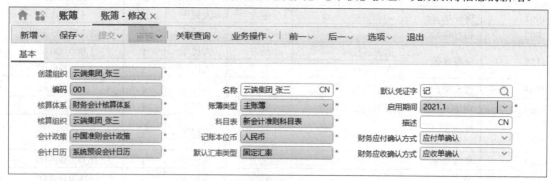

图 4-1　账簿新增完成并审核界面

参照以上步骤，根据表 4-1 新增其他组织的账簿。新增完成后，在账簿列表查看新增的账簿，如图 4-2 所示。

图 4-2　账簿查询界面

2. 设置总账系统参数

信息管理员_张三登录金蝶云星空系统，打开功能菜单，执行【财务会计】—【总账】—【参数设置】—【总账管理参数】命令，打开总账管理参数界面，设置云端集团_张三的系统参数，组织机构选择"云端集团_张三"，账簿选择"云端集团_张三"，在"账簿参数"页签的"基本选项"中利润分配科目选择"利润分配"，本年利润科目选择"本年利润"，如图 4-3 所示；在"凭证参数"页签中，勾选"凭证过账前必须审核"和"凭证过账前必须出纳复核"，如图 4-4 所示。参照以上步骤，根据表 4-2 的内容设置其他组织的参数。

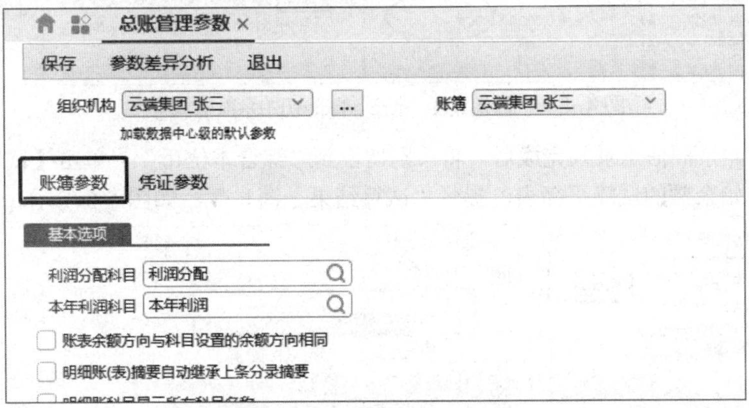

图 4-3　总账系统参数设置(1)

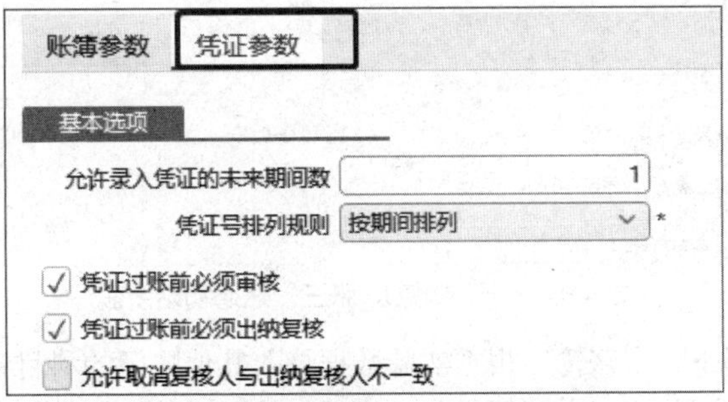

图 4-4　总账系统参数设置(2)

❖ **注意:**

总账参数设置的对象是账簿，系统参数的设置是总账的基础，它关系到所有财务的业务流程处理。

3. 录入初始余额

信息管理员_张三登录金蝶云星空系统,打开功能菜单,执行【财务会计】—【总账】—【初始化】—【科目初始余额录入】命令,打开科目初始余额录入界面,录入"云端集团_张三"账簿科目初始余额。账簿选择"云端集团_张三",币别选择"人民币",根据表 4-3 的内容录入人民币初始余额;科目如果有核算维度,科目初始数据允许录入对应核算维度的初始数据。以录入"长期股权投资"初始数据为例,单击长期股权投资【核算维度】行,在【核算维度初始数据录入】栏单击【新增行】按钮,在核算维度选择"云端科技公司_张三"和"云端销售公司_张三"并录入对应的初始余额,具体如图 4-5 所示,并根据科目初始余额实验数据录入其他科目初始余额信息,填写完毕后单击【保存】按钮保存。

图 4-5 "云端集团_张三"账簿初始余额核算维度

其他科目初始余额信息录入完成后,将币别切换到"综合本位币",单击【试算平衡】按钮,查看公司账簿初始余额的试算平衡表,提示"试算结果平衡!",如图 4-6 所示。

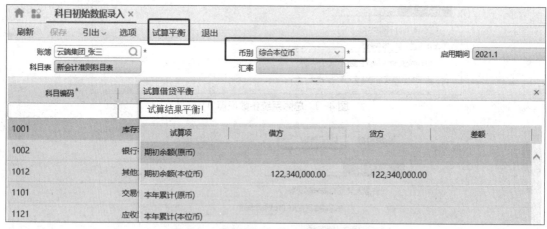

图 4-6 "云端集团_张三"账簿初始余额

参照以上步骤,选择下一个账簿,根据实验数据录入其他账簿的科目初始余额。"云端科技公司_张三"和"云端销售公司_张三"账簿录入完成后,单击【试算平衡】按钮,可分别查看"云端科技公司_张三"和"云端销售公司_张三"账簿初始余额的试算平衡表,如图 4-7 和图 4-8 所示。

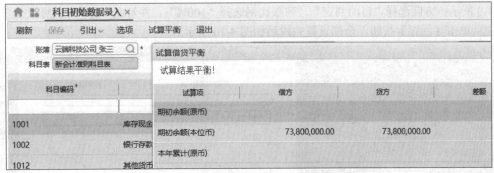

图 4-7 "云端科技公司_张三"账簿初始余额

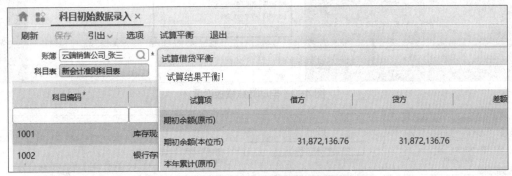

图 4-8 "云端销售公司_张三"账簿初始余额

❖ **注意：**

试算平衡表中会显示出当前选择币别下所有一级科目的期初余额借方、期初余额贷方、本年累计借方和本年累计贷方等各项数值。币别为"综合本位币"时，试算平衡表显示的是所有币别折合为综合本位币后的试算平衡。只有当账簿在综合本位币状态下试算平衡，系统才允许账簿结束初始化。

4. 设置自动转账模板

信息管理员_张三登录金蝶云星空系统，打开功能菜单，执行【财务会计】—【总账】—【期末处理】—【自动转账】命令，打开自动转账界面，单击【新增】按钮，进入自动转账新增界面，账簿选择"云端科技公司_张三"，转账类型选择"其他"，名称录入为"归集制造费用"，摘要为"归集制造费用"，科目编码选择"5001-生产成本"，单击【核算维度】按钮，进入核算维度信息界面；单击科目关联核算维度"部门"栏，在"明细项目设置"页签下选择部门的核算项目为"生产部"；单击科目关联核算维度"费用项目"栏，在"明细项目设置"页签下选择费用项目的核算项目为"组装费用"；转账方式选择"转入"；方向选择"自动判定"，转账比例选择"100%"，并勾选"包含未过账凭证"。

该科目转账设置好之后，按同样的方法，对制造费用科目进行设置，科目编码选择"5101-制造费用"，先设置转账方式，选择"按比例转出余额"，再单击【核算维度】按钮，进入核算维度信息界面，单击科目关联核算维度"部门"栏，取消勾选"连续范围过滤"，在"明细项目设置"页签下选择"部门"的核算项目为"生产部"；单击科目关联核算维度"费用项目"栏，在"明细项目设置"页签下选择费用项目的核算项目的起始项目为"FYXM01_SYS"，结束项目为"FYXM17_SYS"，如图 4-9 所示;方向选择"自动判定",转账比例选择"100%",并勾选"包含未过账凭证",设置完成后单击【保存】按钮,全部设置完成后如图 4-10 所示。

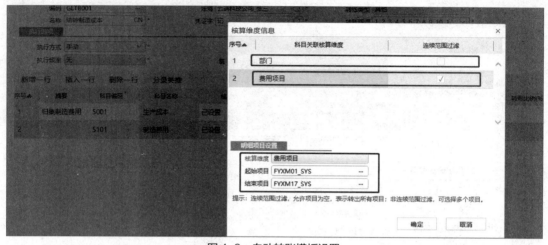

图 4-9　自动转账模板设置

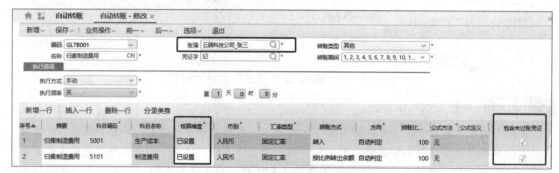

图 4-10　自动转账模板设置完成界面

参照以上步骤,根据表 4-8 的内容新增其他账簿的自动转账模板,新增完成后可在自动转账列表中查询到新增的自动转账模板,如图 4-11 所示。

图 4-11　自动转账模板查询界面

5. 结束初始化

信息管理员_张三登录金蝶云星空系统,打开功能菜单,执行【财务会计】—【总账】—【初始化】—【总账初始化】命令,打开总账初始化界面,勾选"云端集团_张三""云端科技公司_张三""云端销售公司_张三"账簿,单击工具栏上的【结束初始化】按钮结束初始化,如图 4-12 所示。

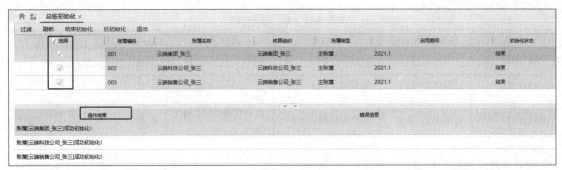

图 4-12　总账初始化

实验二　出纳系统初始化

↗ 应用场景
在进行出纳日常业务处理前，先要完成出纳系统的初始化操作。

↗ 实验步骤
- 设置系统启用日期。
- 设置基础资料。
- 录入期初余额。
- 结束初始化。

↗ 实验前准备
- 使用教师提供的数据中心：云端集团一组。
- 用户名称：信息管理员_张三。
- 密码为学号：201801001。

↗ 实验数据

1. 设置系统启用日期

云端集团从 2021 年 1 月起开始实施上线金蝶云星空，于 2021 年 1 月 1 日对集团各组织启用了出纳管理系统，具体数据如表 4-9 所示。

表 4-9　系统启用日期设置

启用系统	启用组织	启用日期
出纳管理系统	云端集团_姓名	2021/1/1
	云端科技公司_姓名	2021/1/1
	云端销售公司_姓名	2021/1/1

2. 设置基础资料

1）新增银行账户信息

云端集团根据企业的实际情况创建银行账户，银行账户信息如表 4-10 所示。

表 4-10 银行账户信息

账号	创建/使用组织	开户行	账户名称	账户收支属性	分配
68888881	云端集团_姓名	招商银行南山支行	云端集团人民币户	收支	—
68888882	云端集团_姓名	招商银行南山支行	云端科技公司人民币户	收支	云端科技公司_姓名
68888883	云端集团_姓名	招商银行南山支行	云端销售公司人民币户	收支	云端销售公司_姓名

2) 新增内部账户信息

云端集团根据企业内部的实际情况创建内部账户，内部账户信息如表 4-11 所示。

表 4-11 内部账户信息

创建组织	组织开设	内部账号	账户名称	对应组织	使用分配	透支方式
云端集团_姓名	在资金组织开设	学号.002	销售公司收付账户	云端销售公司_姓名	云端销售公司_姓名	不控制

3) 新增内部银行账户

云端集团根据企业内部的实际情况创建内部银行账户，内部银行账户信息如表 4-12 所示。

表 4-12 内部银行账户信息

银行账号	开户银行	账户名称	账户收支属性	上划方式	内部账户	使用分配
68888884	招商银行南山支行	销售公司收付款账户	收支	手工	销售公司收付账户	云端销售公司_姓名

3. 录入期初余额

1) 录入现金期初

云端集团出纳管理系统初始化之前需要对各组织的现金期初进行录入，各组织现金期初余额如表 4-13 所示。

表 4-13 各组织现金期初余额

对应组织	币别	期初余额
云端集团_姓名	人民币	250,326.10
云端科技公司_姓名	人民币	338,052.10
云端销售公司_姓名	人民币	119,201.40

2) 录入银行存款期初

云端集团出纳管理系统初始化之前需要对各组织的银行存款期初进行录入，各组织银行存款期初如表 4-14 所示。

表 4-14 各组织银行存款期初

对应组织	银行	银行账号	币别	企业方/银行方期初余额
云端集团_姓名	招商银行南山支行	68888881	人民币	22,089,673.90
云端科技公司_姓名	招商银行南山支行	68888882	人民币	7,556,947.90
云端销售公司_姓名	招商银行南山支行	68888883	人民币	27,742,935.36

4. 结束初始化

云端集团在各组织的现金期初和银行存款期初全部录入完毕后，即可结束初始化。

↗ 操作指导

1. 设置系统启用日期

信息管理员_张三登录金蝶云星空系统主界面后，执行【财务会计】—【出纳管理】—【初始化】—【启用日期设置】命令，进入出纳系统启用日期设置界面，勾选"云端集团_张三""云端科技公司_张三""云端销售公司_张三"这三个组织，启用日期均设置为"2021-01-01"，单击【启用】按钮，如图 4-13 所示。

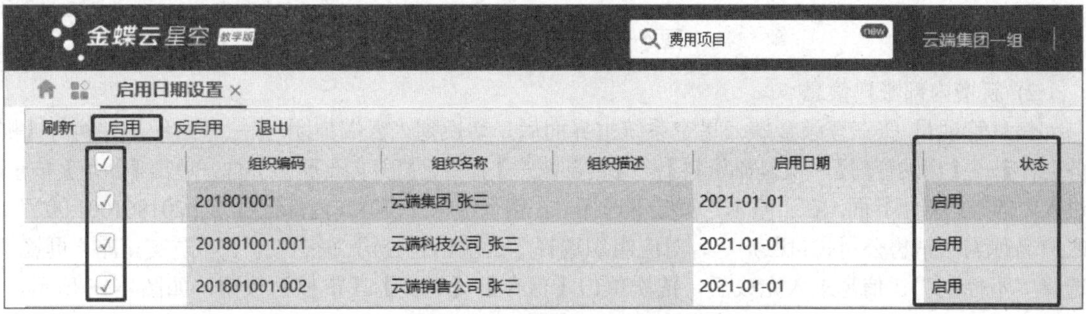

图 4-13 出纳管理系统启用

2. 设置基础资料

1) 新增银行账户信息

信息管理员_张三登录金蝶云星空系统主界面后，切换到"云端集团_张三"组织，并执行【财务会计】—【出纳管理】—【基础资料】—【银行账号】命令，进入银行账号界面，单击【新增】按钮，进入银行账户新增界面，银行账号输入"68888881"，开户银行选择"招商银行南山支行"，账户名称输入"云端集团人民币户"，账户收支属性选择"收支"，信息录入完成后，依次单击【保存】【提交】【审核】按钮，如图 4-14 所示。

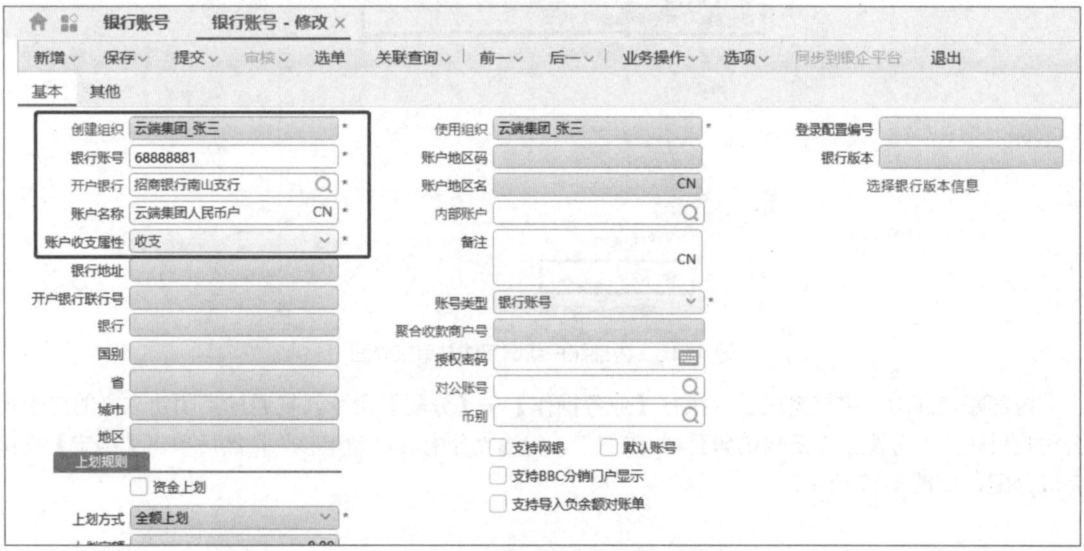

图 4-14 银行账户新增完成并审核界面

参照以上步骤，根据实验数据完成其他两个银行账户的新增及审核，由集团创建后分配给其他两个组织使用，并勾选"分配后自动审核"，新增完成后可在银行账号列表中查询到新增的银行账号信息，如图4-15所示。

图4-15 银行账号查询界面

2) 新增内部账户信息

信息管理员_张三登录金蝶云星空系统主界面后，切换到"云端集团_张三"组织，并执行【财务会计】—【出纳管理】—【基础资料】—【内部账户】命令，打开内部账户界面，单击【新增】按钮，进入内部账户新增界面，在"基本"页签下选择"在资金组织开设"，内部账号为"201801001.002"，账户名称为"销售公司收付账户"，对应组织选择"云端销售公司_张三"，在"透支策略"页签下选择"不控制"，信息录入完成后，依次单击【保存】【提交】【审核】按钮，如图4-16所示。

图4-16 内部账户新增完成并审核界面

内部账户新增、审核完成后，执行【业务操作】—【分配】命令，把通过集团建立好的"销售公司收付账户"分配给"云端销售公司_张三"，勾选"分配后自动审核"，然后单击【确定】按钮完成分配，如图4-17所示。

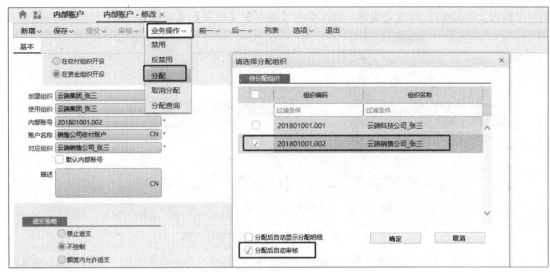

图 4-17 内部账户分配界面

3) 新增内部银行账号信息

信息管理员_张三登录金蝶云星空系统主界面后，切换到"云端集团_张三"组织，并执行【财务会计】—【出纳管理】—【基础资料】—【银行账号】命令，打开银行账号界面，单击【新增】按钮，进入银行账号新增界面，银行账号输入"68888884"，开户银行选择"招商银行南山支行"，账户名称输入"销售公司收付款账户"，账户收支属性选择"收支"，在"上划规则"页签下勾选"资金上划"，上划方式选择"手工"，内部账户选择"销售公司收付账户"，信息录入完成后，依次单击【保存】【提交】【审核】按钮，如图4-18所示。

由集团创建后分配给"云端销售公司_张三"的组织。

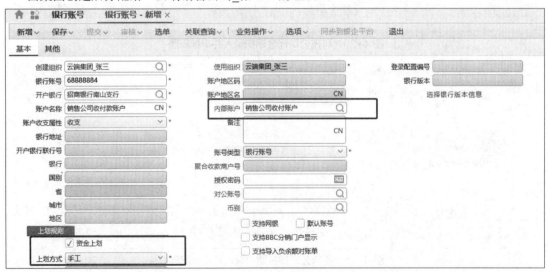

图 4-18 内部银行账户新增完成并审核界面

3. 录入初始余额

1) 录入现金期初

信息管理员_张三登录金蝶云星空系统主界面后，执行【财务会计】—【出纳管理】—【初始化】—【现金期初】命令，单击【新增】按钮，进入新增界面，收款组织选择"云端集团_张三"，期初余额为 250,326.1，新增完成后，依次单击【保存】【提交】【审核】按钮，如图 4-19 所示。

图 4-19 现金期初录入完成并审核界面

参照以上步骤，录入其他两个组织的现金期初，注意选择不同的收款组织，如图 4-20、图 4-21 所示。

图 4-20 科技公司现金期初录入并审核界面

图 4-21 销售公司现金期初录入并审核界面

2) 银行存款期初

信息管理员_张三登录金蝶云星空系统主界面后，执行【财务会计】—【出纳管理】—【初始化】—【银行存款期初】命令，单击【新增】按钮，进入新增界面，选择收款组织为"云端集团_张三"，银行选择"招商银行南山支行"，银行账号为"68888881"，币别为"人民币"，企业方期初余额和银行方期初余额均为"22,089,673.9"，新增完成后，依次单击【保存】【提交】【审核】

按钮，如图 4-22 所示。

参照以上步骤，录入其他两个组织的银行存款期初，注意选择不同的收款组织。

图 4-22　银行存款期初录入并审核界面

4. 结束初始化

信息管理员_张三登录金蝶云星空系统主界面后，执行【财务会计】—【出纳管理】—【初始化】—【出纳管理结束初始化】命令，勾选结算组织"云端集团_张三""云端科技公司_张三""云端销售公司_张三"，单击工具栏上的【结束初始化】按钮，如图 4-23 所示。

图 4-23　出纳管理系统结束初始化

实验三　应收应付初始化

➢ 应用场景

在进行应收应付日常业务处理前，先要完成应收应付系统的初始化操作。

➢ 实验步骤

□ 设置系统启用日期。
□ 录入期初应收应付单。
□ 结束初始化。

➢ 实验前准备

□ 使用教师提供的数据中心：云端集团一组。
□ 用户名称：信息管理员_张三。
□ 密码为学号：201801001。

➢ 实验数据

1. 设置系统启用日期

云端集团从 2021 年 1 月起开始实施上线金蝶云星空，于 2021 年 1 月 1 日对集团各组织启用了应收应付管理系统，具体数据如表 4-15 所示。

表 4-15　启用系统日期设置

启用系统	启用组织	启用日期
应收管理系统	云端科技公司_姓名	2021/1/1
	云端销售公司_姓名	2021/1/1
应付管理系统	云端科技公司_姓名	2021/1/1
	云端销售公司_姓名	2021/1/1

2. 录入期初应收应付单

1) 录入期初应收单

云端集团在应收系统初始化之前，需要对客户期初应收单进行录入，具体数据如表 4-16 所示。

表 4-16　期初应收单

序号	结算/收款/销售组织	业务日期	到期日	客户	产品	含税单价	数量	税率	价税合计
1	云端科技公司_姓名	2020/12/2	2021/1/31	云端销售公司_姓名	自动驾驶机器人S型	60,000.00	14	13%	840,000.00
2		2020/12/24	2021/1/31	云端销售公司_姓名	自动驾驶机器人R型	62,000.00	40	13%	2,480,000.00
3	云端销售公司_姓名	2020/12/2	2021/1/31	迅腾科技	自动驾驶机器人S型	71,428.5714	14	13%	1,000,000.00
4		2020/12/24	2021/1/31	度白科技	自动驾驶机器人R型	75,000.00	40	13%	3,000,000.00

2) 录入期初应付单

云端集团在应付系统初始化之前，需要对供应商期初应付单进行录入，具体数据如表 4-17 所示。

表 4-17　期初应付单

序号	结算/付款/采购组织	业务日期	到期日	供应商	产品	数量	含税单价	税率	价税合计
1	云端科技公司_姓名	2020/12/5	2021/1/31	精益电子	智能芯片	200	3,000.00	13%	600,000.00
2		2020/12/10	2021/1/31	精益电子	主控系统	400	500.00	13%	200,000.00
3		2020/12/12	2021/1/31	华南制造	酷炫外壳	2000	500.00	13%	1,000,000.00
4	云端销售公司_姓名	2020/12/2	2021/1/31	云端科技公司_姓名	自动驾驶机器人S型	14	60,000.00	13%	840,000.00
5		2020/12/24	2021/1/31	云端科技公司_姓名	自动驾驶机器人R型	40	62,000.00	13%	2,480,000.00

3. 应收应付系统结束初始化

云端集团在各组织的期初应收应付单全部录入完毕后，即可结束初始化。

↗ 操作指导

1. 设置系统启用日期

1）设置应收系统启用日期

信息管理员_张三登录金蝶云星空系统主界面后，执行【财务会计】—【应收款管理】—【初始化】—【启用日期设置】命令，勾选结算组织"云端科技公司_张三"和"云端销售公司_张三"，设置启用日期为"2021-01-01"，完成设置后，单击【启用】按钮，如图4-24所示。

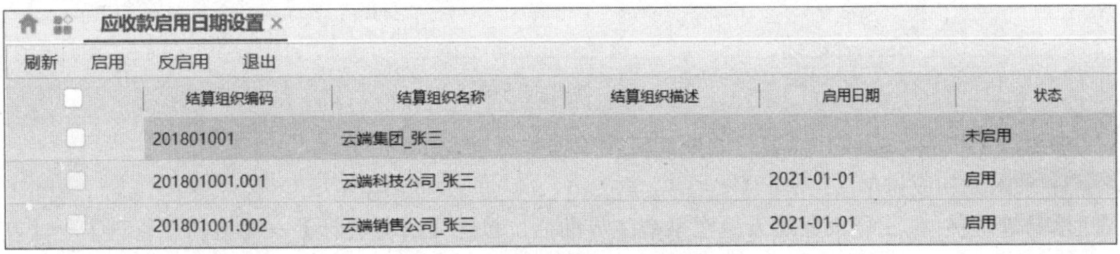

结算组织编码	结算组织名称	结算组织描述	启用日期	状态
201801001	云端集团_张三			未启用
201801001.001	云端科技公司_张三		2021-01-01	启用
201801001.002	云端销售公司_张三		2021-01-01	启用

图4-24 应收系统启用界面

2）设置应付系统启用日期

信息管理员_张三登录金蝶云星空系统主界面后，执行【财务会计】—【应付款管理】—【初始化】—【启用日期设置】命令，勾选结算组织"云端科技公司_张三"和"云端销售公司_张三"，设置启用日期为"2021-01-01"，完成设置后，单击【启用】按钮，如图4-25所示。

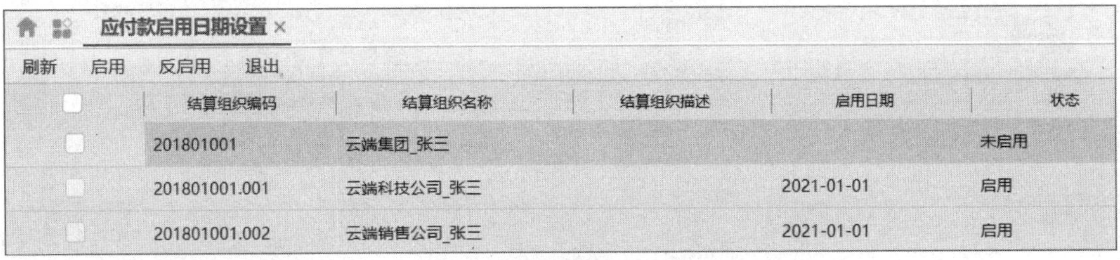

结算组织编码	结算组织名称	结算组织描述	启用日期	状态
201801001	云端集团_张三			未启用
201801001.001	云端科技公司_张三		2021-01-01	启用
201801001.002	云端销售公司_张三		2021-01-01	启用

图4-25 应付系统启用界面

2. 录入期初应收应付单

1）录入期初应收单

信息管理员_张三登录金蝶云星空系统主界面后，执行【财务会计】—【应收款管理】—【初始化】—【期初应收单】命令，按照表4-16提供的实验数据正确录入，本实验以第一笔业务单据为例进行操作，切换到"云端科技公司_张三"的组织，新增完成后，依次单击【保存】【提交】【审核】按钮，如图4-26所示，完成期初应收单的录入。

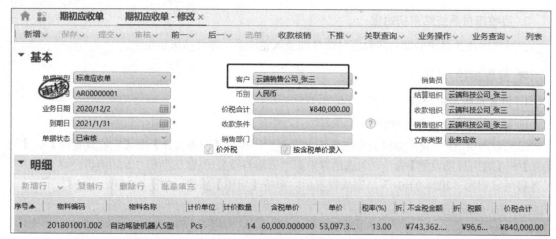

图 4-26　期初应收单录入

参照以上步骤，完成其他客户的期初应收单据数据录入。

2) 录入期初应付单

信息管理员_张三登录金蝶云星空系统主界面后，执行【财务会计】—【应付款管理】—【初始化】—【期初应付单】命令，按照表 4-17 提供的实验数据正确录入，本实验以第一笔业务单据为例进行操作，切换到"云端科技公司_张三"组织，新增完成后，依次单击【保存】【提交】【审核】按钮，如图 4-27 所示，完成期初应付单的录入。

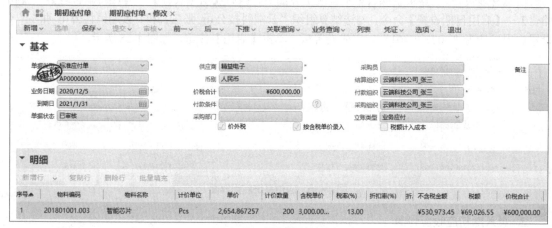

图 4-27　期初应付单录入

参照以上步骤，完成其他客户的期初应付单据数据录入。

3. 结束初始化

1) 应收系统结束初始化

信息管理员_张三登录金蝶云星空系统主界面后，切换到"云端集团_张三"，执行【财务会计】—【应收款管理】—【初始化】—【应收款结束初始化】命令，勾选结算组织为"云端科技公司_张三"和"云端销售公司_张三"，单击工具栏上的【结束初始化】按钮，如图 4-28 所示。

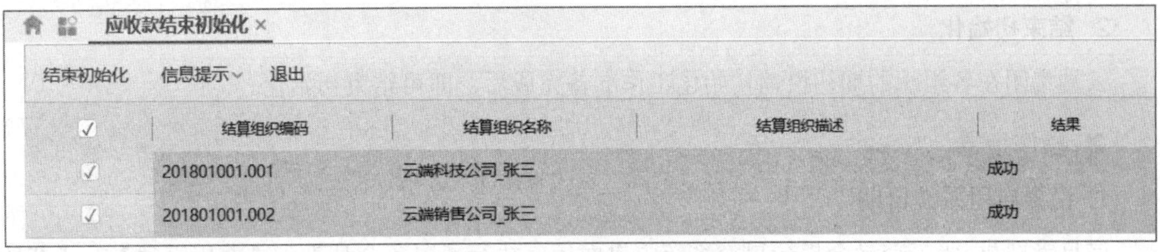

	结算组织编码	结算组织名称	结算组织描述	结果
✓	201801001.001	云端科技公司_张三		成功
✓	201801001.002	云端销售公司_张三		成功

图 4-28　应收系统结束初始化界面

2) 应付系统结束初始化

信息管理员_张三登录金蝶云星空系统主界面后，执行【财务会计】—【应付款管理】—【初始化】—【应付款结束初始化】命令，勾选结算组织"云端科技公司_张三"和"云端销售公司_张三"，单击工具栏上的【结束初始化】按钮，如图 4-29 所示。

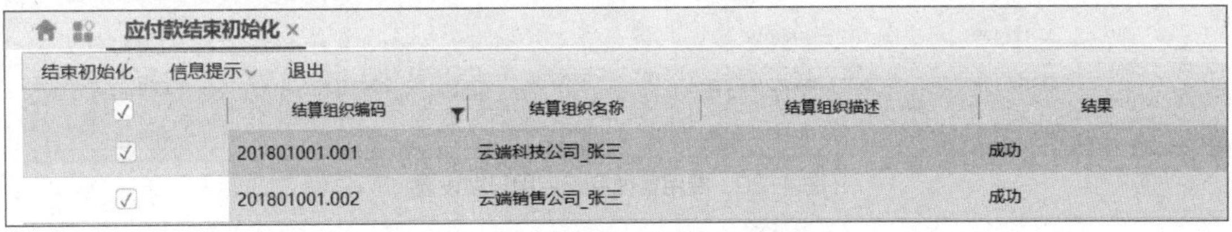

	结算组织编码	结算组织名称	结算组织描述	结果
✓	201801001.001	云端科技公司_张三		成功
✓	201801001.002	云端销售公司_张三		成功

图 4-29　应付系统结束初始化界面

实验四　费用管理初始化

➚ 应用场景

在进行费用报销日常业务处理前，先要完成费用管理系统的初始化操作。

➚ 实验步骤

- 设置系统启用日期。
- 结束初始化。

➚ 实验前准备

- 使用教师提供的数据中心：云端集团一组。
- 用户名称：信息管理员_张三。
- 密码为学号：201801001。

➚ 实验数据

1. 设置系统启用日期

云端集团从 2021 年 1 月起开始实施上线金蝶云星空，于 2021 年 1 月 1 日对集团各组织启用了费用管理系统，具体数据如表 4-18 所示。

表 4-18　系统启用日期设置

启用系统	启用组织	启用日期
费用管理系统	云端科技公司_姓名	2021/1/1
	云端销售公司_姓名	2021/1/1

2. 结束初始化

云端集团在各组织的期初报销初始化工作准备完成后，即可结束初始化。

➤ **操作指导**

1. 设置启用系统日期

信息管理员_张三登录金蝶云星空系统主界面后，执行【财务会计】—【费用管理】—【初始化】—【启用日期设置】命令，勾选结算组织"云端科技公司_张三"和"云端销售公司_张三"，设置启用日期为"2021/1/1"，完成设置后，单击【启用】按钮，如图4-30所示。

图4-30 费用管理系统启用日期设置

2. 结束初始化

信息管理员_张三登录金蝶云星空系统主界面后，执行【财务会计】—【费用管理】—【初始化】—【结束初始化】命令，勾选结算组织"云端科技公司_张三"和"云端销售公司_张三"，单击工具栏上的【结束初始化】按钮，如图4-31所示。

图4-31 费用管理系统结束初始化

实验五　固定资产初始化

➤ **应用场景**

在进行固定资产日常业务处理前，先要完成固定资产系统的初始化操作。

➤ **实验步骤**
- 设置系统启用日期。
- 新增固定资产位置。
- 录入期初固定资产卡片。

➤ **实验前准备**
- 使用教师提供的数据中心：云端集团一组。
- 用户名称：信息管理员_张三。
- 密码为学号：201801001。

实验数据

1. 设置系统启用日期

云端集团从 2021 年 1 月起开始实施上线金蝶云星空,于 2021 年 1 月 1 日对集团各组织启用了固定资产系统,具体数据如表 4-19 所示。

表 4-19 系统启用日期设置

启用系统	启用组织	启用日期
固定资产系统	云端科技公司_姓名	2021/1/1
	云端销售公司_姓名	2021/1/1

2. 新增固定资产位置

云端集团对资产进行实物管理,新增固定资产位置如表 4-20 所示。

表 4-20 新增固定资产位置信息

创建/使用组织	地址	分配组织
云端集团_姓名	本部大楼	云端科技公司_姓名
		云端销售公司_姓名
云端集团_姓名	驻外办公室	云端销售公司_姓名

3. 录入期初固定资产卡片

云端集团系统期初固定资产卡片数据如表 4-21 所示,每个资产的数据为一列。

表 4-21 期初固定资产卡片数据

资产/货主组织	云端科技公司_姓名							云端销售公司_姓名
资产类别	电子设备	房屋建筑	机器设备	机器设备	机器设备	电子设备	其他设备	电子设备
资产名称	打印机	办公大厦	生产设备	组装设备	电机	电脑	办公家具	电脑
单位	台	栋	台	台	台	台	套	台
数量	1	1	1	7	1	3	1	2
开始使用日期	2020/12/1	2020/12/1	2020/12/1	2020/12/1	2020/12/1	2020/12/1	2020/12/1	2020/12/1
初始化	√	√	√	√	√	√	√	√
会计政策	中国准则	中国准则	中国准则	中国准则	中国准则	中国准则	中国准则	中国准则
入账日期	2021/1/1	2021/1/1	2021/1/1	2021/1/1	2021/1/1	2021/1/1	2021/1/1	2021/1/1
未税成本	10,000	20,000,000	2,000,000	14,000,000	2,000,000	15,000	20,000	10,000
购买单价	10,000	20,000,000	2,000,000	2,000,000	2,000,000	5,000	20,000	5,000
资产位置	本部大楼	本部大楼	本部大楼	本部大楼	本部大楼	本部大楼	本部大楼	本部大楼
使用部门	财务部	行政部	生产部	生产部	生产部	财务部	行政部	销售部
费用项目	折旧费用	折旧费用	折旧费用	折旧费用	折旧费用	折旧费用	折旧费用	折旧费用

操作指导

1. 设置启用系统日期

信息管理员_张三登录金蝶云星空系统主界面后,执行【资产管理】—【固定资产】—【启用期间设置】—【启用固定资产系统】命令,进入启用固定资产系统界面,勾选货主组织"云端销售公司_张三"和"云端科技公司_张三",系统会根据货主组织找到其适用的会计政策,在需要启用的会计政策下设置启用时间,设置启用年度为"2021",启用期间为"1",完成设置后,单击【启用】按钮,启用成功后如图4-32所示。

图4-32 固定资产系统启用

2. 新增固定资产位置

信息管理员_张三登录金蝶云星空系统主界面后,执行【资产管理】—【固定资产】—【基础资料】—【资产位置】命令,单击【新增】按钮,打开资产位置新增界面,新增"本部大楼"的资产位置,新增完成后,依次单击【保存】【提交】【审核】按钮。完成资产位置的审核后,执行【业务操作】—【分配】命令,在"待分配组织"页签下勾选"云端科技公司_张三"和"云端销售公司_张三",并勾选"分配后自动审核",单击【确定】按钮,如图4-33所示。

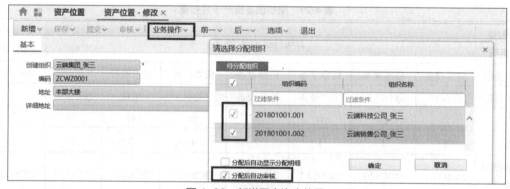

图4-33 新增固定资产位置

参照以上步骤,新增实验数据中的其他资产位置,新增完成后可在资产位置列表中查询到新增的资产位置信息,如图4-34所示。

图4-34 资产位置信息

3. 录入期初固定资产卡片

信息管理员_张三登录金蝶云星空系统主界面后,执行【资产管理】—【固定资产】—【日常管理】—【初始化卡片】命令,打开资产卡片新增界面,新增固定资产"打印机",根据实验数据录入资产卡片信息,在"基本信息"页签中,资产组织选择"云端科技公司_张三",资产类别为"电子设备",资产名称为"打印机",计量单位为"台",开始使用日期为"2020-12-01",在"财务信息"页签中,会计政策选择"中国准则会计政策",入账日期为"2021-01-01",未税成本为"10,000",资产原值为"10,000",在"实物信息"页签中,录入资产编码,选择资产位置为"本部大楼",在"使用分配"页签中,录入资产编码,使用部门选择"财务部",费用项目为"折旧费用"。完成后提交审核。具体界面如图4-35、图4-36、图4-37所示。参照以上步骤,依次新增实验数据中的其他资产卡片。

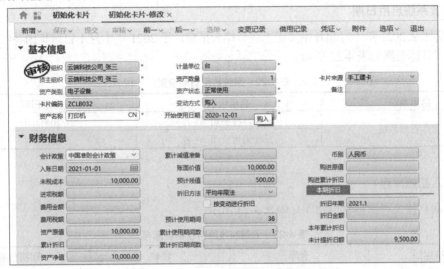

图4-35 期初固定资产卡片的录入(1)

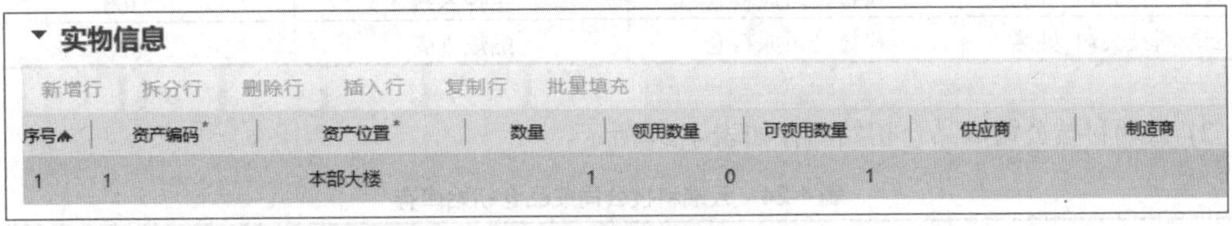

图4-36 期初固定资产卡片的录入(2)

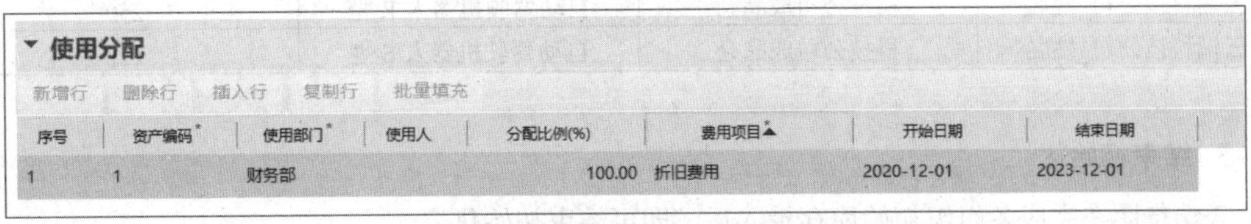

图4-37 期初固定资产卡片的录入(3)

实验六 库存系统初始化

↗ 应用场景

在库存管理系统处理日常业务前,先要完成库存管理系统的初始化操作。

➤ 实验步骤

- ☐ 设置系统启用日期。
- ☐ 录入初始库存。
- ☐ 结束初始化。

➤ 实验前准备

- ☐ 使用教师提供的数据中心:云端集团一组。
- ☐ 用户名称:信息管理员_张三。
- ☐ 密码为学号:201801001。

➤ 实验数据

1. 设置系统启用日期

云端集团从 2021 年 1 月起开始实施上线金蝶云星空,于 2021 年 1 月 1 日对集团各组织启用了库存系统,具体数据如表 4-22 所示。

表 4-22 系统启用日期设置

启用系统	启用组织	启用日期
库存管理系统	云端科技公司_姓名	2021/1/1
	云端销售公司_姓名	2021/1/1

2. 录入初始库存

1) 云端科技公司原料仓初始库存如表 4-23 所示。

表 4-23 云端科技原料仓初始库存

库存组织	仓库	物料	期初数量
云端科技公司_姓名	科技公司原料仓	智能芯片	200
云端科技公司_姓名	科技公司原料仓	主控系统	300
云端科技公司_姓名	科技公司原料仓	酷炫外壳	320

2) 云端科技公司成品仓初始库存如表 4-24 所示。

表 4-24 云端科技公司成品仓初始库存

库存组织	仓库	物料	期初数量
云端科技公司_姓名	科技公司成品仓	自动驾驶机器人 R 型	250
云端科技公司_姓名	科技公司成品仓	自动驾驶机器人 S 型	272

3. 结束初始化

云端集团在完成各组织初始库存录入后,即可结束初始化。

➤ 操作指导

1. 设置启用系统日期

信息管理员_张三登录金蝶云星空系统主界面后,执行【供应链】—【库存管理】—【初始化】—【启用库存管理】命令,进入启用库存管理界面,勾选组织"云端科技公司_张三"和"云端销售公司_张三",设置库存启用时间为"2021/1/1",单击【保存】按钮,如图4-38所示。

图4-38 启用库存系统

2. 录入初始库存

信息管理员_张三登录金蝶云星空系统主界面后,切换到"云端科技公司_张三",执行【供应链】—【库存管理】—【初始化】—【初始库存】命令,进入初始库存新增界面,仓库选择"科技公司原料仓",根据实验数据,录入各物料的期初数量,录入完成后,依次单击【保存】【提交】【审核】按钮,如图4-39所示。

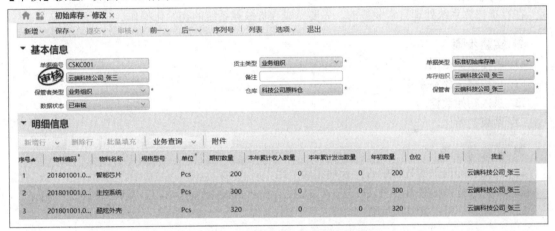

图4-39 初始库存录入完成并审核界面

参照以上步骤,根据实验数据,完成其他仓库的初始库存录入,录入完成后,可将组织切换到"云端科技公司_张三",在"初始库存列表"中查看所有库存的初始余额,如图4-40所示。

图4-40 初始库存列表界面

3. 结束初始化

信息管理员_张三登录金蝶云星空系统主界面后，执行【供应链】—【库存管理】—【初始化】—【库存管理结束初始化】命令，勾选"云端科技公司_张三"和"云端销售公司_张三"组织，单击工具栏上的【结束初始化】按钮，如图 4-41 所示。

选择	库存组织编码	库存组织名称	库存组织描述	结果
✓	201801001.001	云端科技公司_张三		成功
✓	201801001.002	云端销售公司_张三		成功

图 4-41　库存管理系统结束初始化

实验七　存货核算系统初始化

➤ 应用场景

在存货核算系统处理日常业务前，先要完成存货核算系统的初始化操作。

➤ 实验步骤

- 新增核算范围。
- 启用存货核算系统。
- 录入初始数据。
- 结束初始化。

➤ 实验前准备

- 使用教师提供的数据中心：云端集团一组。
- 用户名：信息管理员_张三。
- 密码为学号：201801001。

➤ 实验数据

1. 新增核算范围

云端集团为了对企业存货价值(即成本)的计量，须在存货核算系统启用前对存货核算范围进行设置，云端集团存货核算范围信息如表 4-25 所示。

表 4-25　存货核算范围信息

核算范围编码	核算范围名称	划分依据	核算体系	核算组织	会计政策	计价方法	核算范围
学号.001	云端科技公司核算范围_姓名	货主+库存组织	财务会计核算体系	云端科技公司_姓名	中国准则会计政策	加权平均法	货主：云端科技公司_姓名 库存组织：云端科技公司_姓名
学号.002	云端销售公司核算范围_姓名	货主+库存组织	财务会计核算体系	云端销售公司_姓名	中国准则会计政策	加权平均法	货主：云端销售公司_姓名 库存组织：云端销售公司_姓名 货主：云端销售公司_姓名 库存组织：云端科技公司_姓名

2. 启用存货核算系统

云端集团从 2021 年 1 月起开始实施上线金蝶云星空，于 2021 年 1 月 1 日对集团各组织启用了库存核算系统，具体数据如表 4-26 所示。

表 4-26　系统启用时间设置

启用系统	启用组织	启用日期
存货核算系统	云端科技公司_姓名	2021/1/1
	云端销售公司_姓名	2021/1/1

3. 录入初始数据

云端科技公司在启用存货核算系统后，使用获取存货核算的数据的功能，核算出科技公司的初始存货数据如表 4-27 所示。

表 4-27　云端科技公司初始核算数据

核算体系	核算组织	物料	期初数量	期初金额
财务会计核算体系	云端科技公司_姓名	智能芯片	200	600,000.00
财务会计核算体系	云端科技公司_姓名	主控系统	300	150,000.00
财务会计核算体系	云端科技公司_姓名	酷炫外壳	320	160,000.00
财务会计核算体系	云端科技公司_姓名	自动驾驶机器人 R 型	250	11,815,000.00
财务会计核算体系	云端科技公司_姓名	自动驾驶机器人 S 型	272	11,815,000.00

4. 结束初始化

云端集团在完成各组织初始库存核算后，即可结束初始化。

➚ 操作指导

1. 新增核算范围

信息管理员_张三登录金蝶云星空系统主界面后，执行【成本管理】—【存货核算】—【基础资料】—【核算范围】命令，进入存货核算范围界面，单击【新增】按钮，根据实验数据录入信息，核算范围编码为"201801001.001"，核算范围名称为"云端科技公司核算范围_张三"，计价方法为"加权平均法"，核算组织编码为"201801001.001"，核算组织名称为"云端科技公司_张三"，划分依据选择"货主+库存组织"，在"核算范围"页签中，货主名称选择"云端科技公司_张三"，库存组织名称选择"云端科技公司_张三"，录入完成后，依次单击【保存】【提交】【审核】按钮，如图 4-42 所示。

图 4-42　核算范围设置

参照以上步骤，根据实验数据，新增"云端销售公司_张三"的核算范围。注意，销售公司"核算范围"页签下有两组数据，录入完货主名称为"云端销售公司_张三"，库存组织为"云端销售公司_张三"的数据后，需单击【新增行】按钮，在第2行中，货主名称选择"云端销售公司_张三"，库存组织名称选择"云端科技公司_张三"，所有数据均录入完毕后，依次单击【保存】【提交】【审核】按钮，如图4-43所示。

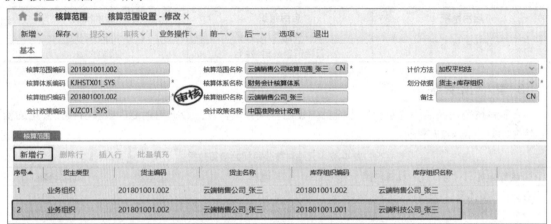

图4-43 核算范围查询界面

2. 启用存货核算系统

信息管理员_张三登录金蝶云星空系统主界面后，执行【成本管理】—【存货核算】—【初始化】—【启用存货核算系统】命令，进入启用存货核算系统界面，勾选"云端科技公司_张三"和"云端销售公司_张三"组织，并设置启用会计年度为"2021"，启用会计期间为"1"，单击【启用】按钮，如图4-44所示。

图4-44 系统启用设置

3. 录入初始数据

信息管理员_张三登录金蝶云星空系统主界面后，切换到"云端科技公司_张三"，执行【成本管理】—【存货核算】—【初始化】—【初始核算数据录入】命令，进入初始核算数据录入界面，单击【新增】按钮，进入初始核算数据录入新增界面，核算组织选择"云端科技公司_张三"，会计政策选择"中国准则会计政策"，执行【业务操作】—【获取库存期初数据】命令，系统自动导入期初数据，根据实验数据录入各物料的期初数量与期初金额，单击【保存】按钮，如图4-45所示。

图 4-45 初始核算数据录入界面

4. 结束初始化

信息管理员_张三登录金蝶云星空系统主界面后，执行【成本管理】—【存货核算】—【初始化】—【存货核算初始化】命令，进入结束初始化界面，勾选"云端科技公司张三"和"云端销售公司张三"组织，单击工具栏上的【结束初始化】按钮，如图 4-46 所示。

图 4-46 存货核算结束初始化

第 5 章 日常业务管理

5.1 系统概述

在企业日常业务管理中常用的模块有：采购管理、销售管理、库存管理、费用管理、固定资产管理、总账管理、出纳管理、应收应付管理、智能会计平台等。云端集团的主要业务说明如下。

1. 采购与付款业务

集团的各个经营实体共享供应商，集中下单、采购，以获取最大的价格优惠。执行采购业务的是科技公司的采购部门，采购资金的支出主要是由科技公司统一支付给供应商。主要材料的供应商的结算方式通常为月结。

2. 销售与收款业务

由于客户会对每批设备提出特别定制的要求，公司对智能机器人系列产品采取的是预收货款的销售方式。科技公司加工的产品主要面向内部单位供应。

内部销售的价格通常低于外部销售的价格，每个季度按市场行情调整一次。

集团的各个经营实体共享客户，销售公司主要负责谈合同、接单，科技公司负责出货事宜。智能机器人系列标准产品主要由销售公司统一销售并与客户结算；定制化产品则由科技公司销售。

3. 生产、库存业务

科技公司按客户的订单需求生产产品，属于定制化产品。原材料、半成品、产成品分别存放于科技公司各类仓库。

4. 财务管理

在财务管理业务中，要求会计的工作必须高度符合会计准则的规定。财务管理的工作包括：有效管理客户的应收账款、供应商的应付账款，准确记账；保证资产安全；合理统筹资金，确保公司资金流顺畅；处理税务事宜等。

5. 内部交易说明

云端集团公司是独立的法人，下辖两个法人组织：云端科技公司、云端销售公司。云端销售公司是其主体，负责销售商品和具体的销售业务。云端集团公司采用"分级管理、充分授权"的管理模式，对子公司进行管理，不参与子公司的具体业务，仅在重大事项上进行协调和决策。集团负责科技公司和销售公司的合并业务核算，对外出具合并报表，采用收支两条线的资金管理模式，实现对子公司的资金上划、下拨。销售公司的智能系列产品从科技公司采购，从 2021 年开始，科技公司除了将智能系列产品卖给销售公司，也会对外销售商品。集团内部交易业务流程图如图 5-1 所示。

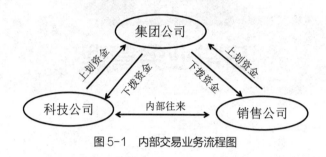

图 5-1　内部交易业务流程图

5.2 实验练习

实验准备：本节案例数据以学号为 201801001 的学生张三为例，进行后续全部实验操作。

实验一　集中采购业务

⬈ 应用场景

集中采购业务由相关的多个组织共同完成，体现了多组织之间的业务协同。集中采购业务包括申请、订单、收料入库、结算四个环节，分别由不同的业务组织处理，系统将这些业务组织定义为需求组织、采购组织、收料组织、结算组织。四个组织之间存在如下协同关系。需求组织是采购需求的提出者，通常情况下也是物料的所有者，即货主。采购组织是采购业务的执行者，由需求组织委托进行采购业务。收料组织是物料的保管者，由需求组织委托进行库存业务。结算组织是对外结算开票的主体，由需求组织委托与供应商进行结算。

⬈ 实验步骤

- 科技公司集中进行采购申请。
- 科技公司下推采购订单。
- 科技公司统一维护收料通知单。
- 科技公司进行采购应付并下推生成采购增值税专用发票。
- 销售公司进行采购应付并下推生成采购增值税专用发票。
- 科技公司及销售公司对购进的资产进行资产卡片的新增。
- 科技公司及销售公司在智能会计平台上进行相关凭证的生成。

⬈ 操作部门及人员

- 由科技公司信息管理员_张三根据各组织对固定资产的需求集中进行申请采购，新增采购申请单；由科技公司采购_张三根据采购申请单下推采购订单；由科技公司仓管_张三进行收料通知单统一维护。
- 由科技公司会计_张三及销售公司会计_张三根据收料通知单进行采购应付并生成采购增值税专用发票；由科技公司会计_张三及销售公司会计_张三对购进的资产进行资产卡片的新增。
- 由科技公司会计_张三及销售公司会计_张三在智能会计平台上进行相关凭证的生成，并对生成的凭证进行审核。

对应的业务流程如图 5-2 所示。

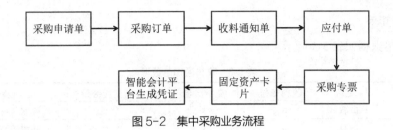

图 5-2　集中采购业务流程

> **实验前准备**
> - 使用教师提供的数据中心：云端集团一组。并在前面初始化的准备工作完成后进行日常业务的管理。
> - 实验中所有登录用户名均直接描述为：信息管理员_张三、科技公司采购_张三、科技公司会计_张三等字样。
> - 密码为学号：201801001。

> **实验数据**

2021年1月1日，信息部根据各公司新入职人员的报备情况，集中申请采购一批电脑供新员工使用；其中，5台科技公司财务部使用，5台销售公司销售部使用；不含税单价为 5,000 元/台，税率 13%，供应商为华南制造；2021年1月4日到货后马上投入本部大楼使用，应付款到期日为 2021年2月1日。

1. 采购申请单

申请组织：云端科技公司_姓名；采购申请单数据如表 5-1 所示。

表 5-1　采购申请单数据

单据类型	需求组织	采购组织	收料组织	物料编码	名称	单位	数量	申请日期	预计到货日期/建议采购日期
资产采购申请单	云端科技公司_姓名	云端科技公司_姓名	云端科技公司_姓名	学号.006	电脑	Pcs	5	2021/1/1	2021/1/4
	云端销售公司_姓名	云端科技公司_姓名	云端销售公司_姓名	学号.006	电脑	Pcs	5	2021/1/1	2021/1/4

2. 采购订单

申请组织：云端科技公司_姓名；采购订单数据如表 5-2 所示。

表 5-2　采购订单数据

供应商	税率	含税单价	需求组织	结算组织
华南制造	13%	56,50.00	云端科技公司_姓名	云端科技公司_姓名
华南制造	13%	56,50.00	云端销售公司_姓名	云端销售公司_姓名

3. 收料通知单

收料通知单数据如表 5-3 所示。

表 5-3 收料通知单数据

物料编码	名称	收料单位	交货数量	供应商交货数量	收料组织
学号.006	电脑	Pcs	5	5	云端科技公司_姓名
学号.006	电脑	Pcs	5	5	云端销售公司_姓名

4. 固定资产卡片的新增

资产卡片数据如表 5-4 和表 5-5 所示。

表 5-4 固定资产卡片的新增

资产组织	资产类别	开始使用日期	入账日期	资产位置	数量	使用部门	费用项目
云端科技公司_姓名	电子设备	2021/1/4	2021/1/4	本部大楼	5	财务部	折旧费用

表 5-5 固定资产卡片的新增

资产组织	资产类别	开始使用日期	入账日期	资产位置	数量	使用部门	费用项目
云端销售公司_姓名	电子设备	2021/1/4	2021/1/4	本部大楼	5	销售部	折旧费用

5. 凭证数据

凭证数据如表 5-6 所示。

表 5-6 凭证数据

对应组织	凭证来源	会计科目	借方金额	贷方金额
科技公司	应付单	应付账款-暂估应付款	25,000.00	
		应交税费-应交增值税(进项税额)	3,250.00	
		应付账款-明细应付款(华南制造)		28,250.00
	固定资产卡片	固定资产/电子设备	25,000.00	
		应付账款-暂估应付款		25,000.00
销售公司	应付单	应付账款-暂估应付款	25,000.00	
		应交税费-应交增值税(进项税额)	3,250.00	
		应付账款-明细应付款(华南制造)		28,250.00
	固定资产卡片	固定资产/电子设备	25,000.00	
		应付账款-暂估应付款		25,000.00

↗ 操作指导

1. "信息管理员_张三"新增采购申请单

信息管理员_张三登录金蝶云星空系统，切换到组织"云端科技公司_张三"，打开功能菜单，执行【供应链】—【采购管理】—【采购申请】—【采购申请单】命令，进入采购申请单新增界面，单据类型选择"资产采购申请"；依据实验数据录入需求组织、物料、数量、到货日期等信息，需特别注意在明细信息中对应的需求组织分别为"云端科技公司_张三""云端销售公司_张三"，对应的收料组织分别为"云端科技公司_张三""云端销售公司_张三";两笔采购业务的采购组织均为"云端科技公司_张三",到货日期为"2021/1/4",如图5-3所示。

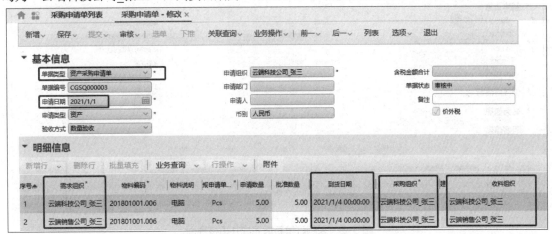

图5-3 采购申请单新增

信息填写完成后单击【保存】按钮,系统若提示"建议采购日期不能小于当前日期",则单击【是】即可继续保存。然后单击【提交】【审核】按钮,如图5-4所示。

图5-4 采购申请单保存

2. "科技公司采购_张三"根据采购申请单下推采购订单

科技公司采购_张三登录金蝶云星空系统,选择组织"云端科技公司_张三",执行【供应链】—【采购管理】—【采购申请】—【采购申请单列表】命令,选中前面科技公司信息管理员提交的资产采购申请单,单击【下推】按钮,选择"采购订单",勾选"整单转换",合并下推生成采购订单,进入采购订单生成界面;在"基本信息"页签中,将采购日期修改为"2021/1/1",供应商选择"华南制造";在"明细信息"页签中,录入含税单价5,650元,税率13%,确认需求组织、收料组织、结算组织,注意结算组织分别为"云端科技公司_张三""云端销售公司_张三",依次单击【保存】【提交】【审核】按钮,如图5-5所示。

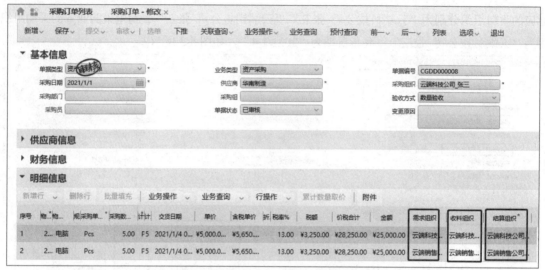

图 5-5 采购订单新增完成并审核界面

3. "科技公司仓管_张三"根据采购订单下推收料通知单

科技公司仓管_张三登录金蝶云星空系统,选择组织"云端科技公司_张三",执行【供应链】—【采购管理】—【订单处理】—【采购订单列表】命令,选择前面提交的采购订单,下推生成"收料通知单",勾选"整单转换",单击【确定】后,进入收料通知单新增界面;选中序号"1",收料组织为"云端科技公司_张三",将下方"收料日期"和"预计到货日期"修改为"2021/1/4",依次单击【保存】【提交】【审核】按钮,具体如图 5-6 所示。按照同样的方法,选中序号"2",将下方"收料日期"和"预计到货日期"修改为"2021/1/4",依次单击【保存】【提交】【审核】按钮。

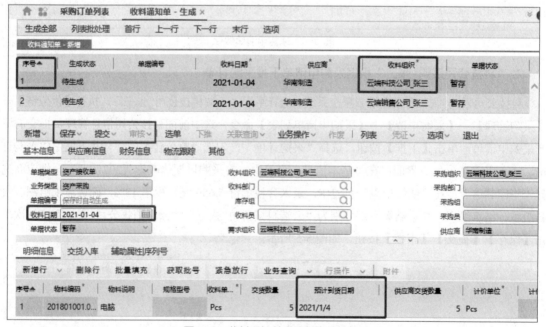

图 5-6 收料通知单完成并审核界面

4. "科技公司会计_张三"通过选收料通知单生成采购应付单

科技公司会计_张三登录金蝶云星空系统,选择组织"云端科技公司_张三",执行【财务会计】—【应付款管理】—【采购应付】—【应付单】命令,单击【选单】按钮,选择"收料通知单",单击【确定】按钮,在"收料通知单列表"选中收料组织为"云端科技公司_张三"的收料通知单,单击【返回数据】按钮,将业务日期修改为"2021/1/4",到期日修改为"2021/2/1",税率为13%,含税单价为5,650元,信息录入完成后,依次单击【保存】【提交】【审核】按钮,如图5-7所示。

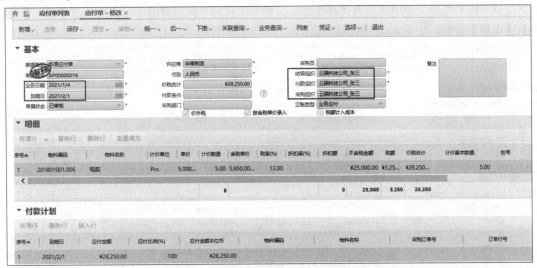

图5-7 科技公司应付单完成并审核界面

5. "科技公司会计_张三"根据采购应付单下推采购增值税专用发票

科技公司会计_张三登录金蝶云星空系统,选择组织"云端科技公司_张三",执行【财务会计】—【应付款管理】—【采购应付】—【应付单列表】命令,选择相应的采购应付单,下推生成采购增值税专用发票,单击【确定】按钮,进入采购增值税专用发票生成界面,业务日期输入"2021/1/4",发票日期输入"2021/1/4",信息检查无误后,依次单击【保存】【提交】【审核】按钮,如图5-8所示。

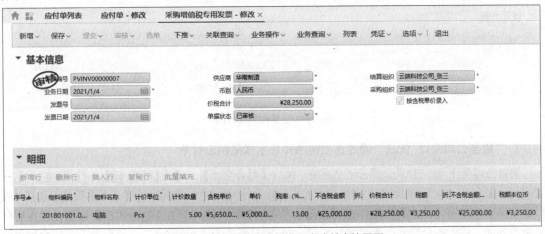

图5-8 采购增值税专用发票完成并审核界面

6. "科技公司会计_张三"新增固定资产卡片

科技公司会计_张三登录金蝶云星空系统,选择组织"云端科技公司_张三",执行【资产管理】—【固定资产】—【日常管理】—【资产卡片】命令,单击【新增】按钮,进入资产卡片新增界面,输入资产类别为"电子设备",再单击【选单】按钮,选择"收料通知单",单击【确定】按钮,在收料通知单列表选中收料组织为"云端科技公司_张三"行,单击【返回数据】按钮,进入资产卡片生成界面,将开始使用日期修改为"2021/1/4","实物信息"录入资产位置"本部大楼",下方"使用分配"页签下使用部门为"财务部",费用项目为"折旧费用",依次单击【保存】【提交】【审核】按钮,如图5-9、图5-10所示。

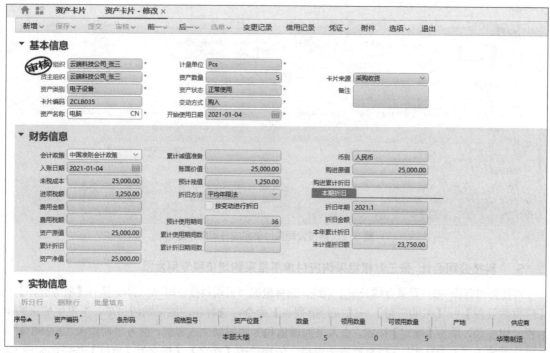

图5-9 科技公司—固定资产卡片新增完成并审核界面

图5-10 使用分配界面

7. "销售公司会计_张三"通过选收料通知单生成采购应付单

销售公司会计_张三登录金蝶云星空系统,执行【财务会计】—【应付款管理】—【采购应付】—【应付单】命令,将"采购组织"切换为"云端科技公司_张三",然后单击【选单】按钮,选择"收料通知单",单击【确定】按钮,在列表选中"电脑"收料单,单击【返回数据】按钮,进入应付单新增界面。将业务日期修改为"2021/1/4",到期日修改为"2021/2/1",税率为13%,含税单价为5,650元,信息录入完成后,依次单击【保存】【提交】【审核】按钮,如图5-11所示。

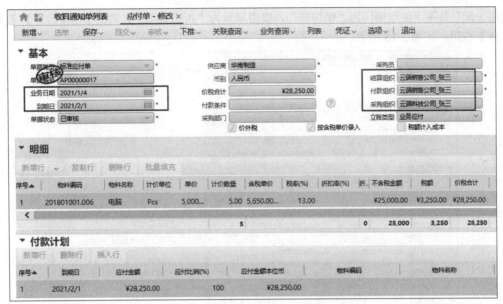

图 5-11 销售公司应付单完成并审核界面

8. "销售公司会计_张三"根据采购应付单下推采购增值税专用发票

销售公司会计_张三登录金蝶云星空系统，选择组织"云端销售公司_张三"，执行【财务会计】—【应付款管理】—【采购应付】—【应付单列表】命令，选择相应的采购应付单，下推生成采购增值税专用发票，进入购增值税专用发票生成界面，业务发生日期输入"2021/1/4"，发票日期输入"2021/1/4"，信息检查无误后，依次单击【保存】【提交】【审核】按钮，如图 5-12 所示。

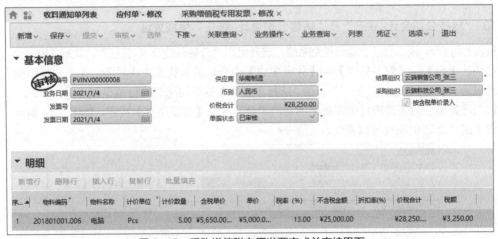

图 5-12 采购增值税专用发票完成并审核界面

9. "销售公司会计_张三"新增固定资产卡片

销售公司会计_张三登录金蝶云星空系统，选择组织"云端销售公司_张三"，执行【资产管理】—【固定资产】—【日常管理】—【资产卡片】命令，单击【新增】按钮，进入资产卡片新增界面，输入资产类别为"电子设备"，再单击【选单】按钮，选择"收料通知单"单击【确定】按钮，在收料通知单列表选中收料组织为"云端销售公司_张三"行，单击【返回数据】按钮，进入资产卡片生成界面，将开始使用日期修改为"2021/1/4"，"实物信息"录入资产位置"本部大楼"，下方

"使用分配"页签下使用部门为"销售部",费用项目为"折旧费用",依次单击【保存】【提交】【审核】按钮,如图5-13所示。

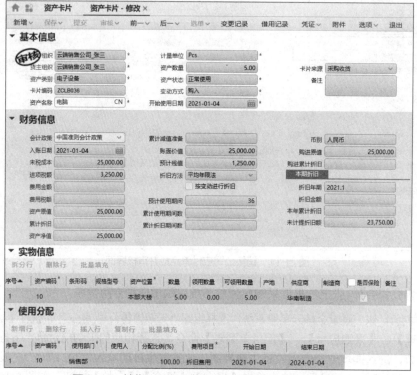

图5-13 销售公司—固定资产卡片新增完成并审核界面

10. "科技公司会计_张三"及"销售公司会计_张三"生成凭证

科技公司会计_张三登录金蝶云星空系统,选择组织"云端科技公司_张三",执行【财务会计】—【智能会计平台】—【财务处理】—【凭证生成】命令,进入凭证生成界面,在"选择账簿"页签下勾选账簿"云端科技公司_张三",在"选择单据"页签下勾选"应付单"和"资产卡片","单据范围"选择相应的采购应付单和新增的资产卡片,单击【凭证生成】按钮,如图5-14所示,系统会自动生成"凭证生成报告列表"。

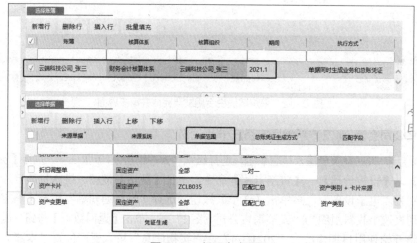

图5-14 凭证生成界面

凭证生成后，执行【财务会计】—【智能会计平台】—【财务处理】—【总账凭证查询】命令，可查看生成的凭证，并对生成的凭证进行核对，如图5-15所示。

图5-15　科技公司总账凭证生成查询

按照同样的方法，以销售公司会计_张三登录系统，选择"云端销售公司_张三"组织，在"选择账簿"页签下勾选账簿"云端销售公司_张三"，在"选择单据"页签下勾选"应付单"和"资产卡片"，"单据范围"选择对应的应付单及新增的资产卡片，单击【凭证生成】按钮，如图5-16所示。

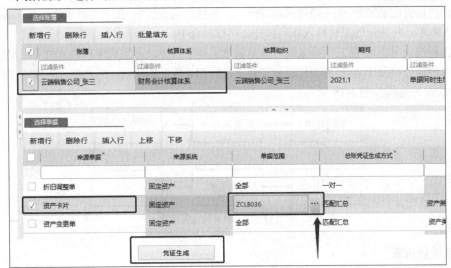

图5-16　凭证生成界面

执行【财务会计】—【智能会计平台】—【财务处理】—【总账凭证查询】命令，查看生成的凭证，并对生成的凭证进行核对，如图5-17所示。

图5-17　总账凭证查询界面

实验二 一般采购业务

↗ 应用场景

标准采购指企业向供应商购买符合质量要求的正常生产运营所需要的物质,即生产性物料的常规采购。标准采购是企业最常见的一种采购业务类型,适用于各种工业和商业企业。标准采购通常情况下就是赊购,即购销双方利用商业信用进行购销交易。

↗ 实验步骤

- 科技公司采购员新增采购订单。
- 科技公司仓管员根据采购订单下推生成采购入库单。
- 科技公司会计员进行采购入库单核算。
- 科技公司会计员根据采购入库单生成应付单。
- 科技公司会计员根据应付单下推采购专用发票。
- 科技公司会计员根据业务单据生成凭证。

↗ 操作部门及人员

- 由科技公司采购员_张三新增采购订单,由科技公司仓管员_张三根据采购订单下推生成采购入库单,将购进的原材料入库到科技公司原料仓中。
- 由科技公司会计_张三根据采购入库单新增采购应付单,并生成采购增值税专用发票。
- 由科技公司会计_张三在智能会计平台上进行相关凭证的生成,并对生成的凭证进行审核。

对应的业务流程如图 5-18 所示。

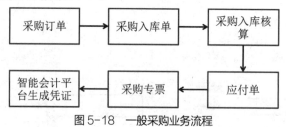

图 5-18 一般采购业务流程

↗ 实验前准备

使用教师提供的数据中心:云端集团一组。并在初始化的准备工作完成后进行日常业务的管理。

↗ 实验数据

2021 年 1 月 1 日,科技公司向精益电子购入原材料一批,采购明细信息如下,2021 年 1 月 5 日到货进行科技公司原料仓入库,应付款到期日为 2021 年 2 月 1 日。

1. 采购订单

采购订单数据如表 5-7 所示。

表 5-7 采购订单

采购组织	供应商	采购日期	交货日期	物料名称	采购数量	税率	含税单价
云端科技公司_姓名	精益电子	2021/1/1	2021/1/5	智能芯片	7	13%	3,000.00
				主控系统	8	13%	500.00

2. 采购入库单

采购入库单数据如表 5-8 所示。

表 5-8 采购入库单

入库时间	物料名称	仓库
2021/1/5	智能芯片	科技公司原料仓
	主控系统	科技公司原料仓

3. 应付单

业务日期：2021/1/5；到期日：2021/2/1。

4. 采购增值税专用发票

业务日期：2021/1/5；发票日期：2021/1/5。

5. 凭证数据

凭证数据如表 5-9 所示。

表 5-9 凭证数据

对应组织	凭证来源	会计科目	借方金额	贷方金额
科技公司	采购入库单	原材料(智能芯片)	18,584.07	
		原材料(主控系统)	3,539.82	
		应付账款—暂估应付款		22,123.89
科技公司	应付单	应付账款—暂估应付款	22,123.89	
		应交税费—应交增值税(进项税额)	2,876.11	
		应付账款—明细应付款(精益电子)		25,000.00

> 操作指导

1."科技公司采购_张三"新增采购订单

科技公司采购_张三登录金蝶云星空系统，选择组织"云端科技公司_张三"，执行【供应链】—【采购管理】—【订单处理】—【采购订单】命令，进入采购订单新增界面，根据实验数据录入正确信息，信息录入完成后，依次单击【保存】【提交】【审核】按钮，如图 5-19 所示。

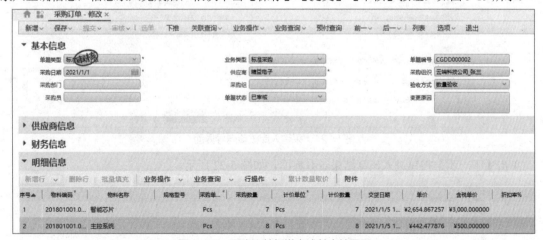

图 5-19 采购订单新增完成并审核界面

2. "科技公司仓管_张三"根据采购订单下推采购入库单

科技公司仓管_张三登录金蝶云星空系统，选择组织"云端科技公司_张三"，执行【供应链】—【采购管理】—【订单处理】—【采购订单列表】命令，选择前面提交的采购订单，单击【下推】按钮，勾选"采购入库单"，选择"整单转换"，单击【确定】按钮，下推生成采购入库单，将业务日期修改为"2021/1/5"，仓库为"科技公司原料仓"，信息录入完成后，依次单击【保存】【提交】【审核】按钮，如图5-20所示。

图5-20 采购入库单新增完成并审核界面

3. "科技公司会计_张三"进行采购入库核算

科技公司会计_张三登录金蝶云星空系统，选择组织"云端科技公司_张三"，执行【成本管理】—【存货核算】—【存货核算】—【采购入库核算】命令，进入采购核算向导界面，选择核算体系编码为"KJHSTX01_SYS"，核算组织编码为云端科技公司编码"201801001.001"，会计政策编码为"KJZC01_SYS"，设置后，如图5-21所示。

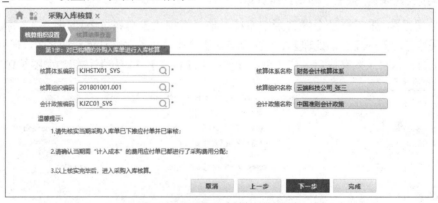

图5-21 采购入库核算向导界面

单击【下一步】按钮进入核算结果查看界面，如图5-22所示。

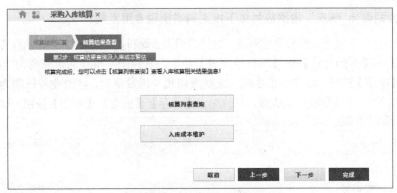

图 5-22 采购入库核算向导界面

单击【入库成本维护】按钮可查看入库成本核算详情，如图 5-23 所示，查看完毕后返回单击【完成】按钮，结束采购入库核算。

图 5-23 入库成本核算

4. "科技公司会计_张三"通过选采购入库单生成应付单

科技公司会计_张三登录金蝶云星空系统，选择组织"云端科技公司_张三"，执行【财务会计】—【应付款管理】—【采购应付】—【应付单】命令，进入应付单新增界面，单击【选单】按钮，选择相应的采购入库单，单击【确定】按钮。修改应付单的业务日期为"2021/1/5"，单据的到期日为"2021/2/1"，信息录入完成后，依次单击【保存】【提交】【审核】按钮，如图 5-24 所示。

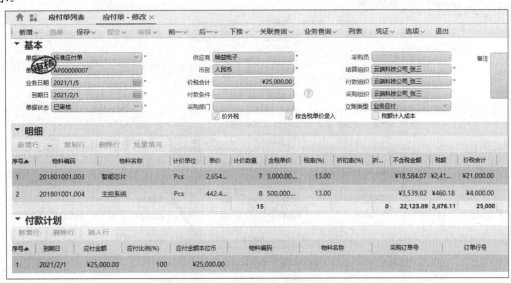

图 5-24 应付单新增完成并审核界面

5. "科技公司会计_张三"根据应付单下推采购增值税专用发票

科技公司会计_张三登录金蝶云星空系统，选择组织"云端科技公司_张三"，执行【财务会计】—【应付款管理】—【采购应付】—【应付单列表】命令，选择刚刚审核的供应商为"精益电子"的应付单，单击【下推】按钮，合并下推生成"采购增值税专用发票"，修改业务日期为"2021/1/5"，发票日为"2021/1/5"，信息录入完成后，依次单击【保存】【提交】【审核】按钮，如图5-25所示。

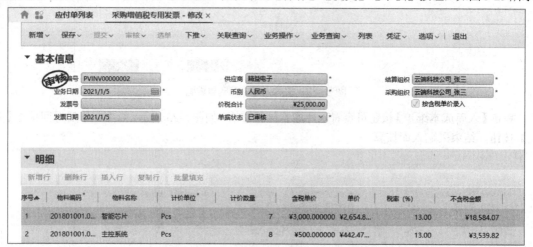

图 5-25　采购增值税专用发票新增完成并审核界面

6. "科技公司会计_张三"生成凭证

科技公司会计_张三登录金蝶云星空系统，选择组织"云端科技公司_张三"，执行【财务会计】—【智能会计平台】—【财务处理】—【凭证生成】命令，进入凭证生成界面，在"选择账簿"页签下勾选账簿"云端科技公司_张三"，在"选择单据"页签下勾选"采购入库单"和"应付单"，"单据范围"选择相应的采购入库单和应付单，单击【凭证生成】按钮，如图5-26所示，系统会自动生成"凭证生成报告列表"。

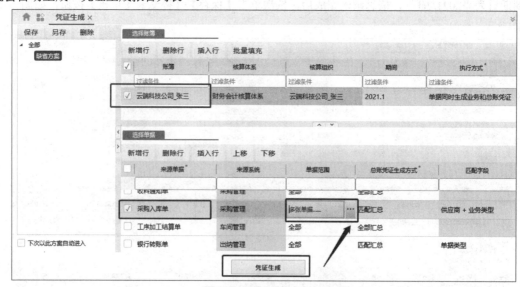

图 5-26　凭证生成界面

凭证生成后，执行【财务会计】—【智能会计平台】—【财务处理】—【总账凭证查询】命令，选择审核状态为"创建"的凭证，并对刚创建的凭证进行核对，如图 5-27 所示。

图 5-27 总账凭证查询界面

实验三 支付定金的采购

↗ 应用场景

支付定金的采购是企业常见的一种采购业务类型，适用于各种工业和商业企业。先预付后下订单，即先向供应商支付一定金额作为预付款，然后下达采购订单。在采购订单上选择预付类型的付款单，审核采购订单后占用预付款。

↗ 实验步骤

- 科技公司会计员新增付款单。
- 科技公司采购员新增采购订单，并维护预付款金额。
- 科技公司仓管员根据采购订单下推生成采购入库单。
- 科技公司会计员进行采购入库单核算。
- 科技公司会计员根据采购入库单生成应付单。
- 科技公司会计员根据应付单下推采购增值税专用发票。
- 科技公司会计员根据业务单据生成凭证。

↗ 操作部门及人员

- 由科技公司会计_张三新增付款单，由科技公司采购员_张三新增采购订单，并在采购订单上维护预付款金额，由科技公司仓管员_张三根据采购订单下推生成采购入库单，将购进的原材料入库到科技公司原料仓中。
- 科技公司会计_张三根据采购入库单生成采购应付单，并生成采购增值税专用发票。
- 科技公司会计_张三在智能会计平台上进行相关凭证的生成，并对生成的凭证进行审核。

对应的业务流程如图 5-28 所示。

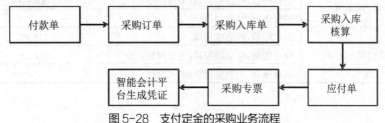

图 5-28 支付定金的采购业务流程

实验数据

2021年1月1日,科技公司从华南制造购入酷炫外壳一批,原材料采购明细表如下,支付25%的预付款1000元后,2021年1月8日到货进行科技公司原料仓入库,应付款到期日为2021年2月1日。

1. 付款单

付款单数据如表5-10所示。

表5-10 付款单

业务日期	付款组织	往来单位	收款单位	结算方式	付款用途	应付金额	我方银行账号
2021/1/1	云端科技公司_姓名	华南制造	华南制造	网银支付	预付款	1000	6888882

2. 采购订单

采购订单数据如表5-11所示。

表5-11 采购订单

采购日期	供应商	物料名称	采购数量	税率	应付比例	含税单价	是否预付	预付单号
2021/1/1	华南制造	酷炫外壳	8	13%	25%	500	是	付款单号

3. 采购入库单

入库时间:2021/1/8;入料仓库:科技公司原料仓。

4. 应付单

业务日期:2021/1/8;到期日:2021/2/1。

5. 采购增值税专用发票

业务日期:2021/1/8;发票日期:2021/1/8。

6. 凭证数据

凭证数据如表5-12所示。

表5-12 凭证数据

对应组织	凭证来源	会计科目	借方金额	贷方金额
科技公司	采购入库单	原材料(酷炫外壳)	3,539.82	
		应付账款-暂估应付款		3,539.82
	付款单	预付账款(华南制造)	1,000.00	
		银行存款		1,000.00
	应付核销单	应付账款-明细应付款(华南制造)	1,000.00	
		预付账款(华南制造)		1,000.00
	应付单	应付账款-暂估应付款	3,539.82	
		应交税费-应交增值税(进项税额)	460.18	
		应付账款-明细应付款(华南制造)		4,000.00

操作指导

1. "科技公司会计_张三"新增付款单

科技公司会计_张三登录金蝶云星空系统，选择组织"云端科技公司_张三"，执行【财务会计】—【应付款管理】—【付款】—【付款单列表】命令，进入付款单列表，单击【新增】按钮，进入付款单新增界面。根据实验数据录入单据信息，信息录入完成后，依次单击【保存】【提交】【审核】按钮，如图5-29所示。

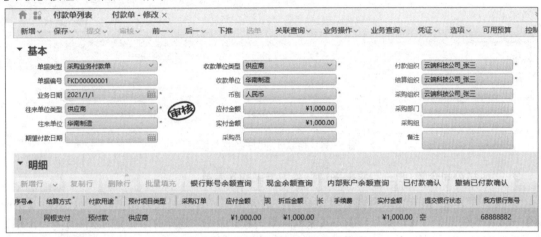

图5-29 付款单新增完成并审核界面

2. "科技公司采购_张三"新增采购订单

科技公司采购_张三登录金蝶云星空系统，选择组织"云端科技公司_张三"，执行【供应链】—【采购管理】—【订单处理】—【采购订单】命令，进入采购订单新增界面。根据实验数据录入单据信息，将采购日期修改为"2021/1/1"，交货日期修改为"2021/1/8"，如图5-30所示。

图5-30 采购订单新增完成并审核界面

单击右侧蓝色箭头，勾选"付款计划"，在"付款"页签下，与付款单号关联，勾选预付选项，录入应付比例"25%"，如图5-31所示，然后依次单击【保存】【提交】【审核】按钮。

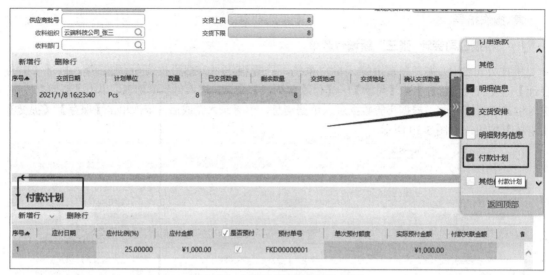

图 5-31　付款计划页签新增与填写

3. "科技公司仓管_张三"根据采购订单下推采购入库单

科技公司仓管_张三登录金蝶云星空系统,选择组织"云端科技公司_张三",执行【供应链】—【采购管理】—【订单处理】—【采购订单列表】命令,选择前面提交的采购订单,下推生成采购入库单,根据实验数据完成采购入库单的新增,入库日期为"2021/1/8",仓库为"科技公司原料仓"。信息录入完成后,依次单击【保存】【提交】【审核】按钮,如图 5-32 所示。

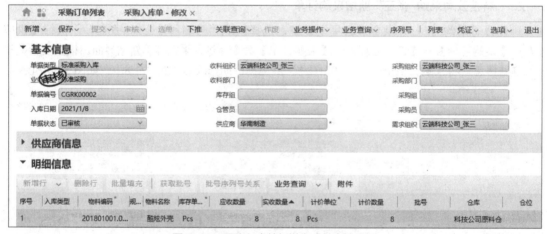

图 5-32　采购入库单新增完成并审核界面

4. "科技公司会计_张三"进行入库核算

科技公司会计_张三登录金蝶云星空系统,选择组织"云端科技公司_张三",执行【成本管理】—【存货核算】—【存货核算】—【采购入库核算】命令,进入采购核算向导界面,选择核算体系编码为"KJHSTX01_SYS",核算组织编码为"201801001.001",会计政策编码为"KJZC01_SYS",设置好后,单击【下一步】按钮进入核算结果查看界面,并单击【入库成本维护】按钮可查看入库核算成本详情,如图 5-33 所示,查看完毕后返回"采购入库核算"页签单击【完成】按钮。

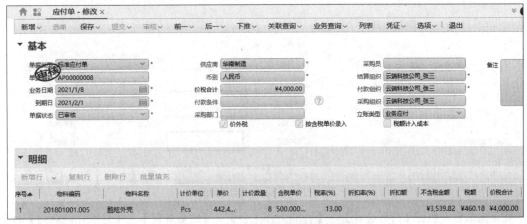

图 5-33 入库成本核算界面

5. "科技公司会计_张三"通过选采购订单生成应付单

科技公司会计_张三登录金蝶云星空系统,选择组织"云端科技公司_张三",执行【财务会计】—【应付款管理】—【采购应付】—【应付单】命令,进入应付单新增界面,单击【选单】按钮,选择相应的采购入库单,将业务日期修改为"2021/1/8",到期日修改为"2021/2/1",信息录入完成后,依次单击【保存】【提交】【审核】按钮,如图 5-34 所示。

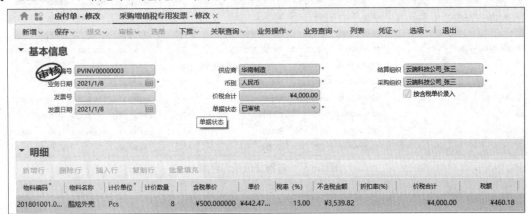

图 5-34 应付单新增完成并审核界面

6. "科技公司会计_张三"根据应付单下推采购增值税专用发票

科技公司会计_张三登录金蝶云星空系统,选择组织"云端科技公司_张三",执行【财务会计】—【应付款管理】—【采购应付】—【应付单列表】命令,选择相应的应付单并下推生成"采购增值税专用发票",并根据实验数据录入信息,将业务日期修改为"2021/1/8",发票日期修改为"2021/1/8",信息录入完成后,依次单击【保存】【提交】【审核】按钮,如图 5-35 所示。

图 5-35 采购增值税专用发票新增完成并审核界面

7. "科技公司会计_张三"生成凭证

科技公司会计_张三登录金蝶云星空系统，选择组织"云端科技公司_张三"，执行【财务会计】—【智能会计平台】—【财务处理】—【凭证生成】命令，进入凭证生成界面，在"选择账簿"页签下勾选账簿"云端科技公司_张三"，在"选择单据"页签下勾选"采购入库单""付款单""应付核销单""应付单"，"单据范围"选择相应的采购入库单和应付单、付款单及应付核销单，单击【凭证生成】按钮，如图5-36所示，系统会自动生成"凭证生成报告列表"。

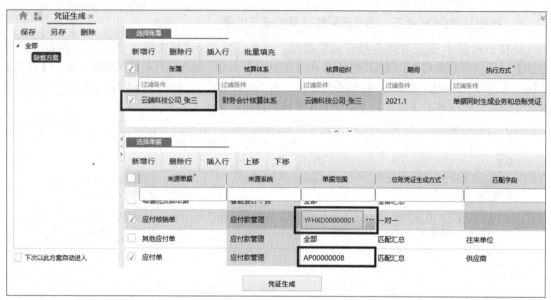

图5-36 凭证生成向导界面

凭证生成后，执行【财务会计】—【智能会计平台】—【财务处理】—【总账凭证查询】命令，选择审核状态为"创建"的凭证，并对刚创建的凭证进行核对，如图5-37所示。

图5-37 总账凭证查询界面

实验四 采购退料

↗ 应用场景

采购退料是企业常见的一种采购业务类型。供应商的货物经过检验不合格的或生产过程中发现不合格的，需要退给供应商。退料单就是记录退料信息的业务单据。

↗ 实验步骤

- 科技公司采购员新增采购订单。
- 科技公司仓管员根据采购订单下推收料通知单。
- 科技公司仓管员在原材料入库前进行质量检查，对不合格的原材料进行退料扣款，根据收料通知单下推退料单。
- 科技公司仓管员把剩下的合格原材料进行入库，根据收料通知单下推生成采购入库单。
- 科技公司会计员进行采购入库核算。
- 科技公司会计员根据采购入库单生成应付单。
- 科技公司会计员根据应付单下推采购专用发票。
- 科技公司会计员根据业务单据生成凭证。

↗ 操作部门及人员

- 由科技公司采购员_张三新增采购订单，由科技公司仓管员_张三根据采购订单下推收料通知单。
- 由科技公司仓管员_张三在原材料入库前进行质量检查，对不合格的原材料进行退料扣款，根据收料通知单下推退料单，把剩下的合格原材料入库到科技公司原材料仓，根据收料通知单下推生成采购入库单。
- 由科技公司会计_张三根据采购入库单生成采购应付单，并生成采购增值税专用发票。
- 由科技公司会计_张三在智能会计平台上进行相关凭证的生成，并对生成的凭证进行审核。

采购退料对应的业务流程如图 5-38 所示。

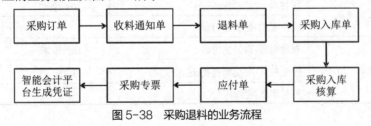

图 5-38 采购退料的业务流程

↗ 实验数据

2021 年 1 月 5 日，科技公司从精益电子购入原材料一批。2021 年 1 月 10 日上午入库前进行质量检查，1 件不合格进行退料扣款，剩下的原材料进行科技公司原料仓入库。2021 年 1 月 10 日下午供应商根据实收数量开具发票送达公司，应付款到期日为 2021 年 2 月 5 日。

1. 采购订单

采购订单数据如表 5-13 所示。

表 5-13 采购订单

采购日期	交货日期	供应商	物料名称	含税单价	采购数量	税率
2021/1/5	2021/1/10	精益电子	智能芯片	3,000	5	13%

2. 收料通知单

收料日期：2021/1/10；仓库：科技公司原料仓。

3. 采购退料单

退料日期：2021/1/10；实退数量：1。

4. 采购入库单

入库日期：2021/1/10。

5. 应付单

业务日期：2021/1/10；到期日：2021/2/5。

6. 采购增值税专用发票

业务日期：2021/1/10；发票日期：2021/1/10。

7. 凭证数据

凭证数据如表 5-14 所示。

表 5-14 凭证数据

对应组织	凭证来源	会计科目	借方金额	贷方金额
科技公司	采购入库单	原材料(智能芯片)	10,619.47	
		应付账款-暂估应付款		10,619.47
科技公司	应付单	应付账款-暂估应付款	10,619.47	
		应交税费-应交增值税(进项税额)	1,380.53	
		应付账款-明细应付款(精益电子)		12,000.00

➤ **操作指导**

1. "科技公司采购_张三"新增采购订单

科技公司采购_张三登录金蝶云星空系统，选择组织"云端科技公司_张三"，执行【供应链】—【采购管理】—【订单处理】—【采购订单】命令，进入采购订单新增界面，根据实验数据录入单据信息，信息录入完成后，依次单击【保存】【提交】【审核】按钮，如图 5-39 所示。

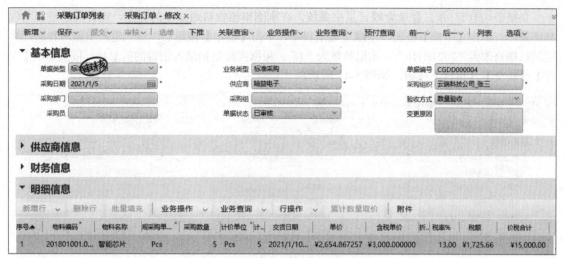

图 5-39 采购订单新增完成并审核界面

2. "科技公司仓管_张三"根据采购订单下推收料通知单

科技公司仓管_张三登录金蝶云星空系统,选择组织"云端科技公司_张三",执行【供应链】—【采购管理】—【采购申请】—【采购订单列表】命令,选择前面提交的采购订单,下推生成收料通知单,单击【确定】按钮后,进入收料通知单生成界面,根据实验数据录入正确的信息后,将收料日期与到货日期修改为"2021/1/10",仓库修改为"科技公司原料仓",依次单击【保存】【提交】【审核】按钮,如图 5-40 所示。

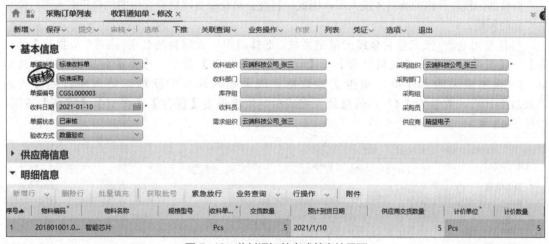

图 5-40 收料通知单完成并审核界面

3. "科技公司仓管_张三"根据收料通知单下推退料单

科技公司的质检部门对供应商所送达的原材料进行质检,发现有不合格的原材料。科技公司仓管需要将不合格的原材料退还给供应商,并在系统中记录退料信息,以避免后续与供应商结算时出现差异。

科技公司仓管_张三登录金蝶云星空系统，在刚刚审核收料通知单的界面，选择前面提交的收料通知单，单击【下推】按钮，下推生成退料单，单击【确定】按钮后，进入退料单新增界面，将退料日期修改为"2021/1/10"，实退数量为"1"，根据实验数据录入正确的信息后，依次单击【保存】【提交】【审核】按钮，如图 5-41 所示。

图 5-41 采购退料单完成并审核界面

4. "科技公司仓管_张三"根据收料通知单下推生成采购入库单

质检部门检验合格的物料才能入库，因此，科技公司仓管员将检验合格的物料正式入库，便于生产部门领用。

科技公司仓管_张三登录金蝶云星空系统，选择组织"云端科技公司_张三"，执行【供应链】—【采购管理】—【收料处理】—【收料通知单列表】命令，选择前面提交的收料通知单，下推生成采购入库单，根据实验数据完成采购入库单的新增，将入库日期修改为"2021/1/10"，数量为"4"，信息录入完成后，依次单击【保存】【提交】【审核】按钮，如图 5-42 所示。

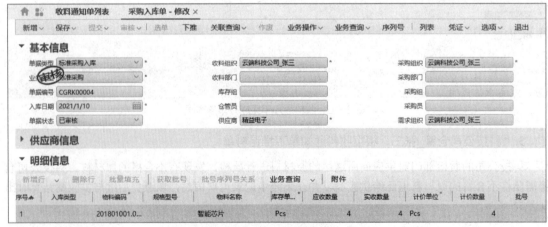

图 5-42 采购入库单新增完成并审核界面

5. "科技公司会计_张三"进行采购入库核算

科技公司会计_张三登录金蝶云星空系统,选择组织"云端科技公司_张三",执行【成本管理】—【存货核算】—【存货核算】—【采购入库核算】命令,进入采购核算向导界面,选择核算体系编码为"KJHSTX01_SYS",核算组织编码为"201801001.001",会计政策编码为"KJZC01_SYS",设置好后,单击【下一步】按钮进入核算结果查看界面,并单击【入库成本维护】按钮,过滤窗口界面选择刚入库的物料名称"智能芯片",可查看本案例中的采购入库核算成本详情,如图5-43所示。

图5-43 采购入库核算界面

6. "科技公司会计_张三"通过选采购入库单生成应付单

科技公司会计_张三登录金蝶云星空系统,选择组织"云端科技公司_张三",执行【财务会计】—【应付款管理】—【采购应付】—【应付单】命令,进入应付单新增界面,单击【选单】按钮,选择相应的采购入库单,单击【确定】按钮,将业务日期修改为"2021/1/10",到期日修改为"2021/2/5",检查数据是否与实验数据一致,信息录入完成后,依次单击【保存】【提交】【审核】按钮,如图5-44所示。

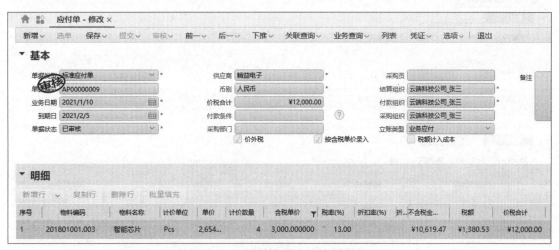

图5-44 应付单新增完成并审核界面

7. "科技公司会计_张三"根据应付单下推采购增值税专用发票

科技公司会计_张三登录金蝶云星空系统,在刚刚审核应付单的界面,单击【下推】按钮,并下推生成"采购增值税专用发票",并根据实验数据录入信息,业务日期修改为"2021/1/10",发票日期修改为"2021/1/10",信息录入完成后,依次单击【保存】【提交】【审核】按钮,如图5-45所示。

图 5-45 采购增值税专用发票新增完成并审核界面

8. "科技公司会计_张三"生成凭证

科技公司会计_张三登录金蝶云星空系统,选择组织"云端科技公司_张三",执行【财务会计】—【智能会计平台】—【财务处理】—【凭证生成】命令,进入凭证生成界面,在"选择账簿"页签下勾选账簿"云端科技公司_张三",在"选择单据"页签下勾选"采购入库单"和"应付单","单据范围"选择相应的采购入库单和应付单,单击【凭证生成】按钮,如图 5-46 所示,系统会自动生成"凭证生成报告列表"。

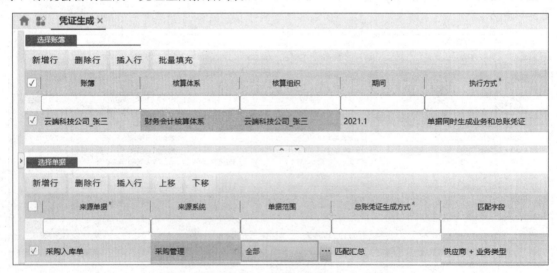

图 5-46 凭证生成界面

凭证生成后,执行【财务会计】—【智能会计平台】—【财务处理】—【总账凭证查询】命令,选择审核状态为"创建"的凭证,并对刚创建的凭证进行核对,如图 5-47 所示。

图 5-47 总账凭证查询界面

实验五　集中销售

↗ 应用场景

集中销售是常见的跨组织业务，科技公司生产的产品，由销售公司进行销售，销售公司与客户进行集中结算，再通过组织间结算完成科技公司与销售公司之间的结算。

↗ 实验步骤

- 销售公司销售员新增销售订单。
- 销售公司销售员下推发货通知单。
- 科技公司仓管员下推销售出库单。
- 科技公司会计员进行出库成本核算。
- 科技公司会计员新增组织间结算清单。
- 科技公司会计员通过应收组织间结算单生成应收单。
- 销售公司会计员通过应付组织间结算单生成应付单。
- 销售公司会计员生成应收单。
- 销售公司会计员下推生成销售增值税专用发票。
- 销售公司会计员进行出库成本核算。
- 销售公司会计生成凭证。
- 科技公司会计生成凭证。

↗ 操作部门及人员

- 销售公司销售一批机器人给迅腾科技，由销售公司销售_张三新增销售订单，并根据销售订单下推发货通知单。
- 科技公司成品仓调货，由科技公司仓管_张三通过发货通知单下推销售出库单；由科技公司会计_张三进行出库成本核算，并通过应收组织间结算单生成应收单。
- 销售公司与客户进行结算，然后再通过组织间结算完成科技公司与销售公司之间的结算。由销售公司会计_张三通过销售订单生成应收单，然后根据应收单下推销售增值税专用发票，再通过应付组织间结算单生成应付单。
- 销售公司会计_张三结转销售公司的销售成本，进行凭证的录入。

集中销售的业务流程如图 5-48 所示。

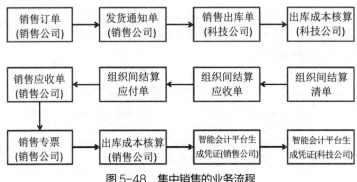

图 5-48 集中销售的业务流程

> **实验数据**

2021 年 1 月 9 日，销售公司销售一批机器人给迅腾科技，从科技公司成品仓调货，要货日期为 2021 年 1 月 12 日上午 10 点，销售具体情况如下，出库后销售公司结转销售成本 1,371,681.42 元，应收款到期日为 2021 年 2 月 9 日。

1. 销售订单

销售订单数据如表 5-15 所示。

表 5-15 销售订单

销售组织	客户	销售员	日期	库存组织
云端销售公司_姓名	迅腾科技	乔羽	2021/1/9	云端科技公司_姓名
产品名称	数量	含税单价	要货日期	税率
自动驾驶机器人 R 型	25	76,000.00	2021/1/12 10:00	13%

2. 发货通知单

业务日期：2021/1/12；发货组织：云端科技公司_姓名。

3. 销售出库单

业务日期：2021/1/12；仓库：科技公司成品仓。

4. 组织间结算单应收单

业务日期：2021/1/12；到期日：2021/2/9。

5. 销售应收单

业务日期：2021/1/12；到期日：2021/2/9；结算组织：云端销售公司_姓名。

6. 销售增值税专用发票

业务日期：2021/1/12；发票日期：2021/1/12。

7. 组织间结算单生成的应收单、应付单

业务日期：2021/1/12；到期日：2021/1/31；结算组织：云端销售公司_姓名。

8. 凭证数据

凭证数据如表 5-16 所示。

表 5-16 凭证数据

对应组织	凭证来源	会计科目	借方金额	贷方金额
科技公司	销售出库单	主营业务成本-自动驾驶机器人R型	1,181,500.00	
		库存商品-自动驾驶机器人R型		1,181,500.00
	应收单	应收账款-销售公司	1,550,000.00	
		主营业务收入-自动驾驶机器人R型		1,371,681.42
		应交税费-应交增值税(销项税额)		178,318.58
销售公司	应收单	应收账款-迅腾科技	1,900,000.00	
		主营业务收入-自动驾驶机器人R型		1,681,415.93
		应交税费-应交增值税(销项税额)		218,584.07
	应付单	应付账款-暂估应付款	1,371,681.42	
		应交税费-应交增值税(进项税额)	178,318.58	
		应付账款-明细应付款(科技公司)		1,550,000.00
	销售出库单	主营业务成本-自动驾驶机器人R型	1,371,681.42	
		库存商品-自动驾驶机器人R型		1,371,681.42
	采购入库单	库存商品-自动驾驶机器人R型	1,371,681.42	
		应付账款-暂估应付款		1,371,681.42

❼ 操作指导

1. "销售公司销售_张三"新增销售订单

销售公司销售_张三登录金蝶云星空系统,选择组织"云端销售公司_张三",执行【供应链】—【销售管理】—【订单处理】—【销售订单】命令,进入销售订单新增界面,根据实验数据录入相关信息,业务日期修改为"2021/1/9",要货日期修改为"2021/1/12 10:00",库存组织修改为"云端科技公司_张三",信息录入完成后,依次单击【保存】【提交】【审核】按钮,如图 5-49 所示。

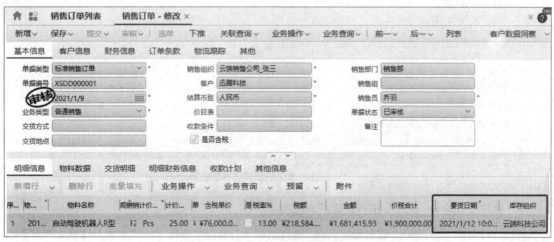

图 5-49 销售订单新增完成并审核界面

2. "销售公司销售_张三"根据销售订单下推发货通知单

销售公司销售_张三登录金蝶云星空系统，在刚刚审核销售订单的界面，单击【下推】按钮，下推生成发货通知单，单击【确定】按钮后，进入发货通知单新增界面，将业务日期修改为"2021/1/12"，发货组织修改为"云端科技公司_张三"，仓库修改为"科技公司成品仓"，根据实验数据录入正确的信息后，依次单击【保存】【提交】【审核】按钮，如图5-50所示。

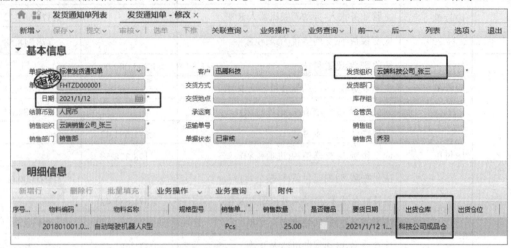

图5-50　发货通知单新增完成并审核界面

3. "科技公司仓管_张三"根据发货通知单下推销售出库单

科技公司仓管_张三登录金蝶云星空系统，选择组织"云端科技公司_张三"，执行【供应链】—【销售管理】—【出货处理】—【发货通知单列表】命令，进入发货通知单列表界面，选择相关的发货通知单，单击【下推】按钮，下推生成销售出库单，根据实验数据录入销售出库单，将业务日期修改为"2021/1/12"，信息录入完成后，依次单击【保存】【提交】【审核】按钮，如图5-51所示。

图5-51　销售出库单新增完成并审核界面

4. "科技公司会计_张三"进行出库成本核算

科技公司会计_张三登录金蝶云星空系统，选择组织"云端科技公司_张三"，执行【成本管理】—【存货核算】—【存货核算】—【出库成本核算】命令，进入出库成本核算向导界面，选择核算体系为“财务会计核算体系”，核算组织为“云端科技公司_张三”，会计政策为“中国准则会计政策”，如图 5-52 所示。设置好后，单击【下一步】按钮，采用系统默认的参数设置。再单击【下一步】按钮，系统自动进行核算，完成核算后，结果如图 5-53 所示；在该界面还可对核算报表进行查询，如单击【存货收发存汇总表】按钮进行查看，如图 5-54 所示。查看完成后，返回出库成本核算界面，单击【完成】按钮，完成出库成本核算。

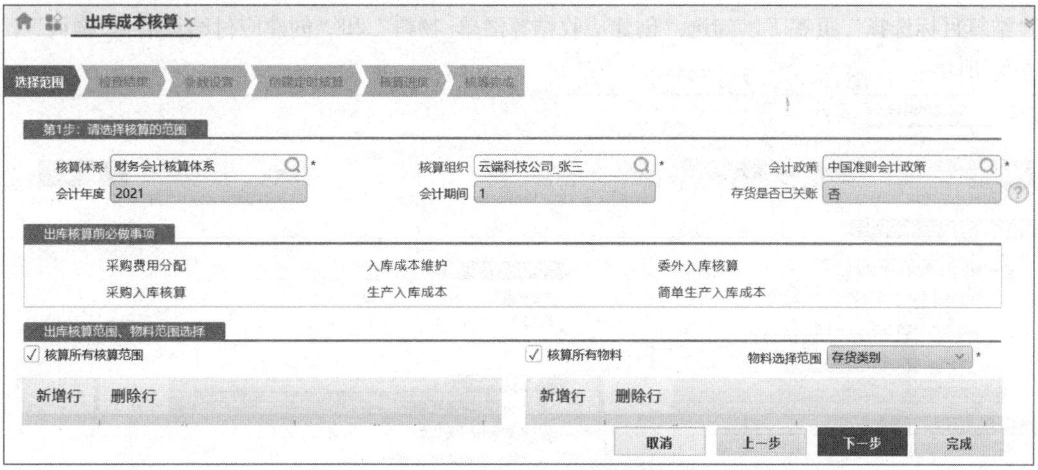

图 5-52　出库成本核算界面

图 5-53　核算完成界面

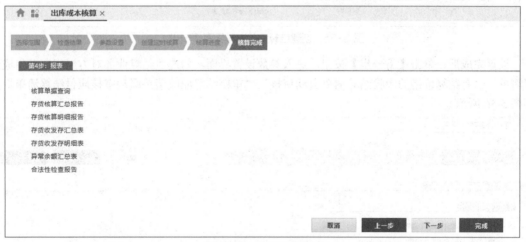

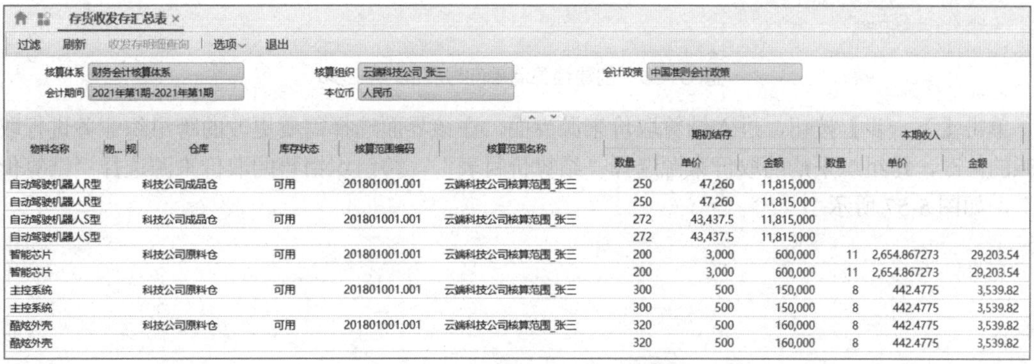

物料名称	物... 规	仓库	库存状态	核算范围编码	核算范围名称	期初结存			本期收入		
						数量	单价	金额	数量	单价	金额
自动驾驶机器人R型		科技公司成品仓	可用	201801001.001	云端科技公司核算范围_张三	250	47,260	11,815,000			
自动驾驶机器人R型						250	47,260	11,815,000			
自动驾驶机器人S型		科技公司成品仓	可用	201801001.001	云端科技公司核算范围_张三	272	43,437.5	11,815,000			
自动驾驶机器人S型						272	43,437.5	11,815,000			
智能芯片		科技公司原料仓	可用	201801001.001	云端科技公司核算范围_张三	200	3,000	600,000	11	2,654.867273	29,203.54
智能芯片						200	3,000	600,000	11	2,654.867273	29,203.54
主控系统		科技公司原料仓	可用	201801001.001	云端科技公司核算范围_张三	300	500	150,000	8	442.4775	3,539.82
主控系统						300	500	150,000	8	442.4775	3,539.82
酷炫外壳		科技公司原料仓	可用	201801001.001	云端科技公司核算范围_张三	320	500	160,000	8	442.4775	3,539.82
酷炫外壳						320	500	160,000	8	442.4775	3,539.82

图 5-54　存货收发存汇总表查询界面

5. "科技公司会计_张三"新增组织间结算单

科技公司会计_张三登录金蝶云星空系统,选择组织"云端科技公司_张三",执行【供应链】—【组织间结算】—【结算清单】—【创建结算清单】命令,进入创建结算清单向导界面,在"组织间结算范围"页签下,选择会计核算体系为"财务会计核算体系",核算组织为"云端科技公司_张三";在"结算业务时间选择"页签下,起始时间修改为"2021/1/1",截止日期修改为"2021/1/31",在"结算目标选择"页签下,勾选"创建应收结算清单_物料"和"创建应付结算清单_物料",如图5-55所示。

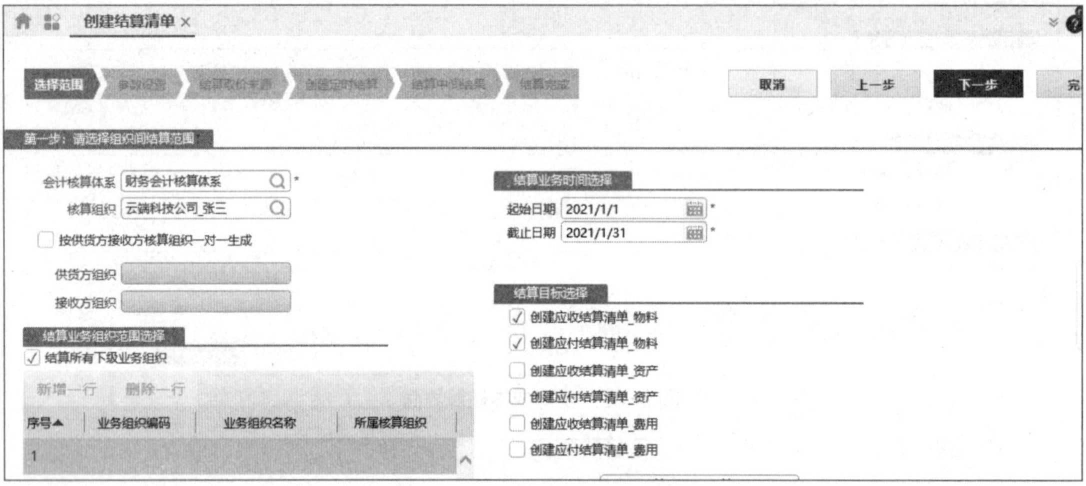

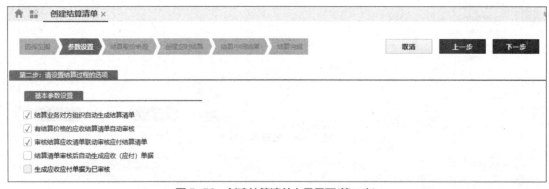

图 5-55 创建结算清单向导界面(第一步)

设置完成后,单击【下一步】按钮,进入参数设置界面,勾选"结算业务对方组织自动生成结算清单""有结算价格的应收结算清单自动审核""审核结算应收清单联动审核应付结算清单",如图5-56所示。

图 5-56 创建结算清单向导界面(第二步)

单击【下一步】按钮,进入结算取价来源界面,在该界面选择需要更改的跨组织业务进行取价来源的修改,跨组织采购的取价来源选择"结算价目表",跨组织销售的取价来源选择"结算价目表",如图5-57所示。

图 5-57　创建结算清单向导界面(第三步)

单击【下一步】按钮，系统自动跳过创建定时结算界面，自动进入结算中间结果界面，并开始提取数据，创建"云端科技公司"核算组织下的结算数据，如图 5-58 和图 5-59 所示。

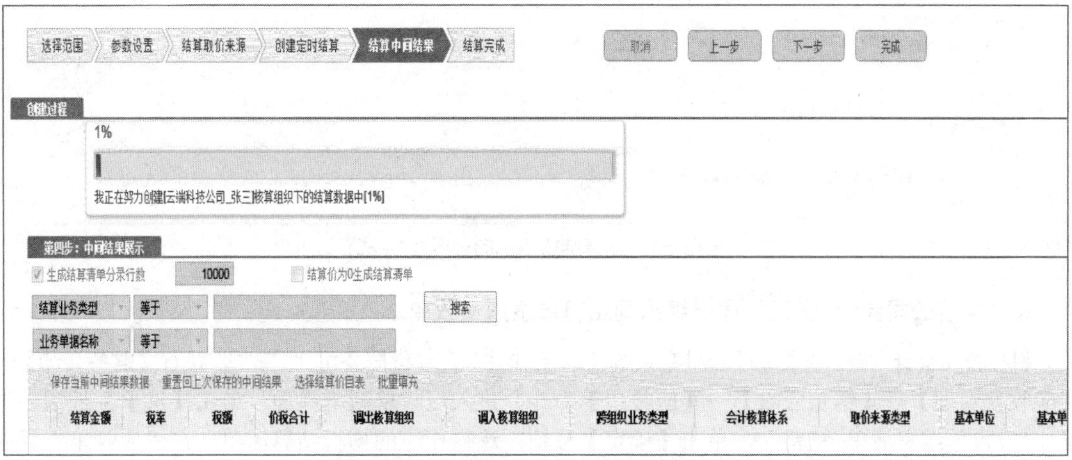

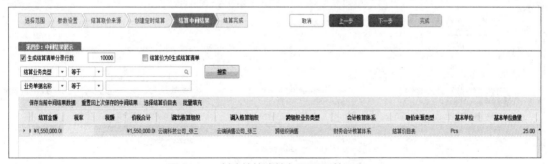

图 5-58　创建结算清单向导界面(第四步)(1)

图 5-59　创建结算清单向导界面(第四步)(2)

单击【下一步】按钮，创建结束后，系统内部会显示出内部结算的所有结果，如图 5-60 所示。

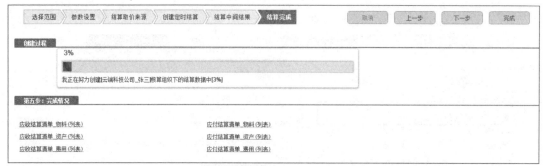

图 5-60 创建结算清单向导界面(第五步)

单击【下一步】按钮,系统会显示"创建结算清单成功",如图 5-61 所示。

图 5-61 创建结算清单向导界面(完成)

6."科技公司会计_张三"通过组织间结算单生成应收单

科技公司会计_张三登录金蝶云星空系统,选择组织"云端科技公司_张三",执行【财务会计】—【应收款管理】—【销售应收】—【应收单】命令,进入应收单新增界面,单击【选单】按钮,选择"应收单结算清单_物料",单击【确定】按钮,选择相应的物料结算清单;在"应收单"界面根据实验数据录入信息,信息录入完成后,依次单击【保存】【提交】【审核】按钮,如图 5-62 所示。

图 5-62 应收单新增完成并审核界面

7. "销售公司会计_张三"通过组织间结算单生成应付单

销售公司会计_张三登录金蝶云星空系统,选择组织"云端销售公司_张三",执行【财务会计】—【应付款管理】—【采购应付】—【应付单】命令,进入应付单新增界面,单击【选单】按钮,选择相应的"应付结算清单_物料",单击【确定】按钮,并根据实验数据录入信息,信息录入完成后,依次单击【保存】【提交】【审核】按钮,如图5-63所示。

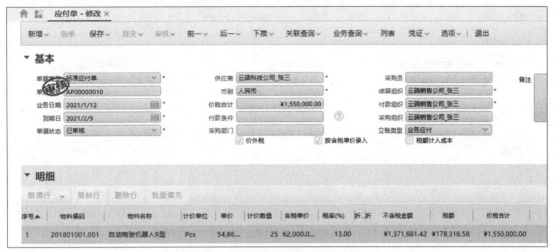

图 5-63　应付单新增完成并审核界面

8. "销售公司会计_张三"通过销售订单生成销售应收单

销售公司会计_张三登录金蝶云星空系统,选择组织"云端销售公司_张三",执行【财务会计】—【应收款管理】—【销售应收】—【应收单】命令,进入应收单新增界面,单击【选单】按钮,选择相应的销售订单,单击【确定】按钮,并根据实验数据录入信息,产品名称为"自动驾驶机器人R型",含税单价为76,000元,数量为25,税率为13%,信息录入完成后,依次单击【保存】【提交】【审核】按钮,如图5-64所示。

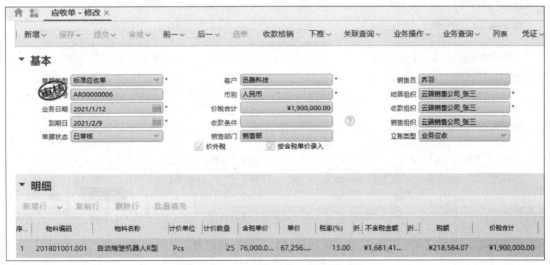

图 5-64　应收单新增完成并审核界面

9. "销售公司会计_张三"根据销售应收单下推销售增值税专用发票

销售公司会计_张三登录金蝶云星空系统，在刚刚审核应收单的界面，单击【下推】按钮，并下推生成"销售增值税专用发票"，并根据实验数据录入信息，信息录入完成后，依次单击【保存】【提交】【审核】按钮，如图 5-65 所示。

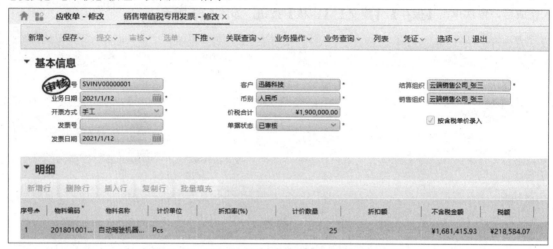

图 5-65　销售增值税专用发票新增完成并审核界面

10. "销售公司会计_张三"进行出库成本核算

销售公司会计_张三登录金蝶云星空系统，选择组织"云端销售公司_张三"。执行【成本管理】—【存货核算】—【存货核算】—【出库成本核算】命令，进入出库成本核算向导界面，选择核算体系为"财务会计核算体系"，核算组织为"云端销售公司_张三"，会计政策为"中国准则会计政策"，如图 5-66 所示。

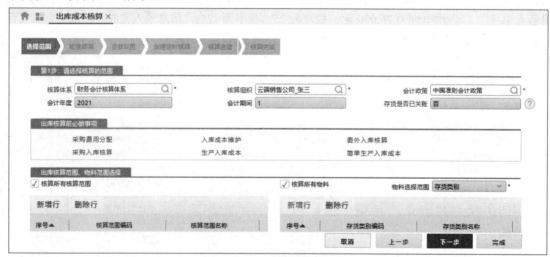

图 5-66　出库成本核算界面

设置好后，单击【下一步】按钮，采用系统默认的参数设置。

再次单击【下一步】按钮，系统自动进行核算，完成核算后，可对核算报表进行查询，如单击【存货收发存汇总表】按钮进行查看，查看完成后，返回出库成本核算引导界面，单击【完成】按钮，完成出库成本核算，如图 5-67 所示。

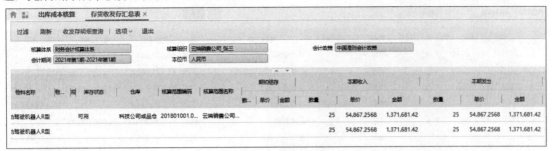

图 5-67　核算参数界面

11. "销售公司会计_张三"生成凭证

销售公司会计_张三登录金蝶云星空系统，选择组织"云端销售公司_张三"，执行【财务会计】—【智能会计平台】—【财务处理】—【凭证生成】命令，进入凭证生成界面，在"选择账簿"页签下勾选账簿"云端销售公司_张三"，在"选择单据"页签下勾选"应付单""应收单""采购入库单""销售出库单"，"单据范围"可以不选，单击【凭证生成】按钮，如图 5-68 所示，系统会自动生成"凭证生成报告列表"。

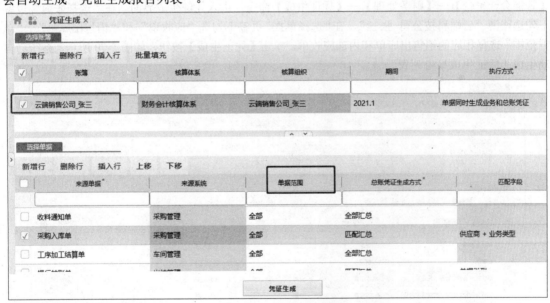

图 5-68　凭证生成界面

凭证生成后，执行【财务会计】—【智能会计平台】—【财务处理】—【总账凭证查询】命令，选择审核状态为"创建"的凭证，并对刚创建的凭证进行核对，如图 5-69 所示。

日期	会...	期...	凭...	凭证号	摘要	科目编码	科目全名	币别	原币金额	借方金额	贷方金额
2021/1/12	2021	1	记	2	单据...	1405	库存商品	人民币	¥1,371,681.42	¥1,371,681.42	
					单据...	2202.01	应付账款_暂估应付款	人民币	¥1,371,681.42		¥1,371,681.42
2021/1/12	2021	1	记	3	单据...	6401	主营业务成本	人民币	¥1,371,681.42	¥1,371,681.42	
					单据...	1405	库存商品	人民币	¥1,371,681.42		¥1,371,681.42
2021/1/12	2021	1	记	4	单据 ...	1122	应收账款	人民币	¥1,900,000.00	¥1,900,000.00	
					单据 ...	6001	主营业务收入	人民币	¥1,681,415.93		¥1,681,415.93
					单据 ...	2221.01.02	应交税费_应交增值税_销...	人民币	¥218,584.07		¥218,584.07
2021/1/12	2021	1	记	5	单据 ...	2202.01	应付账款_暂估应付款	人民币	¥1,371,681.42	¥1,371,681.42	
					单据 ...	2221.01.01	应交税费_应交增值税_进...	人民币	¥178,318.58	¥178,318.58	
					单据 ...	2202.02	应付账款_明细应付款	人民币	¥1,550,000.00		¥1,550,000.00

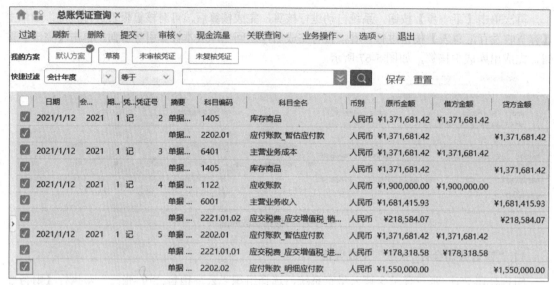

图 5-69 总账凭证查询界面

12. “科技公司会计_张三”生成凭证

科技公司会计_张三登录金蝶云星空系统，选择组织“云端科技公司_张三”，执行【财务会计】—【智能会计平台】—【财务处理】—【凭证生成】命令，进入凭证生成界面，在“选择账簿”页签下勾选账簿“云端科技公司_张三”，在“选择单据”页签下勾选“应收单”和“销售出库单”，“单据范围”选择相应的销售出库单和内部应收单，单击【凭证生成】按钮，如图 5-70 所示，系统会自动生成“凭证生成报告列表”。

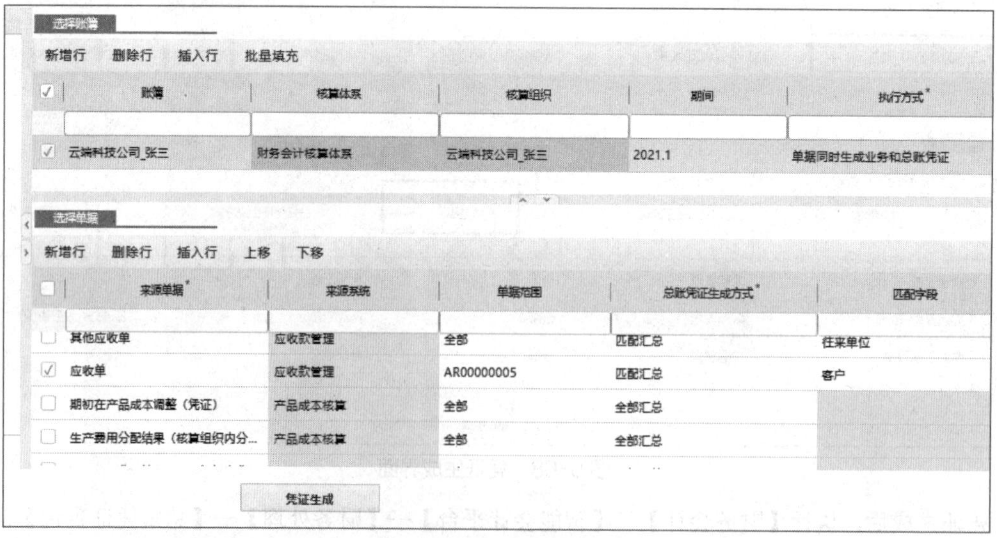

图 5-70 凭证生成界面

凭证生成后，执行【财务会计】—【智能会计平台】—【财务处理】—【总账凭证查询】命令，选择审核状态为“创建”的凭证，并对刚创建的凭证进行核对，如图 5-71 所示。

图 5-71 总账凭证查询界面

实验六　收取定金的销售业务

➤ 应用场景

收取定金的销售业务是企业常见的一种销售业务类型。在销售业务执行过程中，先向客户收取一定比例的款项，再进行交易。通过管理订单收款计划，保障企业的利益。

➤ 实验步骤

- ❑ 科技公司会计员新增收款单。
- ❑ 科技公司销售员新增销售订单，在订单上选中预收单建立关联，维护预付款金额。
- ❑ 科技公司仓管员根据销售订单下推销售出库单。
- ❑ 科技公司会计员进行销售出库成本核算。
- ❑ 科技公司会计员根据销售订单生成销售应收单。
- ❑ 科技公司会计员根据销售应收单下推销售增值税专用发票。
- ❑ 科技公司会计员根据业务单据生成凭证。

➤ 操作部门及人员

- ❑ 由科技公司会计_张三新增收款单，由科技公司销售_张三新增销售订单，在订单上选中预收单建立关联，维护预付款金额。科技公司仓管_张三通过销售订单生成销售出库单。
- ❑ 由科技公司仓管_张三根据销售订单下推销售出库单，由科技公司会计_张三进行销售出库成本核算。
- ❑ 由科技公司会计_张三根据销售订单生成销售应收单，销售应收单新增完成后，再根据销售应收单下推销售增值税专用发票。
- ❑ 由科技公司会计_张三在智能会计平台上进行相关凭证的生成，并对生成的凭证进行审核。对应的业务流程如图 5-72 所示。

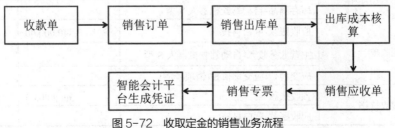

图 5-72　收取定金的销售业务流程

🔼 **实验数据**

2021年1月3日,科技公司销售一批机器人给度白科技,网银收取20%的定金568,000元,2021年1月10日从科技公司成品仓发货。具体的单据相关信息如下所示。

1. 收款单

收款单明细如表5-17所示。

表5-17 收款单明细

业务日期	付款单位	往来单位	收款组织
2021/1/3	度白科技	度白科技	云端科技公司_姓名
收款用途	应收金额	我方银行账号	结算方式
预收款	568,000.00	68888882	网银支付

2. 销售订单

销售订单相关信息如表5-18所示。

表5-18 销售订单相关信息

销售组织	业务日期	销售员	客户	物料名称	含税单价
云端科技公司_姓名	2021/1/3	林丽丽	度白科技	自动驾驶机器人S型	71,000.00
数量	税率	要货日期/计划发货日期	是否预收	应收比例	关联单号
40	13%	2021/1/10	是	20%	收款单号

3. 销售出库单

业务日期:2021/1/10;仓库:科技公司成品仓。

4. 应收单

业务日期:2021/1/10;到期日:2021/2/3。

5. 销售增值税发票

业务日期:2021/1/10;发票日期:2021/1/10。

6. 凭证数据

凭证数据如表5-19所示。

表5-19 凭证数据

对应组织	凭证来源	会计科目	借方金额	贷方金额
科技公司	收款单	银行存款	568,000.00	
		预收账款		568,000.00
科技公司	销售出库单	主营业务成本-自动驾驶机器人S型	1,737,500.00	
		库存商品-自动驾驶机器人S型		1,737,500.00
科技公司	应收单	应收账款-度白科技	2,840,000.00	
		主营业务收入-自动驾驶机器人S型		2,513,274.34
		应交税费-应交增值税(销项税额)		326,725.66
科技公司	应收核销	预收账款	568,000.00	
		应收账款-度白科技		568,000.00

⏳ 操作指导

1. "科技公司会计_张三"新增收款单

科技公司会计_张三登录金蝶云星空系统，选择组织"云端科技公司_张三"，执行【财务会计】—【应收款管理】—【收款】—【收款单列表】命令，进入收款单列表，单击【新增】按钮，进入收款单新增界面，根据实验数据录入单据信息，信息录入完成后，依次单击【保存】【提交】【审核】按钮，如图 5-73 所示。

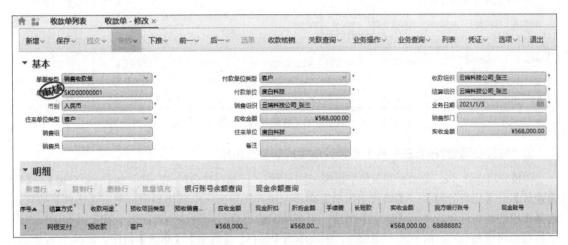

图 5-73　收款单新增并完成界面

2. "科技公司销售_张三"新增销售订单

科技公司销售_张三登录金蝶云星空系统，选择组织"云端科技公司_张三"，执行【供应链】—【销售管理】—【订单处理】—【销售订单】命令，进入销售订单新增界面，根据实验数据录入相关信息，注意在"收款计划"页签中，与收款单号关联，勾选"预收"选项，录入应收比例"20%"，单击【新增行】按钮，应收比例录入"80%"，系统会自动算出金额，信息录入完成后，依次单击【保存】【提交】【审核】按钮，如图 5-74 和图 5-75 所示。

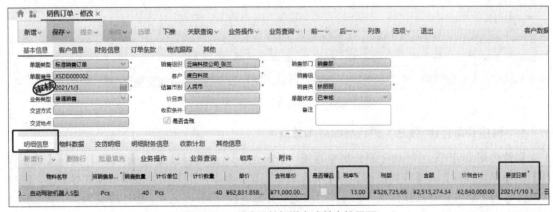

图 5-74　采购订单新增完成并审核界面

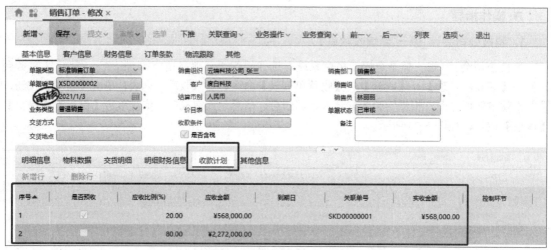

图 5-75 销售订单"收款计划"页签录入界面

3. "科技公司仓管_张三"根据销售订单生成销售出库单

科技公司仓管_张三登录金蝶云星空系统，选择组织"云端科技公司_张三"，执行【供应链】—【销售管理】—【出货处理】—【销售出库单】命令，进入销售出库单新增界面，单击【选单】按钮，选择相应的销售订单，单击【确定】按钮，根据实验数据将日期修改为"2021/1/10"，仓库修改为"科技公司成品仓"，信息录入完成后，依次单击【保存】【提交】【审核】按钮，如图 5-76 所示。

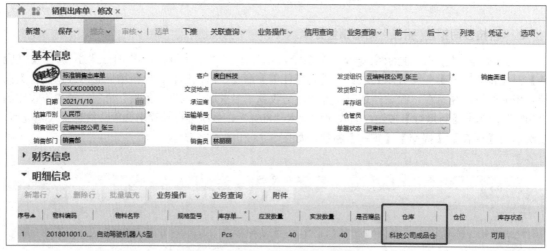

图 5-76 销售出库单完成并审核界面

4. "科技公司会计_张三"进行出库成本核算

科技公司会计_张三登录金蝶云星空系统，选择组织"云端科技公司_张三"，执行【成本管理】—【存货核算】—【存货核算】—【出库成本核算】命令，进入出库成本核算向导界面，选择核算体系为"财务会计核算体系"，核算组织为"云端科技公司_张三"，会计政策为"中国准则会计政策"，设置好后，单击【下一步】按钮，采用系统默认的参数设置，再单击【下一步】按钮，系统自动进行核算，完成核算后，可对核算报表进行查询，如单击【核算单据查询】按钮进行查看，如图 5-77 所示。

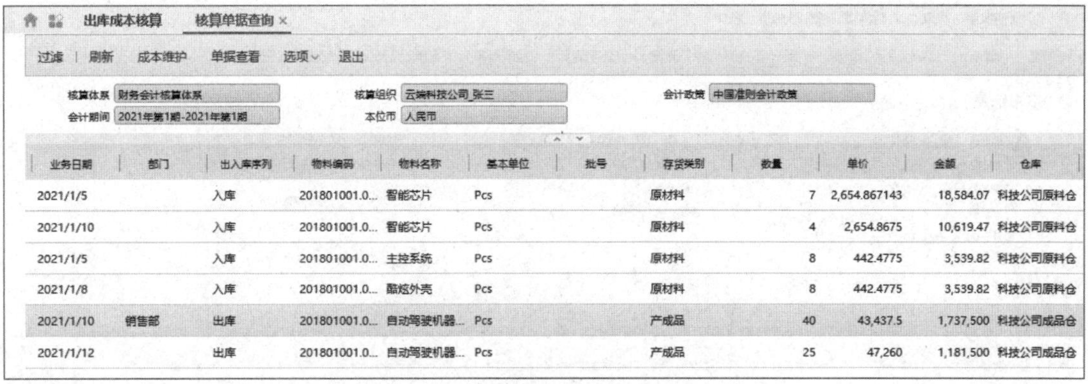

图 5-77 出库存货核算查询界面

5. "科技公司会计_张三"通过选销售订单新增销售应收单

科技公司会计_张三登录金蝶云星空系统,选择组织"云端科技公司_张三",执行【财务会计】—【应收款管理】—【销售应收】—【应收单】命令,进入应收单新增界面,单击【选单】按钮,选择相应的销售订单,单击【确定】按钮,将业务日期修改为"2021/1/10",到期日修改为"2021/2/3",信息录入完成后,依次单击【保存】【提交】【审核】按钮,如图 5-78 所示。

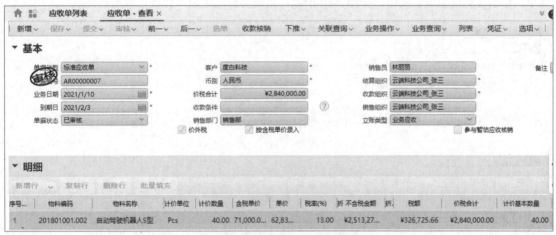

图 5-78 应收单新增并审核界面

6. "科技公司会计_张三"根据销售应收单下推销售增值税专用发票

科技公司会计_张三登录金蝶云星空系统,在刚刚审核应收单的界面,单击【下推】按钮,下推生成"销售增值税专用发票",修改业务日期、发票日期,依次单击【保存】【提交】【审核】按钮,如图 5-79 所示。

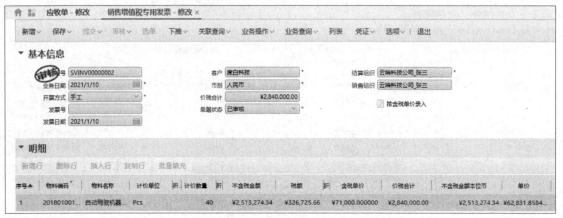

图 5-79 销售增值税专用发票新增完成并审核界面

7. "科技公司会计_张三"生成凭证

科技公司会计_张三登录金蝶云星空系统，选择组织"云端科技公司_张三"，执行【财务会计】—【智能会计平台】—【财务处理】—【凭证生成】命令，进入凭证生成界面，在"选择账簿"页签下勾选账簿"云端科技公司_张三"，在"选择单据"页签下勾选"应收核销单""应收单""收款单""销售出库单"，"单据范围"选择相应的应收核销单、应收单、收款单、销售出库单，单击【凭证生成】按钮，如图5-80所示；系统会自动生成"凭证生成报告列表"。

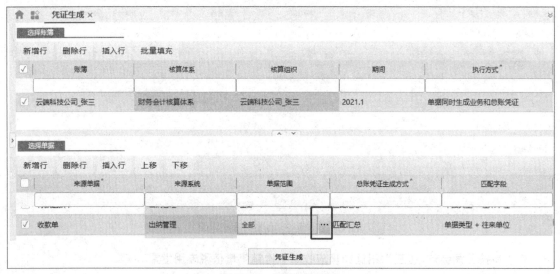

图 5-80 凭证生成界面

凭证生成后，执行【财务会计】—【智能会计平台】—【财务处理】—【总账凭证查询】命令，选择审核状态为"创建"的凭证，并对刚创建的凭证进行核对，如图5-81所示。

图 5-81　总账凭证查询界面

实验七　寄售业务

↗ 应用场景

寄售(委托代销)是指由寄售人(委托人或货主)先将准备销售的货物运往寄售地,委托当地的代销人(受托人)按照寄售协议规定的条件,由代销人代替寄售人在当地市场上进行销售。货物售出后,再由代销人按协议规定的方式与寄售人结算货款的一种贸易方式。

↗ 实验步骤

- 科技公司销售员新增销售订单。
- 科技公司销售员根据销售订单下推生成发货通知单。
- 科技公司仓管员根据发货通知单生成直接调拨单。
- 科技公司销售员根据直接调拨单生成寄售结算单。
- 科技公司仓管员根据寄售结算单生成销售出库单。
- 科技公司会计员进行出库成本核算。
- 科技公司会计员通过选寄售出库单生成销售应收单。
- 科技公司会计员根据业务单据生成凭证。

↗ 操作部门及人员

- 由科技公司销售_张三收到客户米小科技的购货意向合同,根据客户需求新增销售订单。
- 由科技公司仓管_张三根据发货通知单,做直接调拨单发货到客户仓,生成直接调拨单;由科技公司销售_张三根据直接调拨单生成寄售结算单;由科技公司仓管_张三根据寄售结算单进行销售出库,并生成销售出库单。
- 由科技公司会计_张三进行出库成本核算;根据寄售结算单生成应收单;并在智能会计平台上进行相关凭证的生成。

对应的业务流程如图 5-82 所示。

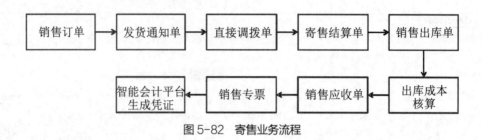

图 5-82 寄售业务流程

🔶 **实验数据**

2021 年 1 月 9 日，科技公司将一批机器人寄售给米小科技，当天将产品从科技公司成品仓发往客户仓。1 月 15 日，寄售商品销售完毕进行结算，并确认应收，应收到期日为 2 月 9 日。具体的单据相关信息如下所示。

1. 销售订单

单据类型：寄售销售订单；客户：米小科技；业务日期：2021/1/9；销售员：林丽丽；要货日期：2021/1/9。销售订单明细表数据如表 5-20 所示。

表 5-20 销售订单明细表

产品	含税单价	数量	税率
自动驾驶机器人 R 型	76,000.00	22	13%
自动驾驶机器人 S 型	71,000.00	18	13%

2. 发货通知单

业务日期：2021/1/9。

3. 寄售直接调拨单

业务日期：2021/1/9；调出仓库：科技公司成品仓；调入仓库：客户仓。

4. 寄售结算单

业务日期：2021/1/15；自动驾驶机器人 R 型结算数量：22 台，自动驾驶机器人 S 型结算数量：18 台。

5. 寄售出库单

业务日期：2021/1/15；仓库：客户仓。

6. 销售应收单

业务日期：2021/1/15；到期日：2021/2/9。

7. 销售增值税专用发票

业务日期：2021/1/15；发票日期：2021/1/15。

8. 凭证数据

凭证数据如表 5-21 所示。

表 5-21 凭证数据

对应组织	凭证来源	会计科目	借方金额	贷方金额
科技公司	直接调拨单	发出商品-自动驾驶机器人 R 型	1,039,720.00	
		发出商品-自动驾驶机器人 S 型	781,875.00	
		库存商品-自动驾驶机器人 R 型		1,039,720.00
		库存商品-自动驾驶机器人 S 型		781,875.00
科技公司	销售出库单	主营业务成本-自动驾驶机器人 R 型	1,039,720.00	
		主营业务成本-自动驾驶机器人 S 型	781,875.00	
		发出商品-自动驾驶机器人 R 型		1,039,720.00
		发出商品-自动驾驶机器人 S 型		781,875.00
科技公司	应收单	应收账款-米小科技	2,950,000.00	
		主营业务收入-自动驾驶机器人 R 型		1,479,646.02
		主营业务收入-自动驾驶机器人 S 型		1,130,973.45
		应交税费-应交增值税(销项税额)		339,380.53

➤ 操作指导

1. "科技公司销售_张三"新增销售订单

科技公司销售_张三登录金蝶云星空系统,选择组织"云端科技公司_张三",执行【供应链】—【销售管理】—【订单处理】—【销售订单】命令,进入销售订单新增界面,选择单据类型为"寄售销售订单",客户为"米小科技",业务日期为"2021/1/9",销售员为"林丽丽",要货日期为"2021/1/9",根据表 5-20 的实验数据录入相关信息,信息录入完成后,依次单击【保存】【提交】【审核】按钮,如图 5-83 所示。

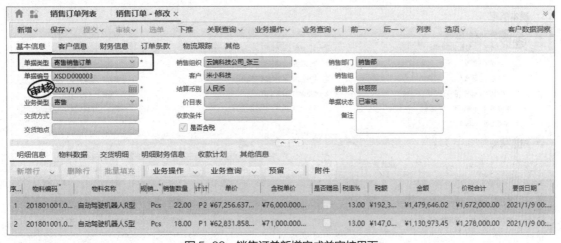

图 5-83 销售订单新增完成并审核界面

2. "科技公司销售_张三"根据销售订单下推生成发货通知单

科技公司销售_张三登录金蝶云星空系统,在刚刚审核销售订单的界面,单击【下推】按钮,下推生成发货通知单,单击【确定】按钮后,进入发货通知单新增界面,根据实验数据录入正确的信息后,依次单击【保存】【提交】【审核】按钮,如图 5-84 所示。

图 5-84 发货通知单新增完成并审核界面

3. "科技公司仓管_张三"根据发货通知单新增直接调拨单

科技公司仓管_张三登录金蝶云星空系统,选择组织"云端科技公司_张三",执行【供应链】—【销售管理】—【出货管理】—【发货通知单列表】命令,进入发货通知单列表,勾选相应的发货通知单,单击标签栏的【下推】按钮,下推生成"直接调拨单",并根据实验数据完成直接调拨单的填写,修改业务日期与调出、调入仓库信息,信息录入完成后,依次单击【保存】【提交】【审核】按钮,如图 5-85 所示。

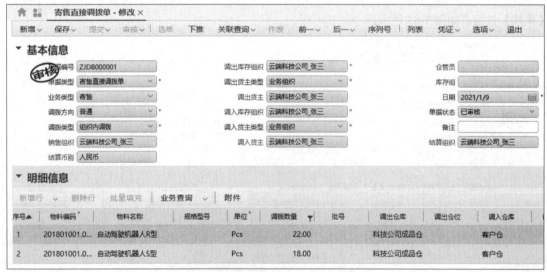

图 5-85 直接调拨单新增完成并审核界面

4. "科技公司销售_张三"根据直接调拨单生成寄售结算单

科技公司销售_张三登录金蝶云星空系统,选择组织"云端科技公司_张三",执行【销售管理】—【寄售】—【寄售结算单】命令,进入寄售结算单新增界面,单击【选单】的【发出选单】按钮,选择"直接调拨单",再根据实验数据完成寄售结算单的信息录入,修改业务日期为

"2021/1/15",信息录入完成后,依次单击【保存】【提交】【审核】按钮,如图5-86所示。

图5-86 寄售结算单新增完成并审核界面

5. "科技公司仓管_张三"根据寄售结算单下推销售出库单

科技公司仓管_张三登录金蝶云星空系统,选择组织"云端科技公司_张三",执行【销售管理】—【寄售】—【寄售结算单列表】命令,进入寄售结算单列表界面,选择上述的寄售结算单,单击标签栏的【下推】按钮,下推生成"销售出库单",根据实验数据完成销售出库单的填写,修改业务日期为"2021/1/15",信息录入完成后,依次单击【保存】【提交】【审核】按钮,如图5-87所示。

图5-87 销售出库单新增完成并审核界面

6. "科技公司会计_张三"进行出库成本核算

科技公司会计_张三登录金蝶云星空系统,选择组织"云端科技公司_张三",执行【成本管理】—【存货核算】—【存货核算】—【出库成本核算】命令,进入出库成本核算向导界面,选择核算体系为"财务会计核算体系",核算组织为"云端科技公司_张三",会计政策为"中国准则会计政策",设置好后,单击【下一步】按钮,采用系统默认的参数设置,再单击【下一步】按钮,系统自动进行核算，完成核算后，可对核算报表进行查询，如单击【核算单据查询】按钮进行查看，如图 5-88 所示。

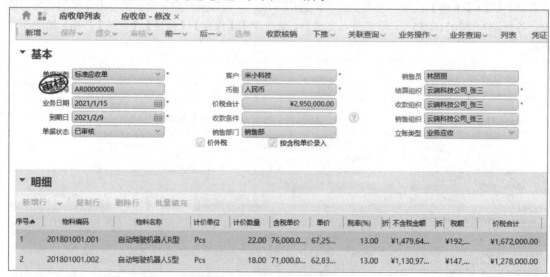

图 5-88　出库存货核算查询界面

7. "科技公司会计_张三"通过选寄售结算单新增销售应收单

科技公司会计_张三登录金蝶云星空系统，选择组织"云端科技公司_张三"，执行【财务会计】—【应收款管理】—【销售应收】—【应收单】命令，进入应收单新增界面，单击【选单】按钮，选择相应的"寄售结算单"，单击【确定】按钮，并根据实验数据录入信息，信息录入完成后，依次单击【保存】【提交】【审核】按钮，如图 5-89 所示。

图 5-89　应收单新增完成并审核界面

8. "科技公司会计_张三"根据销售应收单下推生成销售增值税专用发票

科技公司会计_张三根据销售应收单给米小科技开具销售增值税专用发票。

科技公司会计_张三登录金蝶云星空系统，在刚刚审核应收单的界面，单击【下推】按钮，下推生成"销售增值税专用发票"，并根据实验数据录入信息，信息录入完成后，依次单击【保存】【提交】【审核】按钮，如图 5-90 所示。

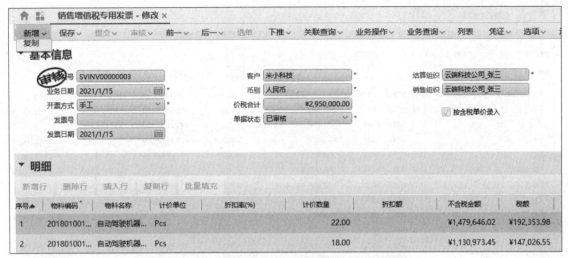

图 5-90　销售增值税专用发票新增完成并审核界面

9. "科技公司会计_张三"生成凭证

科技公司会计_张三登录金蝶云星空系统,选择组织"云端科技公司_张三",执行【财务会计】—【智能会计平台】—【财务处理】—【凭证生成】命令,进入凭证生成界面,在"选择账簿"页签下勾选账簿"云端科技公司_张三",在"选择单据"页签下勾选"直接调拨单""销售出库单""应收单","单据范围"选择相应的直接调拨单、销售出库单和应收单,单击【凭证生成】按钮,如图 5-91 所示,系统会自动生成"凭证生成报告列表"。

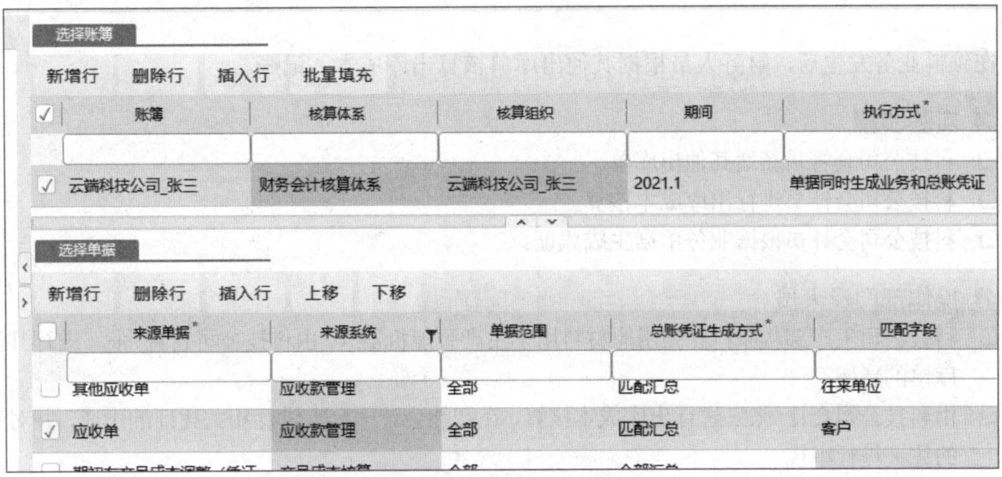

图 5-91　凭证生成界面

凭证生成后,执行【财务会计】—【智能会计平台】—【财务处理】—【总账凭证查询】命令,选择审核状态为"创建"的凭证,并对刚创建的凭证进行核对,如图 5-92 所示。

日期	会...	期...	凭...	凭...	摘要	科目编码	科目全名	币别	原币金额	借方金额	贷方金额
2021/1/9	2021	1	记	17	单据...	1406	发出商品	人民币	¥1,039,720.00	¥1,039,720.00	
					单据...	1406	发出商品	人民币	¥781,875.00	¥781,875.00	
					单据...	1405	库存商品	人民币	¥1,039,720.00		¥1,039,720.00
					单据...	1405	库存商品	人民币	¥781,875.00		¥781,875.00
2021/1/15	2021	1	记	18	单据...	6401	主营业务成本	人民币	¥1,039,720.00	¥1,039,720.00	
					单据...	6401	主营业务成本	人民币	¥781,875.00	¥781,875.00	
					单据...	1406	发出商品	人民币	¥1,039,720.00		¥1,039,720.00
					单据...	1406	发出商品	人民币	¥781,875.00		¥781,875.00
2021/1/15	2021	1	记	19	单据 ...	1122	应收账款	人民币	¥2,950,000.00	¥2,950,000.00	
					单据 ...	6001	主营业务收入	人民币	¥1,479,646.02		¥1,479,646.02
					单据 ...	6001	主营业务收入	人民币	¥1,130,973.45		¥1,130,973.45
					单据 ...	2221.01.02	应交税费_应交增值税_销...	人民币	¥339,380.53		¥339,380.53

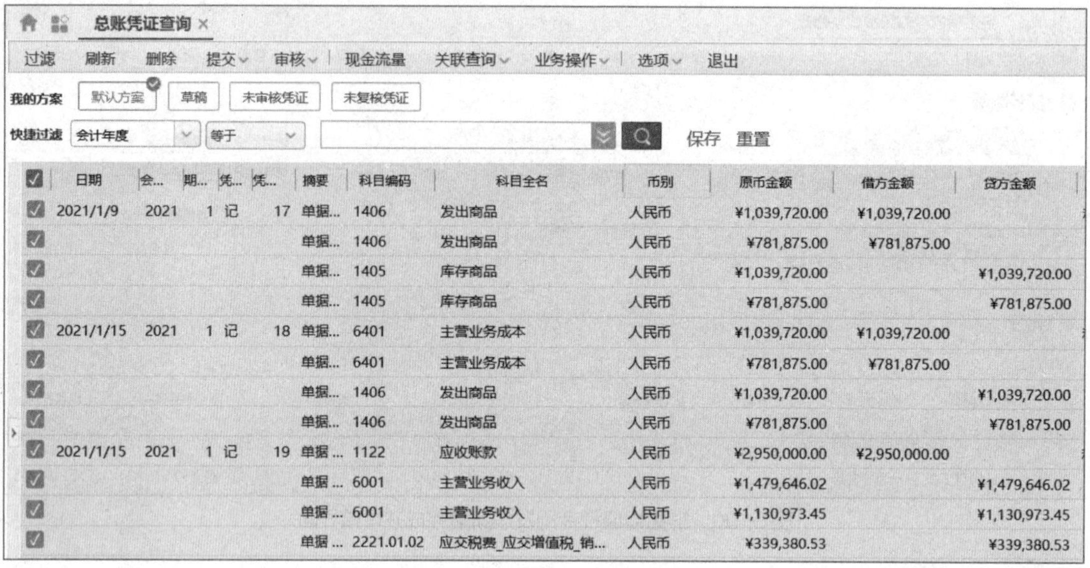

图 5-92 总账凭证查询界面

实验八 简单生产领料业务

↗ 应用场景

如果企业的生产过程比较简单(如只有单步骤生产)，或者企业没有用生产管理模块进行生产过程的管理，可以采用简单生产方式进行领料、入库等业务的操作，便于财务进行物料成本的核算、分摊。

在领料业务发生后，财务人员根据其他出库单核算出库成本、记账。

↗ 实验步骤

- ❑ 科技公司仓管员新增其他出库单。
- ❑ 科技公司会计员进行出库成本核算。
- ❑ 科技公司会计员根据业务单据生成凭证。

↗ 操作部门及人员

- ❑ 科技公司生产部从原料仓领用原材料用于生产智能机器人，由科技公司仓管_张三进行其他出库单的新增。
- ❑ 由科技公司会计_张三进行出库成本核算，在智能会计平台上进行相关凭证的生成，并对生成的凭证进行审核。

相应的业务流程如图 5-93 所示。

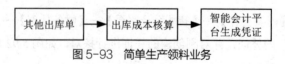

图 5-93 简单生产领料业务

↗ 实验数据

2021 年 1 月 5 日，科技公司生产部从原料仓领用原材料用于生产智能机器人，其中智能芯片 26pcs，主控系统 26pcs，酷炫外壳 47.2pcs(外壳在简单生产时需要裁剪，部分裁剪料将退回仓库，故最终使用物料数量有可能不是整数)。

1. 其他出库单

其他出库单明细如表 5-22 所示。

表 5-22 其他出库单明细

业务日期	生产车间	物料名称	申请数量	仓库
2021/1/5	生产部	智能芯片	26	科技公司原料仓
		主控系统	26	
		酷炫外壳	47.2	

2. 凭证数据

凭证数据如表 5-23 所示。

表 5-23 凭证数据

对应组织	凭证来源	会计科目	借方金额	贷方金额
科技公司	其他出库单	生产成本/生产部/材料成本	114,027.12	
		原材料/智能芯片		77,532.19
		原材料/酷炫外壳		12,961.15
		原材料/主控系统		23,533.78

➤ 操作指导

1. "科技公司仓管_张三"新增其他出库单

科技公司仓管_张三登录金蝶云星空系统,选择组织"云端科技公司_张三",执行【供应链】—【库存管理】—【杂收杂发】—【其他出库单】命令,进入其他出库单新增界面,根据实验数据录入相关信息,信息录入完成后,依次单击【保存】【提交】【审核】按钮,如图 5-94 所示。

图 5-94 其他出库单新增界面

2. "科技公司会计_张三"进行出库成本核算

科技公司会计_张三登录金蝶云星空系统，选择组织"云端科技公司_张三"，执行【成本管理】—【存货核算】—【存货核算】—【出库成本核算】命令，进入出库成本核算向导界面，选择核算体系为"财务会计核算体系"，核算组织为"云端科技公司_张三"，会计政策为"中国准则会计政策"，设置好后，单击【下一步】按钮，采用系统默认的参数设置，再单击【下一步】按钮，系统自动进行核算，完成核算后，可对核算报表进行查询，如单击【核算单据查询】按钮进行查看，如图5-95所示。

图5-95 出库存货核算查询界面

3. "科技公司会计_张三"生成凭证

科技公司会计_张三登录金蝶云星空系统，选择组织"云端科技公司_张三"，执行【财务会计】—【智能会计平台】—【财务处理】—【凭证生成】命令，进入凭证生成界面，在"选择账簿"页签下勾选账簿"云端科技公司_张三"，在"选择单据"页签下勾选"其他出库单"，单击【凭证生成】按钮，如图5-96所示；系统会自动生成"凭证生成报告列表"。

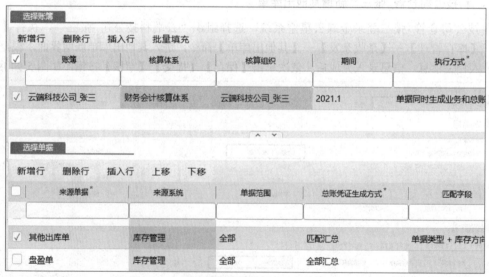

图5-96 凭证生成界面

凭证生成后，执行【财务会计】—【智能会计平台】—【财务处理】—【总账凭证查询】命令，选择审核状态为"创建"的凭证，并对刚创建的凭证进行核对，如图5-97所示。

图 5-97 总账凭证查询界面

实验九 费用报销业务

➤ 应用场景

费用报销系统，面向企业全员及财务报销人员，提供完整的费用报销流程，支持从费用申请、借款到费用报销、退款，以及费用二次分配与移转业务。与出纳、应付系统无缝集成，精细化的个人往来管理，帮助企业费用合理统筹，防止浪费和不必要的支出。

➤ 实验步骤

- 科技公司会计员申请费用报销单。
- 科技公司会计员根据费用报销单生成其他应付单。
- 科技公司会计员进行相关凭证的生成。

➤ 操作部门及人员

- 科技公司行政部林青申请报销购买办公用品费，由科技公司会计_张三进行费用报销单的新增。
- 科技公司对于林青申请报销的费用计划下月付款，由科技公司会计_张三根据费用报销单生成其他应付单。
- 由科技公司会计_张三在智能会计平台上进行相关凭证的生成。

对应的业务流程如图 5-98 所示。

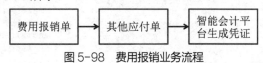

图 5-98 费用报销业务流程

➤ 实验数据

2021 年 1 月 2 日，科技公司行政部林青申请报销购买办公用品费 500 元，计划下月付款。

1. 费用报销单

费用报销单相关信息如表 5-24 所示。

表 5-24 费用报销单相关信息

申请人	申请部门	申请日期	费用承担部门	往来单位类型
林青	行政部	2021/1/2	行政部	员工
费用项目	费用金额	结算方式	报销事由	往来单位
办公费	500	现金	报销购买办公用品费	林青

1. 其他应付款

业务日期：2021/1/2；到期日：2021/1/2。

2. 凭证数据

凭证数据如表 5-25 所示。

表 5-25 凭证数据

对应组织	凭证来源	会计科目	借方金额	贷方金额
科技公司	其他应付款	管理费用/行政部/办公费	500.00	
		其他应付款-员工往来/林青		500.00

📌 操作指导

1. "科技公司会计_张三"新增费用报销单

科技公司会计_张三登录金蝶云星空系统，选择组织"云端科技公司_张三"，执行【财务会计】—【人人报销】—【费用报销】—【费用报销单】命令，进入费用报销单新增界面，根据实验数据录入相关信息。注意在"付款信息"页签下，选择结算方式为"现金"。信息录入完成后，依次单击【保存】【提交】【审核】按钮，如图 5-99 所示。

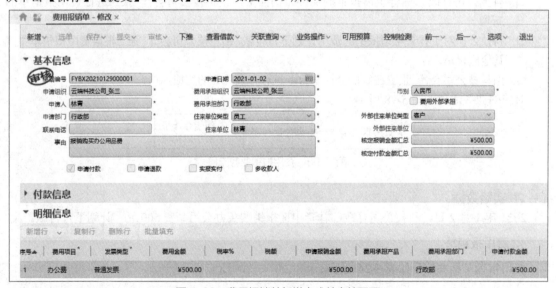

图 5-99 费用报销单新增完成并审核界面

科技公司会计_张三新增完成费用报销单并审核后，系统会同步生成并审核其他应付单，可以在费用报销单审核完成的界面单击【关联查询】的【下查】按钮，查询到费用报销的其他应付单，如图 5-100 所示。

图 5-100　自动生成的费用报销单的其他应付单查询界面

2. "科技公司会计_张三"生成凭证

科技公司会计_张三登录金蝶云星空系统,选择组织"云端科技公司_张三",执行【财务会计】—【智能会计平台】—【财务处理】—【凭证生成】命令,进入凭证生成界面,在"选择账簿"页签下勾选账簿"云端科技公司_张三",在"选择单据"页签下勾选"其他应付单",单击【凭证生成】按钮,如图 5-101 所示,系统会自动生成"凭证生成报告列表"。

图 5-101　凭证生成界面

凭证生成后,执行【财务会计】—【智能会计平台】—【财务处理】—【总账凭证查询】命令,选择审核状态为"创建"的凭证,并对刚创建的凭证进行核对,如图 5-102 所示。

图 5-102　总账凭证查询界面

实验十 员工借款业务

📌 应用场景

在进行费用报销业务处理时,报销主体可精细化到员工个人、部门、供应商、客户及其他往来单位,报销确认的所有费用统一自动传送到应付系统的其他应付单,帮助企业进行完整的往来管理。通过对申请到报销的完整流程管理,帮助企业费用报销人员、报销申请人精准地跟踪每一笔费用借款、报销进展、付款等情况。

📌 实验步骤

- 科技公司会计员新增费用申请单。
- 科技公司会计员根据费用申请单生成付款单。
- 科技公司会计员进行相关凭证的生成。

📌 操作部门及人员

- 科技公司采购部刘辉借款 6,400 元,用于出差。由科技公司会计_张三进行费用申请单的新增。
- 科技公司对该笔费用报销单进行付款,由科技公司会计_张三根据费用申请单生成付款单。
- 由科技公司会计_张三在智能会计平台上进行相关凭证的生成。

对应的业务流程如图 5-103 所示。

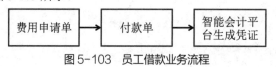

图 5-103 员工借款业务流程

📌 实验数据

2021 年 1 月 10 日,科技公司采购部刘辉借款 6,400 元,用于出差;当天,科技公司对该笔费用报销单进行付款,具体单据相关信息如下所示。

1. 费用申请单

费用申请单相关信息如表 5-26 所示。

表 5-26 费用申请单相关信息

申请日期	申请人	申请部门	申请借款	结算方式	预计还款日
2021/1/10	刘辉	采购部	√	现金	2021/2/10
往来单位类型	往来单位	申请事由	费用项目	申请金额	费用承担部门
员工	刘辉	申请借款用于出差	差旅费	6,400	采购部

2. 付款单

业务日期:2021/1/10;付款用途:费用借款。

3. 凭证数据

凭证数据如表 5-27 所示。

表 5-27 凭证数据

对应组织	凭证来源	会计科目	借方金额	贷方金额
科技公司	付款单	其他应收款-员工往来/刘辉	6,400.00	
		库存现金		6,400.00

➤ 操作指导

1. "科技公司会计_张三"新增费用申请单

科技公司会计_张三登录金蝶云星空系统，选择组织"云端科技公司_张三"，执行【财务会计】—【人人报销】—【费用申请】—【费用申请单】命令，进入费用申请单新增界面，根据实验数据录入相关信息，信息录入完成后，依次单击【保存】【提交】【审核】按钮，如图 5-104 所示。

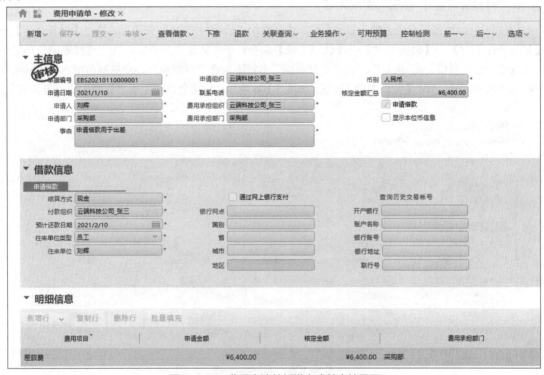

图 5-104 费用申请单新增完成并审核界面

2. "科技公司会计_张三"根据费用申请单下推付款单

科技公司会计_张三登录金蝶云星空系统，在刚刚审核费用申请单的界面，单击【下推】按钮，下推生成付款单，单击【确定】按钮后，进入付款单新增界面，将业务日期修改为"2021/1/10"，依次单击【保存】【提交】【审核】按钮，如图 5-105 所示。

图 5-105　付款单新增完成并审核界面

3. "科技公司会计_张三"生成凭证

科技公司会计_张三登录金蝶云星空系统，选择组织"云端科技公司_张三"，执行【财务会计】—【智能会计平台】—【财务处理】—【凭证生成】命令，进入凭证生成界面，在"选择账簿"页签下勾选账簿"云端科技公司_张三"，在"选择单据"页签下勾选"付款单"，"单据范围"选择刚刚审核完的付款单编号，单击【凭证生成】按钮，如图 5-106 所示，系统会自动生成"凭证生成报告列表"。

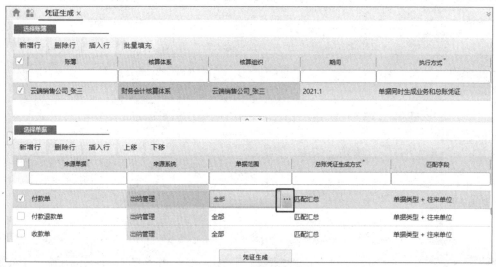

图 5-106　凭证生成界面

凭证生成后，执行【财务会计】—【智能会计平台】—【财务处理】—【总账凭证查询】命令，选择审核状态为"创建"的凭证，并对刚创建的凭证进行核对，如图 5-107 所示。

图 5-107　总账凭证查询界面

实验十一　资产调拨业务

↗ 应用场景

资产调拨是企业常用的应用业务类型。调拨可以是资产从一个资产组织调出，调入到另外一个资产组织，也可以是资产从一个货主组织调出，调入到另外一个货主组织。主要是满足集团内组织间资产调拨，减少资产的重复采购。

↗ 实验步骤

- 科技公司会计员新增资产调出单。
- 销售公司会计员对资产调入单进行审核。
- 科技公司会计员对调拨的资产进行处置。
- 科技公司会计员创建组织结算单，对调出的资产与销售公司进行结算。
- 销售公司会计员根据资产调入单下推资产卡片。
- 销售公司会计员对调入的资产与科技公司进行付款结算。
- 科技公司会计员及销售公司会计员进行相关凭证的生成。

↗ 操作部门及人员

- 科技公司行政部的打印机调拨到销售公司销售部，由科技公司会计_张三新增资产调出单；由销售公司会计_张三对资产调入单进行审核。
- 科技公司会计_张三对调出的资产进行处置，通过选资产调出单新增资产处置单；并对调出的资产与销售公司进行结算。
- 销售公司会计_张三根据资产调入单下推资产卡片；并对调入的资产与科技公司进行付款结算。
- 科技公司会计_张三及销售公司会计_张三在智能会计平台上进行相关凭证的生成。

对应的业务流程如图 5-108 所示。

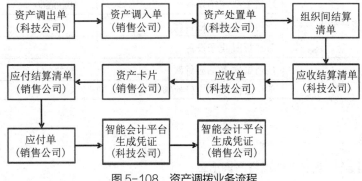

图 5-108　资产调拨业务流程

↗ 实验数据

2021 年 1 月 15 日，进行固定资产调拨，科技公司行政部的打印机调拨到销售公司销售部。

1. 资产调出单

资产调出单相关信息如表 5-28 所示。

表 5-28　资产调出单

调出日期	调出资产组织	调入资产组织	卡片名称	数量
2021/1/15	云端科技公司_姓名	云端销售公司_姓名	打印机	1

2. 资产处置单

业务日期：2021/1/15；清理费用：0；残值费用：0。

3. 应收单

业务日期：2021/1/15；到期日：2021/2/15。

4. 固定资产卡片

变动方式：调入；资产位置：本部大楼；使用部门：销售部；费用项目：折旧费。

5. 应付单

业务日期：2021/1/15；到期日：2021/2/15。

6. 凭证数据

凭证数据如表 5-29 所示。

表 5-29 凭证数据

对应组织	凭证来源	会计科目	借方余额	贷方余额
科技公司	资产处置单	固定资产清理	9,736.11	
		累计折旧/电子设备	263.89	
		固定资产/电子设备		10,000.00
科技公司	应收单	应收账款(销售公司)	9,736.11	
		固定资产清理		9,736.11
销售公司	资产卡片	固定资产/电子设备	10,000.00	
		应付账款-暂估应付款		9,736.11
		累计折旧/电子设备		263.89
销售公司	应付单	应付账款-暂估应付款	9,736.11	
		应付账款-明细应付款(科技公司)		9,736.11

➤ 操作指导

1. "科技公司会计_张三"新增资产调出单

科技公司会计_张三登录金蝶云星空系统，选择组织"云端科技公司_张三"，执行【资产管理】—【固定资产】—【日常管理】—【资产调出】命令，进入资产调出单界面，单击【新增】按钮，进入资产调出单新增界面，根据实验数据录入单据信息，信息录入完成后，依次单击【保存】【提交】【审核】按钮，如图 5-109 所示。

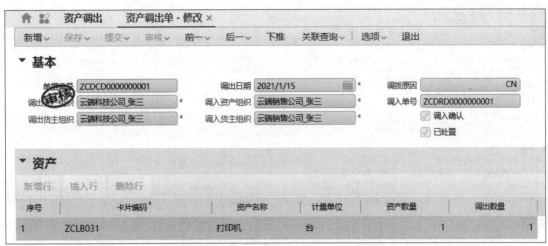

图 5-109 资产调出单新增完成并审核界面

2. "销售公司会计_张三"审核资产调入单

销售公司会计_张三登录金蝶云星空系统，选择组织"云端销售公司_张三"，执行【资产管理】—【固定资产】—【日常管理】—【资产调入】命令，进入资产调入单界面，选择刚刚从科技公司调出的资产，检查无误后，勾选单据，进行提交与审核，如图 5-110 所示。

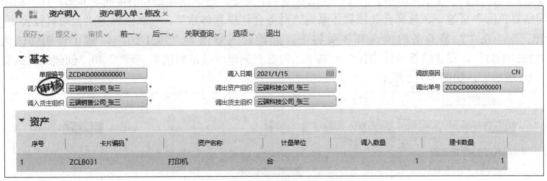

图 5-110 资产调入单的审核界面

3. "科技公司会计_张三"根据资产调出单下推资产处置单

科技公司会计_张三登录金蝶云星空系统，选择组织"云端科技公司_张三"，执行【资产管理】—【固定资产】—【日常管理】—【资产调出】命令，进入资产调出单界面，选择上述资产调出单，单击【下推】按钮，下推生成资产处置单，进入资产处置单新增界面，根据实验数据录入单据的相关信息，单据信息录入完成后，依次单击【保存】【提交】【审核】按钮，如图 5-111 所示。

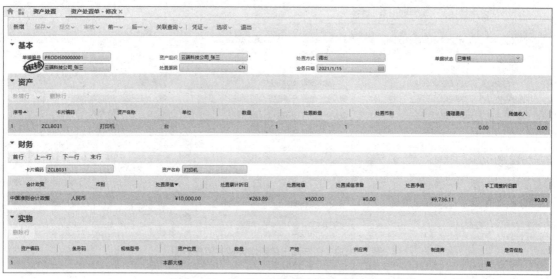

图 5-111 资产处置单新增完成并审核界面

4. "科技公司会计_张三"新增组织结算单

科技公司会计_张三登录金蝶云星空系统,选择组织"云端科技公司_张三",执行【供应链】—【组织间结算】—【结算清单】—【创建结算清单】命令,进入创建结算清单向导界面,在"组织间结算范围"页签下,选择会计核算体系为"财务会计核算体系",核算组织为"云端科技公司_张三",在"结算业务时间选择"页签下,起始时间修改为"2021/1/1",截止日期修改为"2021/1/31",在"结算目标选择"页签下,勾选"创建应收结算清单_资产"和"创建应付结算清单_资产",如图 5-112 所示。

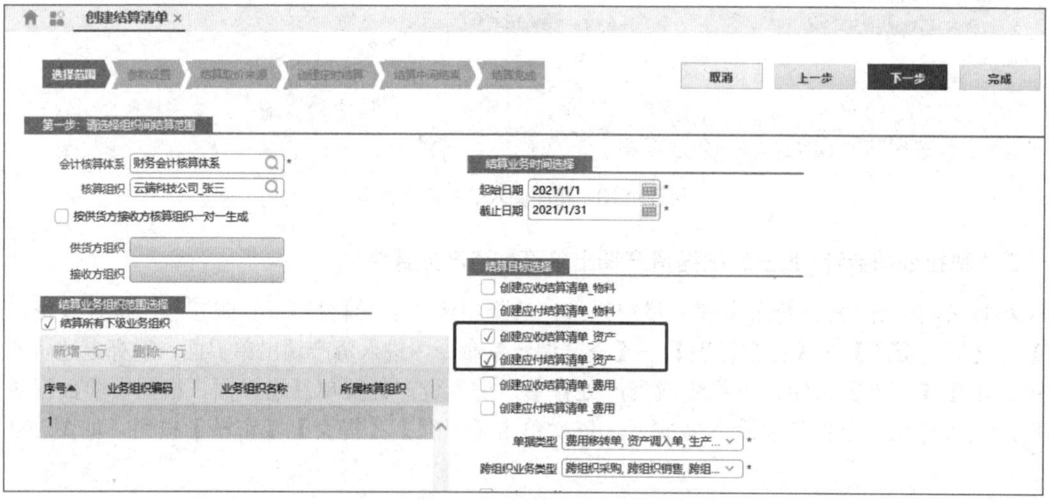

图 5-112 创建组织间结算单向导界面(第一步)

设置完成后,单击【下一步】按钮,进入参数设置界面,勾选"结算业务对方组织自动生成结算清单""有结算价格的应收结算清单自动审核""审核结算应收清单联动审核应付结算清单",如图 5-113 所示。

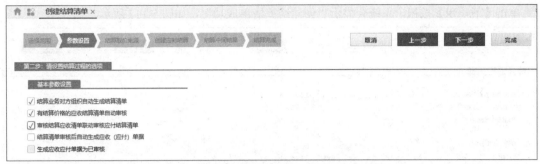

图 5-113　创建组织间结算单向导界面(第二步)

单击【下一步】按钮，进入结算取价来源界面，在该界面选择需要更改的跨组织业务进行取价来源的修改，跨组织资产调拨的取价来源选择"资产调入价"，如图 5-114 所示。

图 5-114　创建组织间结算单向导界面(第三步)

单击【下一步】按钮，系统自动跳过创建定时结算界面，系统自动进入结算中间结果界面，并开始提取数据，创建"云端科技公司"核算组织下的结算数据，如图 5-115 所示。

图 5-115　创建组织间结算单向导界面(第四步)

创建结束后，系统内部会显示出内部结算的所有结果，如图 5-116 所示。

图 5-116　创建组织间结算单向导界面(第五步)

单击【下一步】按钮,系统会显示"创建结算清单成功",如图 5-117 所示。

图 5-117 创建组织间结算单向导界面(完成)

5. "科技公司会计_张三"根据组织间结算单下推应收单

科技公司会计_张三登录金蝶云星空系统,选择组织"云端科技公司_张三",执行【供应链】—【组织间结算】—【结算清单】—【应收结算清单_资产】命令,进入应收结算清单资产单列表界面,勾选上述"应收结算清单_资产",单击【下推】按钮,下推生成"应收单",将业务日期修改为"2021/1/15",到期日修改为"2021/2/15",信息录入完成后,依次单击【保存】【提交】【审核】按钮,如图 5-118 所示。

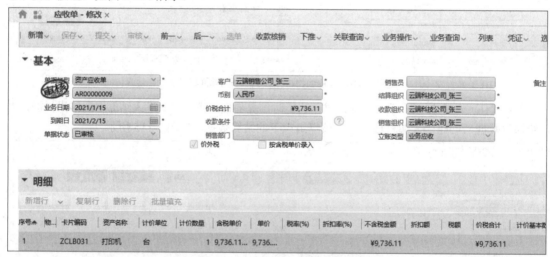

图 5-118 应收单新增完成并审核界面

6. "销售公司会计_张三"根据资产调入单下推资产卡片

销售公司会计_张三登录金蝶云星空系统,选择组织"云端销售公司_张三",执行【资产管理】—【固定资产】—【日常管理】—【资产调入】命令,进入资产调入单界面,勾选上述"资产调入单",单击【下推】按钮,下推生成"资产卡片",单击【确定】按钮。根据实验数据录入资产卡片的信息,变动方式为"调入",资产位置为"本部大楼",使用部门为"销售部",费用项目为"折旧费",单据信息录入完成后,依次单击【保存】【提交】【审核】按钮,如图 5-119 所示。

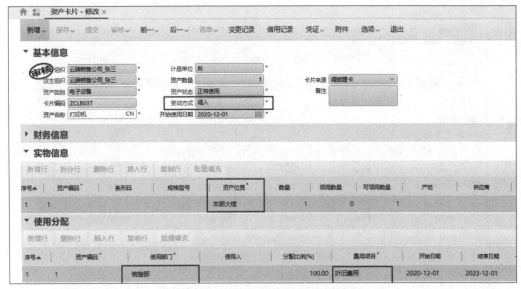

图 5-119　资产卡片新增完成并审核界面

7. "销售公司会计_张三"根据组织间结算单下推应付单

销售公司会计_张三登录金蝶云星空系统,选择组织"云端销售公司_张三",执行【供应链】—【组织间结算】—【结算清单】—【应付结算清单_资产】命令,进入应付结算清单资产单列表界面,勾选上述"应付结算清单_资产",单击【下推】按钮,下推生成"应付单",将业务日期修改为"2021/1/15",到期日修改为"2021/2/15",信息录入完成后,依次单击【保存】【提交】【审核】按钮,如图 5-120 所示。

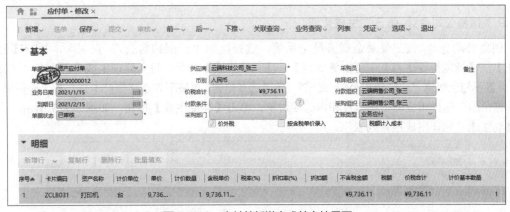

图 5-120　应付单新增完成并审核界面

8. "科技公司会计_张三"生成凭证

科技公司会计_张三登录金蝶云星空系统,选择组织"云端科技公司_张三",执行【财务会计】—【智能会计平台】—【财务处理】—【凭证生成】命令,进入凭证生成界面,在"选择账簿"页签下勾选账簿"云端科技公司_张三",在"选择单据"页签下勾选"资产处置单"和"应收单",单击【凭证生成】按钮,如图 5-121 所示,系统会自动生成"凭证生成报告列表"。

凭证生成后,执行【财务会计】—【智能会计平台】—【财务处理】—【总账凭证查询】命令,选择审核状态为"创建"的凭证,并对刚创建的凭证进行核对,如图 5-122 所示。

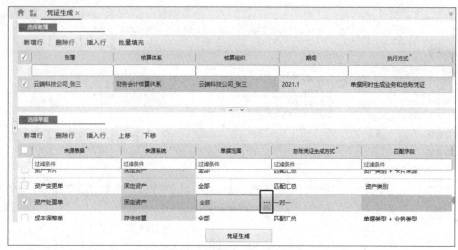

图 5-121 凭证生成界面

图 5-122 总账凭证查询界面

9."销售公司会计_张三"生成凭证

销售公司会计_张三登录金蝶云星空系统，选择组织"云端销售公司_张三"，执行【财务会计】—【智能会计平台】—【财务处理】—【凭证生成】命令，进入凭证生成界面，在"选择账簿"页签下勾选账簿"云端销售公司_张三"，在"选择单据"页签下勾选"资产卡片"和"应付单"，"单据范围"选择相应的资产卡片和内部应付单，单击【凭证生成】按钮，如图 5-123 所示，系统会自动生成"凭证生成报告列表"。

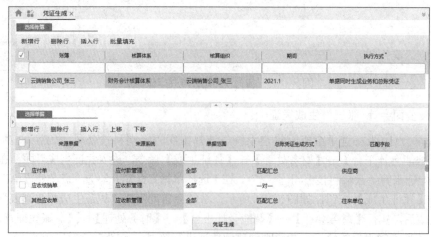

图 5-123 凭证生成界面

凭证生成后,执行【财务会计】—【智能会计平台】—【财务处理】—【总账凭证查询】命令,选择审核状态为"创建"的凭证,并对刚创建的凭证进行核对,如图 5-124 所示。

图 5-124　总账凭证查询界面

实验十二　资产盘点

➢ 应用场景

资产是对于整个企业来说的,一般价值较高,因此定期或者不定期的盘点就是企业日常管理的重要工作。资产盘点主要是通过盘点方案,筛选需要盘点的资产的范围和时间点。资产盘点后会对资产的盘盈和盘亏进行处理。这是企业账实相符的重要工作之一。

➢ 实验步骤

- 科技公司会计员制订盘点方案。
- 科技公司会计员生成盘点表。
- 科技公司会计员生成盘盈盘亏单。
- 科技公司会计员根据盘亏单下推生成资产处置单。
- 科技公司会计员生成相关凭证。
- 销售公司的资产盘点操作过程参照科技公司。

➢ 操作部门及人员

- 月末,科技公司和销售公司进行资产盘点,由科技公司会计_张三和销售公司会计_张三确定资产盘点方案,筛选需要盘点的资产的范围和时间点。
- 资产盘点后会对资产的盘盈和盘亏进行处理。

对应的业务流程如图 5-125 所示。

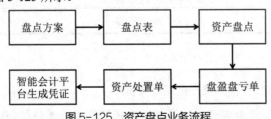

图 5-125　资产盘点业务流程

➢ 实验数据

2021 年 1 月 31 日科技公司和销售公司进行资产盘点。

1. 盘点方案

资产盘点方案如表 5-30 所示。

表 5-30 资产盘点方案

盘点方案编码	盘点方案名称	货主组织
学号.001	云端科技公司_姓名	云端科技公司_姓名
学号.002	云端销售公司_姓名	云端销售公司_姓名

2. 初盘记录表

科技公司的初盘数量如表 5-31 所示。

表 5-31 科技公司的初盘数量

货主组织	资产类别	资产名称	单位	初盘数量
云端科技公司_姓名	房屋建筑	办公大厦	栋	1
云端科技公司_姓名	机器设备	生产设备	台	1
云端科技公司_姓名	机器设备	组装设备	台	7
云端科技公司_姓名	机器设备	电机	台	1
云端科技公司_姓名	电子设备	电脑	台	2
云端科技公司_姓名	其他设备	办公家具	套	1
云端科技公司_姓名	电子设备	电脑	台	5

销售公司的初盘数量如表 5-32 所示。

表 5-32 销售公司的初盘数量

货主组织	资产类别	资产名称	单位	初盘数量
云端销售公司_姓名	电子设备	电脑	台	2
云端销售公司_姓名	电子设备	电脑	台	5
云端销售公司_姓名	电子设备	打印机	台	1

3. 凭证数据

凭证数据如表 5-33 所示。

表 5-33 凭证数据

对应组织	凭证来源	会计科目	借方金额	贷方金额
科技公司	资产处置单	待处理财产损溢	4,868.06	-
		累计折旧/电子设备	131.94	-
		固定资产/电子设备	-	5,000.00

> **操作指导**

1. "科技公司会计_张三"新增资产盘点方案资产

科技公司会计_张三登录金蝶云星空系统，选择组织"云端科技公司_张三"，执行【资产管理】—【固定资产】—【资产盘点】—【盘点方案】命令，进入盘点方案新增界面，根据实验数据完成盘点方案的新增，信息录入完成后，依次单击【保存】【提交】【审核】按钮，如图 5-126 所示。

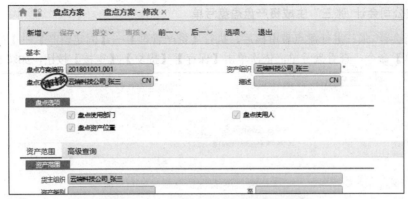

图 5-126　盘点方案新增完成并审核界面

2. "科技公司会计_张三"生成盘点表

科技公司会计_张三登录金蝶云星空系统,选择组织"云端科技公司_张三",执行【资产管理】—【固定资产】—【资产盘点】—【盘点方案】命令,选择上述建立的盘点方案,如图 5-127 所示,单击【生成盘点表】按钮,生成盘点表。

图 5-127　盘点方案查询界面

3. "科技公司会计_张三"进行资产盘点

科技公司会计_张三对科技公司资产进行盘点,执行【资产管理】—【固定资产】—【资产盘点】—【资产盘点表】命令,选择资产盘点表进入资产盘点表修改界面,根据实验数据录入初盘数据,数量录入完成后,提交审核盘点表,如图 5-128 所示,可选择是否复盘,本案例不进行复盘,系统将自动生成盘盈盘亏单。

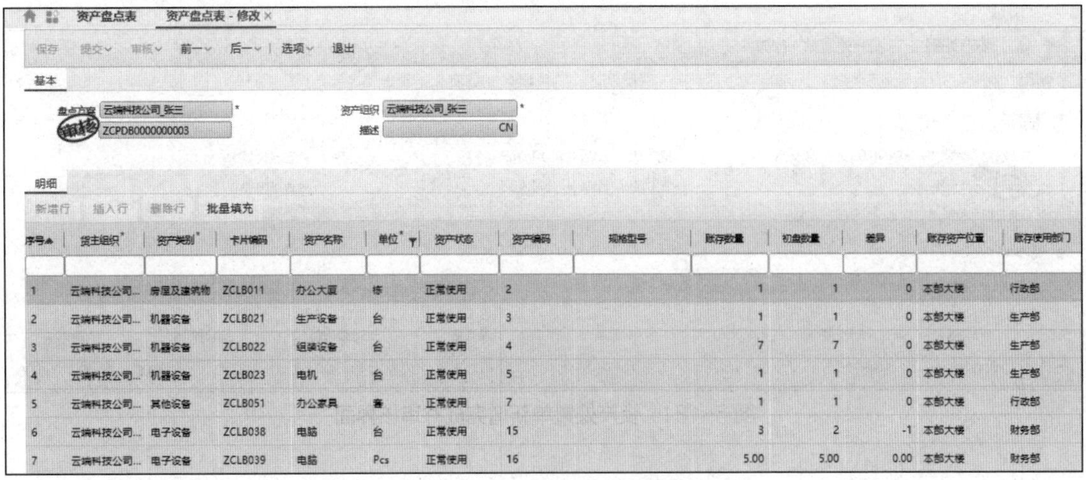

图 5-128　资产盘点表界面

4. "科技公司会计_张三"生成资产盘盈盘亏单

科技公司会计_张三进行盘点表审核后,执行【资产管理】—【固定资产】—【资产盘点】—【盘盈盘亏单】命令,查看盘亏单,依次单击【保存】【提交】【审核】按钮,如图5-129所示。

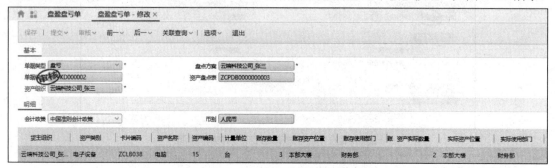

图5-129　盘盈盘亏单完成并审核界面

5. "科技公司会计_张三"生成资产处置单

科技公司会计_张三进行盘盈盘亏单审核后,退出"修改"界面,勾选已审核的盘亏单,单击【下推】按钮生成资产处置单,如图5-130所示;跳转到资产处置单修改界面后,将业务日期修改为"2021/1/31",信息录入完成后,依次单击【保存】【提交】【审核】按钮,如图5-131所示。

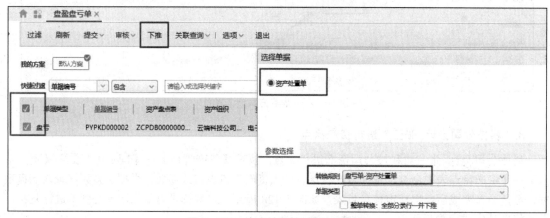

图5-130　资产处置单下推生成界面

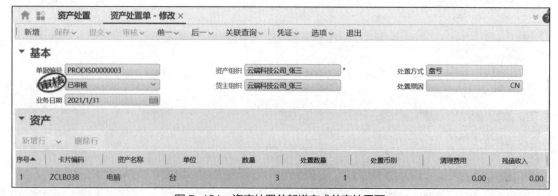

图5-131　资产处置单新增完成并审核界面

6. "销售公司会计_张三"新增资产盘点方案

销售公司会计_张三登录金蝶云星空系统,选择组织"云端销售公司_张三",执行【资产管理】—【固定资产】—【资产盘点】—【盘点方案】命令,进入盘点方案新增界面,根据实验数据完成盘点方案的新增,信息录入完成后,依次单击【保存】【提交】【审核】按钮,如图 5-132 所示。

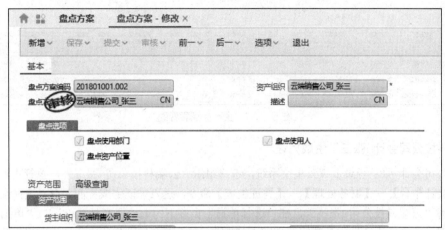

图 5-132 资产盘点方案新增完成并审核界面

7. "销售公司会计_张三"生成盘点表

销售公司会计_张三登录金蝶云星空系统,选择组织"云端销售公司_张三",执行【资产管理】—【固定资产】—【资产盘点】—【盘点方案】命令,选择上述建立的盘点方案,如图 5-133 所示,单击【生成盘点表】按钮,生成盘点表。

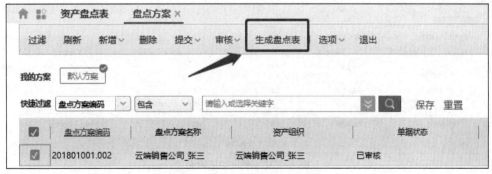

图 5-133 盘点方案查询界面

8. "销售公司会计_张三"进行资产盘点

销售公司会计_张三对科技公司资产进行盘点,执行【资产管理】—【固定资产】—【资产盘点】—【资产盘点表】命令,选择资产盘点表进入资产盘点表修改界面,根据实验数据录入初盘数据,数据录入完成后,提交审核盘点表,如图 5-134 所示,可选择是否复盘,本案例不进行复盘,若盘点后有数量上的差异系统将自动生成盘盈盘亏单,由于本案例中盘点数量与账面上的一致,没有生成盘盈盘亏单。

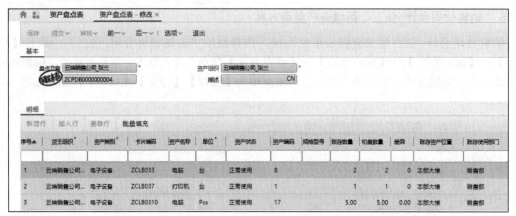

图 5-134　资产盘点表界面

9. "科技公司会计_张三"生成凭证

科技公司会计_张三登录金蝶云星空系统，选择组织"云端科技公司_张三"，执行【财务会计】—【智能会计平台】—【财务处理】—【凭证生成】命令，进入凭证生成界面，在"选择账簿"页签下勾选账簿"云端科技公司_张三"，在"选择单据"页签下勾选"资产处置单"，"单据范围"选择对应单据，单击【凭证生成】按钮，如图 5-135 所示；系统会自动生成"凭证生成报告列表"。

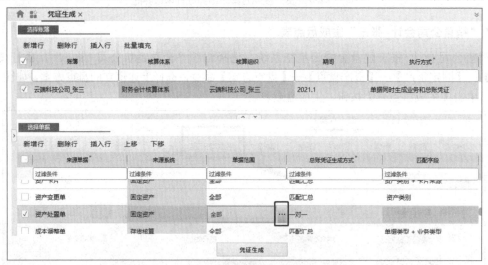

图 5-135　凭证生成界面

凭证生成后，执行【财务会计】—【智能会计平台】—【财务处理】—【总账凭证查询】命令，选择审核状态为"创建"的凭证，并对刚创建的凭证核对无误后进行提交、审核，如图 5-136 所示。

图 5-136　总账凭证查询界面

实验十三 计提折旧

↗ 应用场景

金蝶云星空产品提供平均年限法、工作量法、年数总和法和双倍余额递减法四种计提折旧的方法。企业根据自己管理的需要和法规的规定，每月月底对卡片进行计提折旧，也就是将资产的价值在预计使用年限分摊到成本中，涉及多组织管理和会计政策管理，卡片可以按照"会计政策+货币组织"的方式计提。

↗ 实验步骤

- 科技公司会计员计提折旧。
- 科技公司会计员对自动生成的折旧调整单进行修改与审核。
- 销售公司会计员计提折旧。
- 销售公司会计员对自动生成的折旧调整单进行修改与审核。
- 科技公司会计员及销售公司会计员进行相关凭证的生成。

↗ 操作部门及人员

- 由科技公司会计_张三和销售公司会计_张三计提固定资产折旧，并对系统自动生成的折旧调整单进行修改与审核。

对应的业务流程如图5-137所示。

图5-137 计提折旧业务流程

↗ 实验数据

2021年1月31日，科技公司和销售公司进行固定资产计提折旧。

本次计提折旧相关的凭证数据如表5-34所示。

表5-34 凭证数据

对应组织	凭证来源	会计科目	借方金额	贷方金额
科技公司	折旧调整单	管理费用	80,143.06	
		制造费用	142,499.99	
		累计折旧		222,643.05
销售公司	折旧调整单	销售费用/销售部/折旧费用	263.89	
		累计折旧/电子设备		263.89

↗ 操作指导

1. "科技公司会计_张三"计提固定资产

科技公司会计_张三登录金蝶云星空系统，选择组织"云端科技公司_张三"，执行【资产管理】—【固定资产】—【折旧管理】—【计提折旧】命令，依据向导完成固定资产计提折旧，如图5-138和图5-139所示。

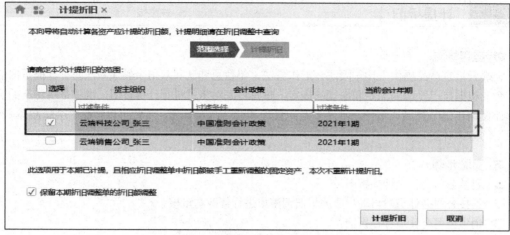

图 5-138　计提折旧范围选择界面

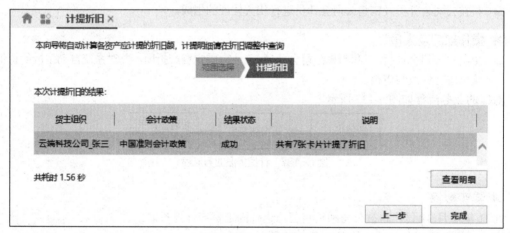

图 5-139　计提折旧

单击【完成】按钮后，完成计提折旧操作，系统会自动生成折旧调整单，在系统主界面，执行【资产管理】—【固定资产】—【折旧管理】—【折旧调整单】命令，选择相应的折旧调整单进行修改，如图 5-140 所示；检查无误后，依次单击【保存】【提交】【审核】按钮，如图 5-141 所示。

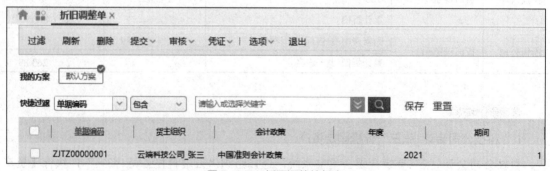

图 5-140　折旧调整单创建

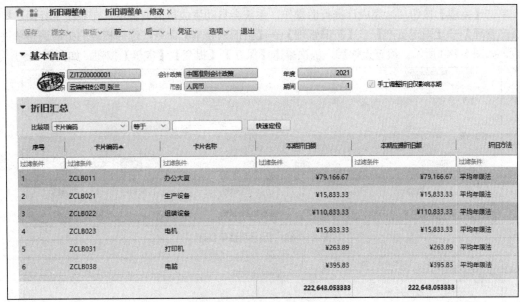

图 5-141 折旧调整单审核界面

2. "销售公司会计_张三"计提固定资产

销售公司会计_张三登录金蝶云星空系统，选择组织"云端销售公司_张三"，执行【资产管理】—【固定资产】—【折旧管理】—【计提折旧】命令，依据向导完成固定资产计提折旧，如图 5-142 和图 5-143 所示。

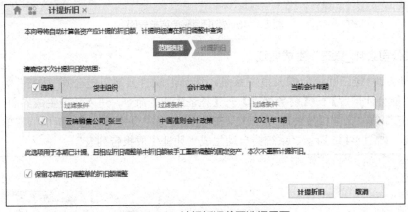

图 5-142 计提折旧范围选择界面

图 5-143 计提折旧

单击【完成】按钮后，完成计提折旧操作，系统会自动生成折旧调整单，在系统主界面，执行【资产管理】—【固定资产】—【折旧管理】—【折旧调整单】命令，选择相应的折旧调整单进行修改，如图 5-144 所示；检查无误后，依次单击【保存】【提交】【审核】按钮，如图 5-145 所示。

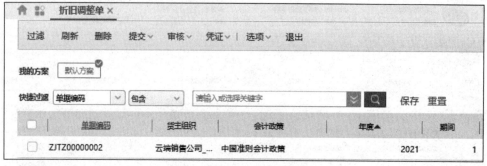

图 5-144　折旧调整单创建

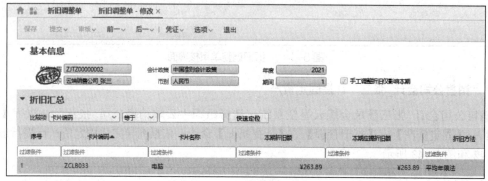

图 5-145　折旧调整单审核界面

3. "科技公司会计_张三"生成凭证

科技公司会计_张三登录金蝶云星空系统，选择组织"云端科技公司_张三"，执行【财务会计】—【智能会计平台】—【财务处理】—【凭证生成】命令，进入凭证生成界面，在"选择账簿"页签下勾选账簿"云端科技公司_张三"，在"选择单据"页签下勾选"折旧调整单"，单击【凭证生成】按钮，如图 5-146 所示，系统会自动生成"凭证生成报告列表"。

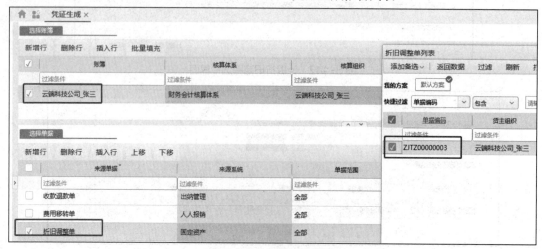

图 5-146　凭证生成界面

凭证生成后，执行【财务会计】—【智能会计平台】—【财务处理】—【总账凭证查询】命令，选择审核状态为"创建"的凭证，并对刚创建的凭证进行核对，如图5-147所示。

图5-147　总账凭证查询界面

4."销售公司会计_张三"生成凭证

销售公司会计_张三登录金蝶云星空系统，选择组织"云端销售公司_张三"，执行【财务会计】—【智能会计平台】—【财务处理】—【凭证生成】命令，进入凭证生成界面，在"选择账簿"页签下勾选账簿"云端销售公司_张三"，在"选择单据"页签下勾选"折旧调整单"，单击【凭证生成】按钮，如图5-148所示，系统会自动生成"凭证生成报告列表"。

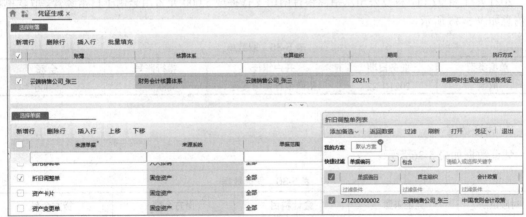

图5-148　凭证生成界面

凭证生成后，执行【财务会计】—【智能会计平台】—【财务处理】—【总账凭证查询】命令，选择审核状态为"创建"的凭证，并对刚创建的凭证进行核对，如图5-149所示。

图5-149　总账凭证查询界面

实验十四 取现业务

↗ 应用场景

企业日常的存现、取现业务主要是通过现金存取单来实现。企业资金在库存现金和银行存款两种形式之间发生互转。

↗ 实验步骤

- 科技公司出纳员新增现金存取单。
- 科技公司会计员进行相关凭证的生成。

↗ 操作部门及人员

- 由科技公司出纳_张三新增现金存取单。
- 由科技公司会计_张三进行相关凭证的生成。

对应的业务流程如图 5-150 所示。

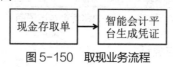

图 5-150 取现业务流程

↗ 实验数据

1. 取款单

2021 年 1 月 22 日,科技公司从招商银行南山支行提现 5,000 元备用金用于日常经营。取款单相关信息如表 5-35 所示。

表 5-35 取款单

单据类型	业务日期	开户银行	银行账号	金额
取款	2021/1/22	招商银行南山支行	68888882	5,000

2. 凭证数据

凭证数据如表 5-36 所示。

表 5-36 凭证数据

对应组织	凭证来源	会计科目	借方金额	贷方金额
科技公司	现金存取单	库存现金	5,000.00	
		银行存款		5,000.00

↗ 操作指导

1. "科技公司出纳_张三"新增现金存取单

科技公司出纳_张三登录金蝶云星空系统,选择组织"云端科技公司_张三",执行【财务会计】—【出纳管理】—【日常处理】—【现金存取单】命令,进入现金存取单界面,单击【新增】按钮,进入现金存取单新增界面,根据实验数据录入单据信息,信息录入完成后,依次单击【保存】【提交】【审核】按钮,如图 5-151 所示。

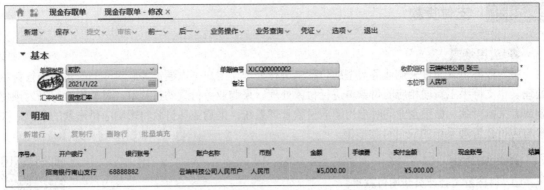

图 5-151 现金存取单新增完成并审核界面

2. "科技公司会计_张三"生成凭证

科技公司会计_张三登录金蝶云星空系统,选择组织"云端科技公司_张三",执行【财务会计】—【智能会计平台】—【财务处理】—【凭证生成】命令,进入凭证生成界面,勾选账簿"云端科技公司_张三",来源单据为"现金存取单","单据类型"页签下选择"取款",单击【凭证生成】按钮,如图 5-152 所示,系统会自动生成"凭证生成报告列表"。

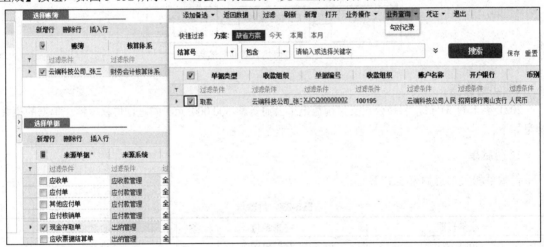

图 5-152 凭证生成界面

凭证生成后,执行【财务会计】—【智能会计平台】—【财务处理】—【总账凭证查询】命令,选择审核状态为"创建"的凭证,并对刚创建的凭证进行核对,如图 5-153 所示。

图 5-153 总账凭证查询界面

实验十五 支付货款

📌 应用场景

采购业务付款通过采购业务类型的付款单进行处理。用户可以通过关联对应的应付单进行付款处理,也支持手工新增相应的付款单进行付款处理。采购业务付款的付款单,付款用途可以为预付款或者采购付款。如果企业同时启用了应付款管理系统,采购业务付款将影响应付账款的余额,并参与应付款管理系统的应付付款核销。

📌 实验步骤

- 科技公司会计员新增付款单。
- 科技公司会计员进行应付付款核销。
- 科技公司会计员进行相关凭证的生成。

📌 操作部门及人员

- 由科技公司会计_张三新增付款单,并进行应付付款核销。
- 由科技公司会计_张三在智能会计平台进行相关凭证的生成。

对应的业务流程如图 5-154 所示。

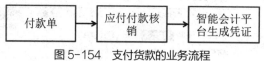

图 5-154 支付货款的业务流程

📌 实验数据

2021 年 1 月 31 日,科技公司支付精益电子公司货款 600,000 元,并进行付款核销。单据的相关信息如下。

1. 付款单

付款单相关信息如表 5-37 所示。

表 5-37 付款单

业务日期	往来单位	收款单位
2021/1/31	精益电子	精益电子
结算方式	应付金额	我方银行账号
网银支付	600,000	68888882

2. 凭证数据

凭证数据如表 5-38 所示。

表 5-38 凭证数据

对应组织	凭证来源	会计科目	借方金额	贷方金额
科技公司	付款单	应付账款-明细(精益电子)	600,000.00	
		银行存款		600,000.00

操作指导

1. "科技公司会计_张三"新增付款单

科技公司会计_张三登录金蝶云星空系统，选择组织"云端科技公司_张三"，执行【财务会计】—【应付款管理】—【付款】—【付款单列表】命令，进入付款单列表界面，单击【新增】按钮，进入付款单新增界面，根据实验数据录入单据信息，信息录入完成后，依次单击【保存】【提交】【审核】按钮，如图5-155所示。

图5-155 付款单新增完成并审核界面

2. "科技公司会计_张三"进行应付付款核销

科技公司会计_张三登录金蝶云星空系统，选择组织"云端科技公司_张三"，执行【财务会计】—【应付款管理】—【应付付款】—【应付付款核销】命令，进入应付付款核销界面，如图5-156和图5-157所示，单击【下一步】按钮直至核销完成。单击【查看核销信息】按钮，可以查看核销结果，如图5-158所示。

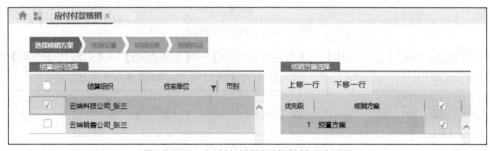

图5-156 应付付款核销选择核销方案界面

图5-157 应付付款核销设置界面

图 5-158 应付付款核销—核销完成界面

3. "科技公司会计_张三"生成凭证

科技公司会计_张三登录金蝶云星空系统,选择组织"云端科技公司_张三",执行【财务会计】—【智能会计平台】—【财务处理】—【凭证生成】命令,进入凭证生成界面,在"选择账簿"页签下勾选账簿"云端科技公司_张三",在"选择单据"页签下勾选"付款单",单击【凭证生成】按钮,如图 5-159 所示。系统会自动生成"凭证生成报告列表"。

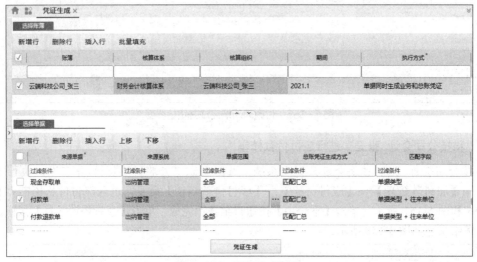

图 5-159 凭证生成界面

凭证生成后,执行【财务会计】—【智能会计平台】—【财务处理】—【总账凭证查询】命令,选择审核状态为"创建"的凭证,并对刚创建的凭证进行核对,如图 5-160 所示。

图 5-160 总账凭证查询界面

实验十六 收到货款

➤ 应用场景

销售业务收款通过销售业务类型的收款单进行处理。用户可以通过关联对应的应收单进行收款处理,也支持手工新增相应的收款单进行收款处理。销售业务收款的收款单,收款用途可以为预收款或者销售收款。如果企业同时启用了应收款管理系统,销售业务收款将影响应收账款的余额,并参与应收款管理系统的应收收款核销。

➤ 实验步骤
- 销售公司会计员新增收款单。
- 销售公司会计员进行应收收款核销。
- 销售公司会计员进行相关凭证的生成。

➤ 操作部门及人员
- 由销售公司会计_张三新增收款单,并进行应收收款核销。
- 由销售公司会计_张三在智能会计平台上进行相关凭证的生成。

对应的业务流程如图 5-161 所示。

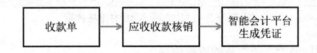

图 5-161　收到货款的业务流程

➤ 实验数据

2021 年 1 月 31 日,销售公司收到迅腾科技货款 100,000 元,并进行收款核销。单据的相关信息如下。

1. 收款单

收款单相关信息如表 5-39 所示。

表 5-39　收款单

业务日期	往来单位	收款单位	结算方式	收款金额	我方银行账号
2021/1/31	迅腾科技	迅腾科技	网银支付	100,000	68888883

2. 凭证数据

凭证数据如表 5-40 所示。

表 5-40　凭证数据

对应组织	凭证来源	会计科目	借方余额	贷方余额
销售公司	收款单	银行存款	100,000.00	
		应收账款-迅腾科技		100,000.00

➤ 操作指导

1. "销售公司会计_张三"新增收款单

销售公司会计_张三登录金蝶云星空系统,选择组织"云端销售公司_张三",执行【财务会计】—【应收款管理】—【收款】—【收款单列表】命令,进入收款单列表界面,单击【新增】按钮，进入收款单新增界面，根据实验数据录入单据信息，信息录入完成后，依次单击【保存】【提交】【审核】按钮，如图5-162所示。

图5-162 收款单新增完成并审核界面

2."销售公司会计_张三"进行应收收款核销

销售公司会计_张三登录金蝶云星空系统，选择组织"云端销售公司_张三"，执行【财务会计】—【应收款管理】—【应收收款】—【应收收款核销】命令，进入应收收款核销界面，如图5-163、图5-164，单击【下一步】按钮直至核销完成。单击【查看核销信息】按钮，可以查看核销结果，如图5-165所示。

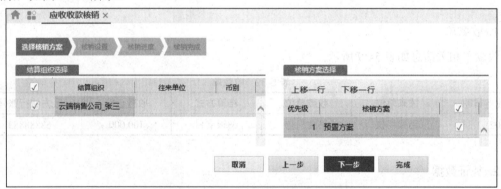

图5-163 应收收款核销选择核销方案界面

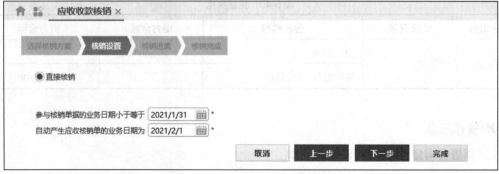

图5-164 应收收款核销设置界面

图 5-165　应收款核销—核销完成界面

3. "销售公司会计_张三"生成凭证

销售公司会计_张三登录金蝶云星空系统，选择组织"云端销售公司_张三"，执行【财务会计】—【智能会计平台】—【财务处理】—【凭证生成】命令，进入凭证生成界面，在"选择账簿"页签下勾选账簿"云端销售公司_张三"，在"选择单据"页签下勾选"收款单"，单击【凭证生成】按钮，如图5-166所示；系统会自动生成"凭证生成报告列表"。

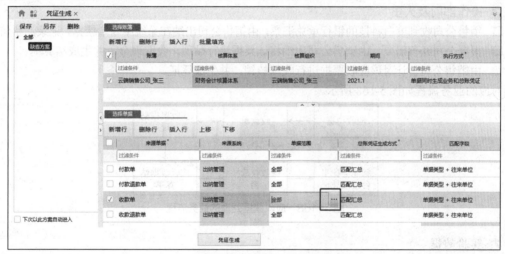

图 5-166　凭证生成界面

凭证生成后，执行【财务会计】—【智能会计平台】—【财务处理】—【总账凭证查询】命令，选择审核状态为"创建"的凭证，并对刚创建的凭证进行核对，如图5-167所示。

图 5-167　总账凭证查询界面

实验十七　应收票据处理

↗ 应用场景

企业通过票据类结算方式进行收款时，会收到对方签发或者背书过来的应收票据，包括银行承兑汇票和商业承兑汇票。企业需要在系统中维护所接收到的应收票据，同时进行收款处理；系统支持存在票据类结算方式的收款单，引用相应的应收票据进行收款处理，并支持多笔收款业务合并签发一笔应收票据进行结算的应用场景。系统支持企业进行应收票据的贴现、背书、背书退回、到期收款及退票等后续结算业务处理。应收票据的每一次结算业务处理，均由系统自动产生一张应收票据结算单与之对应，并据此应收票据结算单进行应收票据结算业务的账务处理。

↗ 实验步骤

- ☐ 销售公司出纳新增应收票据。
- ☐ 销售公司出纳完成收款。
- ☐ 销售公司出纳进行票据贴现操作。
- ☐ 销售公司出纳进行票据结算。
- ☐ 销售公司会计员进行应收收款核销。
- ☐ 销售公司会计员进行相关凭证的生成。

↗ 操作部门及人员

- ☐ 销售公司收到度白科技的银行承兑汇票，由销售公司出纳在系统中新增票据，记录汇票信息。
- ☐ 根据公司经营需要，由销售公司出纳将该票据进行贴现，收取现金，并生成结算单。
- ☐ 由销售公司会计对该应收票据进行收款核销，并生成凭证。

对应的业务流程如图 5-168 所示。

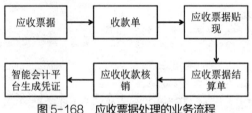

图 5-168　应收票据处理的业务流程

↗ 实验数据

2021 年 1 月 31 日，销售公司收到度白科技货款 64,000 元，将应收票据记入度白科技应收款的收款。在完成收款后，当天将应收票据向银行贴现，票面利率 4%，贴现率 9.998%，获得银行存款。月末进行应收收款核销。

1. 应收票据

应收票据信息如表 5-41 所示。

表 5-41　应收票据信息

票据类型	币别	票据号	签发日期	到期日
银行承兑汇票	人民币	202101001	2021/1/30	2021/3/31
票面金额	票面利率	出票人	承兑人	承兑日期
64,000	4%	度白科技	招商银行罗湖支行	2021/3/31
收款组织	往来单位类型	往来单位	结算组织	收票日
云端销售公司	客户	度白科技	云端销售公司	2021/1/31

2. 收款单

业务日期：2021/1/31。

3. 贴现信息

贴现信息如表 5-42 所示。

表 5-42 贴现信息

贴现日期	收款银行账号	收款银行	贴现率
2021/1/31	68888883	招商银行南山支行	9.998%

4. 凭证数据

凭证数据如表 5-43 所示。

表 5-43 凭证数据

对应组织	凭证来源	会计科目	借方金额	贷方金额
销售公司	收款单	应收票据-度白科技	64,000.00	
销售公司	收款单	应收账款-度白科技		64,000.00
销售公司	应收票据结算单	银行存款	63,371.00	
销售公司	应收票据结算单	财务费用-其他	629.00	
销售公司	应收票据结算单	应收票据-度白科技		64,000.00

➘ 操作指导

1. "销售公司出纳_张三"新增应收票据

销售公司出纳_张三登录金蝶云星空系统，选择组织"云端销售公司_张三"，执行【财务会计】—【出纳管理】—【日常处理】—【应收票据】命令，单击【新增】按钮，进入应收票据新增界面，根据实验数据录入单据信息。信息录入完成后，依次单击【保存】【提交】【审核】按钮，如图 5-169 所示。

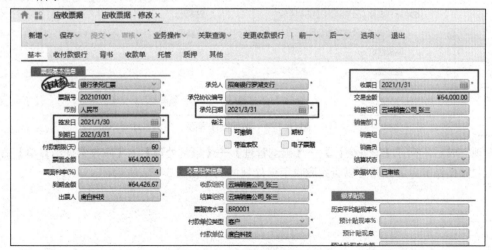

图 5-169 应收票据新增界面

2. "销售公司出纳_张三"完成收款单

在审核应收票据后,系统会自动生成收款单,在录入收款信息后,依次单击【保存】【提交】【审核】按钮,如图5-170所示。

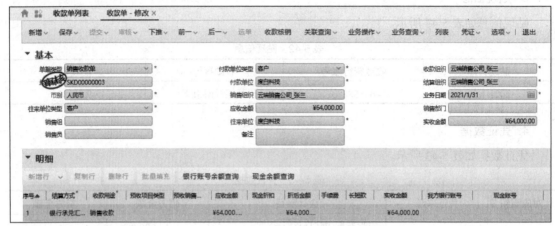

图5-170 收款单完成并审核界面

3. "销售公司出纳_张三"完成应收票据的贴现

销售公司出纳_张三登录金蝶云星空系统,选择组织"云端销售公司_张三",执行【财务会计】—【出纳管理】—【日常处理】—【应收票据】命令,进入应收票据界面。勾选本案例新增的应收票据"票据流水号 BR0001",选择【结算操作】—【贴现】。进入贴现界面,根据实验数据录入贴现信息,贴现日期为"2021/1/31",收款银行为"招商银行南山支行",收款账号为"68888883",贴现率为"9.998%",如图5-171所示;信息录入完成后,单击【确定】按钮。

图5-171 贴现操作界面

贴现完成后,执行【财务会计】—【出纳管理】—【日常处理】—【应收票据结算单】命令,进入应收票据结算单界面,可以查到应收票据处理情况,如图5-172所示。

图 5-172　应收票据结算单查询界面

4. "销售公司会计_张三"生成凭证

销售公司会计_张三登录金蝶云星空系统，选择组织"云端销售公司_张三"，执行【财务会计】—【智能会计平台】—【财务处理】—【凭证生成】命令，进入凭证生成界面，在"选择账簿"页签下勾选账簿"云端销售公司_张三"，在"选择单据"页签下勾选"收款单"和"应收票据结算单"，单击【凭证生成】按钮，如图 5-173 所示，系统会自动生成"凭证生成报告列表"。

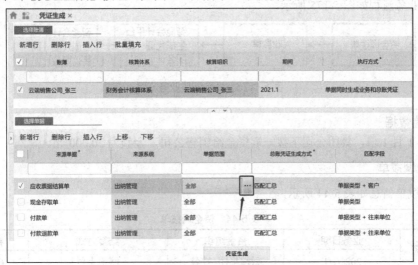

图 5-173　凭证生成界面

凭证生成后，执行【财务会计】—【智能会计平台】—【财务处理】—【总账凭证查询】命令，选择审核状态为"创建"的凭证，并对刚创建的凭证进行核对，如图 5-174 所示。

图 5-174　总账凭证查询界面

实验十八 资金下拨

📌 应用场景

资金组织根据资金预算，或者根据审批通过的成员单位资金请款单，由资金组织发起进行资金调拨，资金组织母账户资金下拨到各成员单位账户。

📌 实验步骤

- 集团公司会计员新增资金调拨单。
- 销售公司会计员完成收款。
- 集团公司会计进行相关凭证的生成。
- 销售公司会计进行相关凭证的生成。

📌 操作部门及人员

- 云端销售公司因经营需要，向集团申请一笔资金。集团公司会计员通过新增资金调拨单，将资金下拨给销售公司。
- 集团公司会计和销售公司会计在智能会计平台上生成凭证。

对应的业务流程如图 5-175 所示。

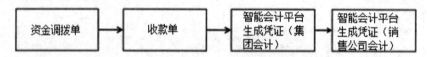

图 5-175 资金调拨业务流程

📌 实验数据

2021 年 1 月 1 日，集团公司下拨一笔资金给销售公司，金额为 20,000 元。

1. 资金调拨单

资金调拨单信息如表 5-44 所示。

表 5-44 资金调拨单

"基本"页签	业务日期	资金组织	结算方式	银行账号
	2021/1/1	云端集团_姓名	网银支付	68888881
"明细"页签	借入组织	单位账号	账户名称	金额
	云端销售公司_姓名	68888884	销售公司收付款账户	20,000

2. 凭证数据

凭证数据如表 5-45 所示。

表 5-45 凭证数据

对应组织	凭证来源	会计科目	借方金额	贷方金额
集团公司	资金调拨付款单	其他应收款-统收款/云端销售公司	20,000.00	
		银行存款		20,000.00
销售公司	资金调拨收款单	银行存款	20,000.00	
		其他应付款-统支款/云端集团		20,000.00

操作指导

1. "集团公司会计_张三"新增资金调拨单

集团公司会计_张三登录金蝶云星空系统,选择组织"云端集团_张三",执行【财务会计】—【出纳管理】—【日常处理】—【资金调拨单】命令,进入资金调拨单列表,单击【新增】按钮,根据实验数据录入单据相关信息,信息录入完成后,依次单击【保存】【提交】【审核】按钮,如图5-176所示。

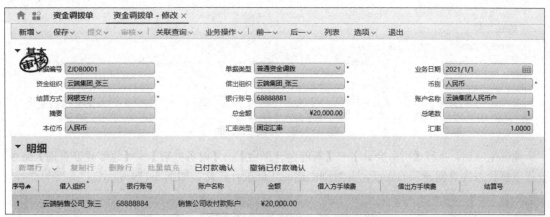

图5-176 资金调拨单新增完成并审核界面

2. "销售公司会计_张三"进行收款

在资金调拨单审核后,系统会自动生成对应成员单位的付款单和收款单(对应的单据类型:资金调拨),以供成员单位查询资金调拨数据。销售公司会计_张三登录金蝶云星空系统,选择组织"云端销售公司_张三",执行【财务会计】—【出纳管理】—【日常处理】—【收款单】命令,查看对应的资金调拨收款单,如图5-177所示。

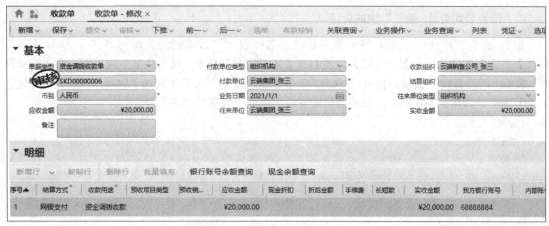

图5-177 收款单查询界面

3. "集团公司会计_张三"生成凭证

集团公司会计_张三登录金蝶云星空系统,选择组织"云端集团公司_张三",执行【财务会计】—【智能会计平台】—【财务处理】—【凭证生成】命令,进入凭证生成界面,在"选择账簿"页签下勾选账簿"云端集团公司_张三",在"选择单据"页签下勾选"付款单",单击【凭证生成】按钮,如图 5-178 所示;系统会自动生成"凭证生成报告列表"。

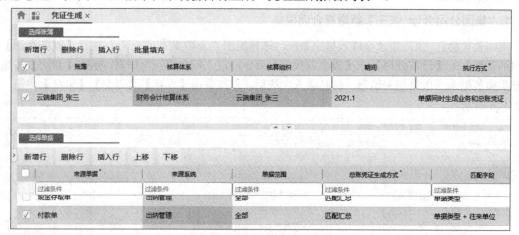

图 5-178　凭证生成界面

凭证生成后,执行【财务会计】—【智能会计平台】—【财务处理】—【总账凭证查询】命令,选择审核状态为"创建"的凭证,并对刚创建的凭证进行核对,如图 5-179 所示。

图 5-179　总账凭证查询界面

4. "销售公司会计_张三"生成凭证

销售公司会计_张三登录金蝶云星空系统,选择组织"云端销售公司_张三",执行【财务会计】—【智能会计平台】—【财务处理】—【凭证生成】命令,进入凭证生成界面,在"选择账簿"页签下勾选账簿"云端销售公司_张三",在"选择单据"页签下勾选"收款单",单击【凭证生成】按钮,如图 5-180 所示;系统会自动生成"凭证生成报告列表"。

图 5-180　凭证生成界面

凭证生成后，执行【财务会计】—【智能会计平台】—【财务处理】—【总账凭证查询】命令，选择审核状态为"创建"的凭证，并对刚创建的凭证进行核对，如图 5-181 所示。

图 5-181　总账凭证查询界面

实验十九　资金上划

↗ 应用场景

由资金组织发起进行资金调拨，单位账户资金上划到资金组织母账户。

↗ 实验步骤

- ❏ 集团公司会计员新增资金调拨单。
- ❏ 销售公司会计员完成付款。
- ❏ 集团公司会计员生成凭证。
- ❏ 销售公司会计员生成凭证。

↗ 操作部门及人员

- ❏ 集团公司会计员根据集团资金管理的规定，要求销售公司将款项上划到集团。集团公司会计员制作资金调拨单。
- ❏ 集团公司会计和销售公司会计分别在智能会计平台上生成凭证。

对应的业务流程如图 5-182 所示。

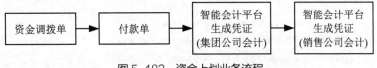

图 5-182　资金上划业务流程

↗ 实验数据

2021 年 1 月 15 日，集团公司根据资金管理规定，要求销售公司上划资金 10000 元。

1. 资金调拨单

资金调拨单数据如表 5-46 所示。

表 5-46　资金调拨单

	业务日期	资金组织/借出组织	结算方式	银行账号
"基本"页签	2021/1/15	云端销售公司_姓名	网银支付	68888884
"明细"页签	借入组织	银行账号	账户名称	金额
	云端集团_姓名	68888881	云端集团人民币户	10,000

2. 凭证数据

凭证数据如表 5-47 所示。

表 5-47 凭证数据

对应组织	凭证来源	会计科目	借方金额	贷方金额
集团公司	资金调拨收款单	银行存款	10,000.00	
		其他应付款-统支款/云端销售公司		10,000.00
销售公司	资金调拨付款单	其他应收款-统收款/云端集团	10,000.00	
		银行存款		10,000.00

➤ 操作指导

1. "集团公司会计_张三"新增资金调拨单

集团公司会计_张三登录金蝶云星空系统，选择组织"云端销售公司_张三"，执行【财务会计】—【出纳管理】—【日常处理】—【资金调拨单】命令，进入资金调拨单列表，单击【新增】按钮，根据实验数据录入单据相关信息，信息录入完成后，依次单击【保存】【提交】【审核】按钮，如图 5-183 所示。

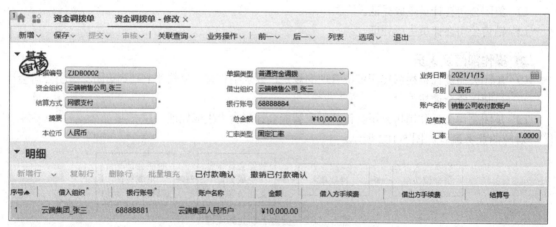

图 5-183 资金调拨单新增完成并审核界面

2. "销售公司会计_张三"进行付款

在资金调拨单审核后，系统会自动生成对应成员单位的付款单和收款单(对应的单据类型：资金调拨)，以供成员单位查询资金调拨数据。销售公司会计_张三登录金蝶云星空系统，选择组织"云端销售公司_张三"，执行【财务会计】—【出纳管理】—【日常处理】—【付款单】命令，查看对应的资金调拨付款单，如图 5-184 所示。

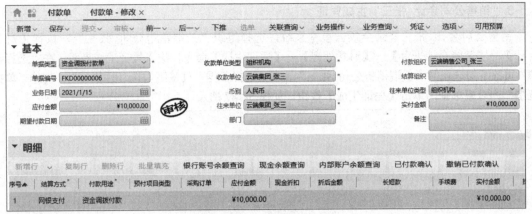

图 5-184　付款单查询界面

3. "集团公司会计_张三"生成凭证

集团公司会计_张三登录金蝶云星空系统，选择组织"云端集团公司_张三"，执行【财务会计】—【智能会计平台】—【财务处理】—【凭证生成】命令，进入凭证生成界面，在"选择账簿"页签下勾选账簿"云端集团公司_张三"，在"选择单据"页签下勾选"收款单"，单击【凭证生成】按钮，如图 5-185 所示。

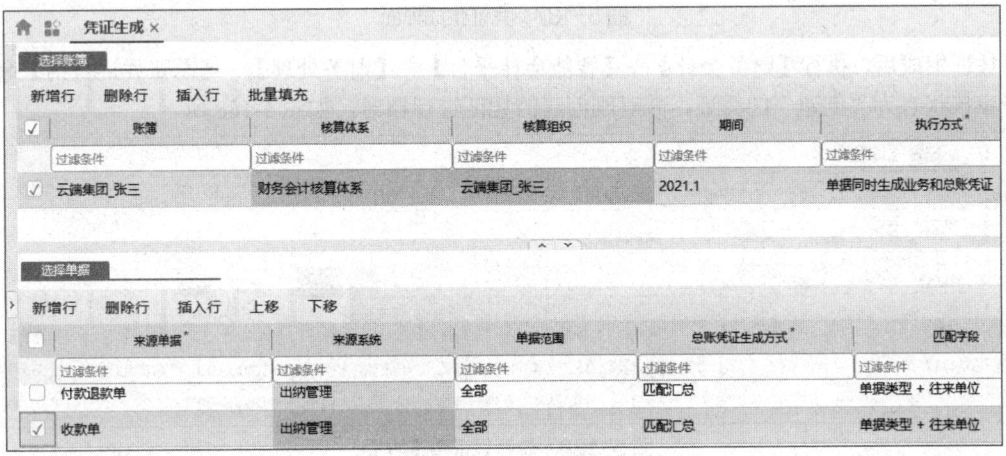

图 5-185　凭证生成界面

凭证生成后，执行【财务会计】—【智能会计平台】—【财务处理】—【总账凭证查询】命令，选择审核状态为"创建"的凭证，并对刚创建的凭证进行核对，如图 5-186 所示。

图 5-186　总账凭证查询界面

3. "销售公司会计_张三"生成凭证

销售公司会计_张三登录金蝶云星空系统,选择组织"云端销售公司_张三",执行【财务会计】—【智能会计平台】—【财务处理】—【凭证生成】命令,进入凭证生成界面,在"选择账簿"页签下勾选账簿"云端销售公司_张三",在"选择单据"页签下勾选"付款单",勾选"单据范围"为对应单据,单击【凭证生成】按钮,如图 5-187 所示。

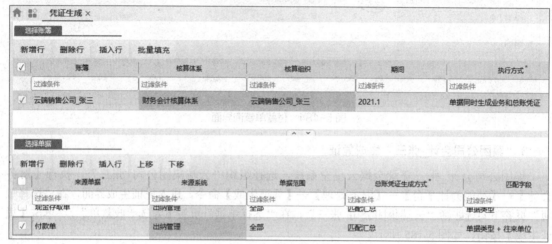

图 5-187 凭证生成界面

凭证生成后,执行【财务会计】—【智能会计平台】—【财务处理】—【总账凭证查询】命令,选择审核状态为"创建"的凭证,并对刚创建的凭证进行核对,如图 5-188 所示。

图 5-188 总账凭证查询界面

实验二十 盘亏资产处置

↗ 应用场景

资产对于整个企业来说,一般价值较高。资产盘点是企业日常的重要工作,盘点后通过盘盈盘亏单来反映盘点结果,对盘盈的资产和盘亏的资产进行处置,这是企业账实相符的重要工作之一。

↗ 实验步骤

□ 科技公司会计员对盘亏的资产进行处置,录入相关凭证。

↗ 操作部门及人员

□ 由科技公司会计_张三完成资产处置凭证的录入。

实验数据

2021年1月31日，将科技公司盘亏的固定资产产生的待处理财产损溢4,868.06元计入营业外支出，由会计员录入相关的凭证信息。

1. 凭证数据

凭证数据如表5-48所示。

表5-48 凭证数据

对应组织	凭证来源	会计科目	借方金额	贷方金额
科技公司	凭证录入	营业外支出	4,868.06	
		待处理财产损溢		4,868.06

操作指导

1. "科技公司会计_张三"进行资产处置凭证的录入

科技公司会计_张三登录金蝶云星空系统，选择组织"云端科技公司_张三"，执行【财务会计】—【总账】—【凭证管理】—【凭证录入】命令，进入凭证录入新增界面，根据实验数据录入凭证信息，摘要填入"盘亏资产处置"，信息录入完成后，单击【保存】按钮，如图5-189所示。

图5-189 凭证新增界面

实验二十一 缴纳税费

应用场景

本节案例主要是通过凭证的录入来完成日常税费缴纳业务管理。

实验步骤

☐ 销售公司会计员缴纳上个月的增值税税金，并录入相关凭证。

操作部门及人员

☐ 由销售公司会计向税务局缴纳上个月增值税税金，然后在智能会计平台中编制该笔业务的凭证。

实验数据

2021年1月31日，销售公司缴纳上个月增值税税金552,136.76元。

1. 凭证数据

凭证数据如表 5-49 所示。

表 5-49 凭证数据

对应组织	凭证来源	会计科目	借方金额	贷方金额
销售公司	凭证录入	应交税费-未交增值税	552,136.76	
		银行存款		552,136.76

↗ 操作指导

1. "销售公司会计_张三"进行税费缴纳凭证的录入

销售公司会计_张三登录金蝶云星空系统，选择组织"云端销售公司_张三"，执行【财务会计】—【总账】—【凭证管理】—【凭证录入】命令，进入凭证录入界面，根据实验数据录入凭证信息，摘要录入"缴纳上月税费"，信息录入完成后，单击【保存】按钮，如图 5-190 所示。

图 5-190 凭证新增界面

实验二十二　计提电费

↗ 应用场景

费用归集核算是企业日常期末处理工作之一。本案例主要介绍企业计提费用业务处理流程。

↗ 实验步骤

❑ 科技公司会计员计提本月车间发生的电费，并新增费用应付单。
❑ 科技公司会计员在智能会计平台上生成相关凭证。

↗ 操作部门及人员

❑ 由科技公司会计员根据统计的电费数据，在系统中增加电费的费用应付单，以便向供电公司支付费用。
❑ 由科技公司会计员在智能会计平台上生成相关凭证。

对应的业务流程如图 5-191 所示。

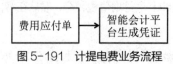

图 5-191 计提电费业务流程

➡ 实验数据

2021 年 1 月 31 日，科技公司本月车间发生电费 30,470 元。

1. 费用应付单

费用应付单相关信息如表 5-50 所示。

表 5-50 应付单相关信息

单据类型	业务日期	到期日	供应商	费用项目名称
费用应付单	2021/1/31	2021/1/31	供电公司	水电费
税率	不含税金额	税额	计入成本	费用承担部门
13%	30,470.00	3,961.10	不勾选	生产部

2. 凭证数据

凭证数据如表 5-51 所示。

表 5-51 凭证数据

对应组织	凭证来源	会计科目	借方金额	贷方金额
科技公司	应付单	制造费用/水电费/生产部	30,470.00	
		应交税费-应交增值税(进项税额)	3,961.10	
		应付账款-明细应付款-供电公司	-	34,431.10

➡ 操作指导

1. "科技公司会计_张三"新增费用应付单

科技公司会计_张三登录金蝶云星空系统，选择组织"云端科技公司_张三"，执行【财务会计】—【应付款管理】—【采购应付】—【应付单】命令，进入应付单新增界面，根据实验数据完成相关单据的录入，注意单据类型选择"费用应付单"，不勾选"计入成本"。信息录入完成后，依次单击【保存】【提交】【审核】按钮，如图 5-192 所示。

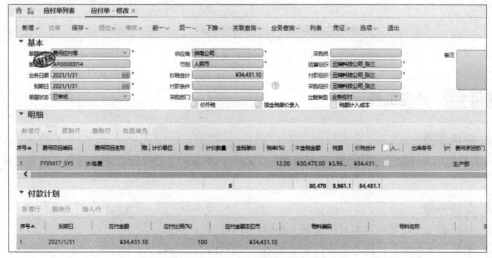

图 5-192 应付单新增完成并审核界面

2. "科技公司会计_张三"生成凭证

科技公司会计_张三登录金蝶云星空系统,选择组织"云端科技公司_张三",执行【财务会计】—【智能会计平台】—【财务处理】—【凭证生成】命令,进入凭证生成界面,在"选择账簿"页签下勾选账簿"云端科技公司_张三",在"选择单据"页签下勾选"应付单", 单击【凭证生成】按钮,如图 5-193 所示;系统会自动生成"凭证生成报告列表"。

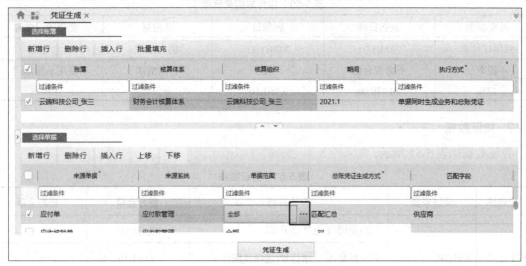

图 5-193 凭证生成界面

凭证生成后,执行【财务会计】—【智能会计平台】—【财务处理】—【总账凭证查询】命令,选择审核状态为"创建"的凭证,并对刚创建的凭证进行核对,如图 5-194 所示。

图 5-194 总账凭证查询界面

实验二十三 计提工资

↗ 应用场景

人工费用归集核算是企业日常期末处理工作之一。本案例主要介绍企业计提员工工资业务处理流程。

↗ 实验步骤

- 科技公司会计员计提本月应付职工薪酬,并进行凭证录入。
- 销售公司会计员计提本月应付职工薪酬,并进行凭证录入。

📌 操作部门及人员

- 科技公司和销售公司的会计员根据人力资源部核算的人工工资计提应付职工薪酬,在系统中直接录入凭证。

📌 实验数据

1. 工资明细

计提日期:2021 年 1 月 31 日;工资明细如表 5-52 所示。

表 5-52 工资明细

组织	云端科技公司_张三					云端销售公司_张三
部门	生产部工人	生产部管理人员	行政部	财务部	采购部	销售部
金额(元)	803,009.39	43,500.00	65,789.32	80,234.56	25,876.88	30,982.05
合计(元)	1,018,410.15					30,982.05

2. 凭证数据

凭证数据如表 5-53 所示。

表 5-53 凭证数据

对应组织	会计科目	借方金额	贷方金额
科技公司	生产成本/生产部/工资	803,009.39	
	制造费用/生产部/工资	43,500.00	
	管理费用/行政部/工资	65,789.32	
	管理费用/财务部/工资	80,234.56	
	管理费用/采购部/工资	25,876.88	
	应付职工薪酬		1,018,410.15
销售公司	销售费用/销售部/工资	30,982.05	
	应付职工薪酬		30,982.05

📌 操作指导

1. "云端科技公司_张三"进行工资计提并录入凭证

科技公司会计_张三登录金蝶云星空系统,选择组织"云端科技公司_张三",执行【财务会计】—【总账】—【凭证管理】—【凭证录入】命令,进入凭证录入新增界面,根据实验数据录入凭证信息,摘要录入"计提本月应付薪酬",信息录入完成后,依次单击【保存】【提交】【审核】按钮,如图 5-195 所示。

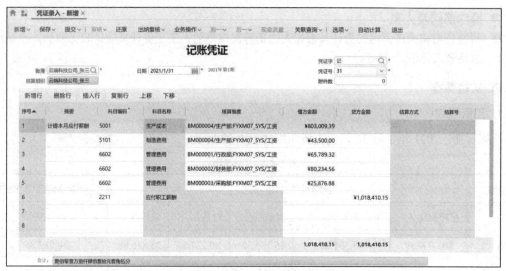

图 5-195 凭证录入界面(云端科技公司)

2. "云端销售公司_张三"进行工资计提并录入凭证

销售公司会计_张三登录金蝶云星空系统，选择组织"云端销售公司_张三"，执行【财务会计】—【总账】—【凭证管理】—【凭证录入】命令，进入凭证录入新增界面，根据实验数据录入凭证信息，信息录入完成后，依次单击【保存】【提交】【审核】按钮，如图 5-196 所示。

图 5-196 凭证录入界面(云端销售公司)

实验二十四 结转制造费用

↗ 应用场景

制造费用属于间接成本，是生产成本的一部分，只是在发生时无法直接分配到各个产品项目上，所以，在期末要按照一定的分配方法将其结转至生产成本。本案例主要介绍企业在期末结转制造费用的处理流程。

↗ 实验步骤
☐ 科技公司会计员通过自动转账结转本期制造费用，并生成凭证。

↗ 操作部门及人员
☐ 科技公司会计结转制造费用，并生成凭证。

实验数据

2021年1月31日，科技公司结转生产部当月用于组装的制造费用，其中生产工人工资43,500元，生产部水电费30,470元，生产部折旧费用142,499.99元。

1. 凭证数据

凭证数据如表5-54所示。

表5-54 凭证数据

对应组织	凭证来源	会计科目	借方金额	贷方金额
科技公司	自动转账	生产成本/组装费用	216,469.99	
		制造费用/工资/生产部		43,500.00
		制造费用/水电费/生产部		30,470.00
		制造费用/折旧费用/生产部		142,499.99

操作指导

1. "云端科技公司_张三"执行自动转账方案

科技公司会计_张三登录金蝶云星空系统，选择组织"云端科技公司_张三"，执行【财务会计】—【总账】—【期末处理】—【自动转账】命令，进入期末处理自动转账界面，选择对应的转账方案并执行，如图5-197所示。

图5-197 执行自动转账方案界面

使其自动结转制造费用生成转账凭证，凭证信息确认无误后，依次单击【保存】【提交】【审核】按钮，如图5-198所示。

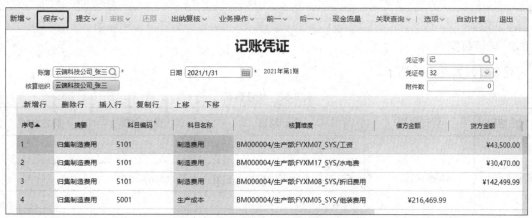

图5-198 查看生成的转账凭证界面

实验二十五 结转入库成本

↗ 应用场景

产品完工入库后，需要维护产品的入库成本并同时生成凭证计入账务。本案例主要介绍企业在期末结转入库成本的处理流程。

↗ 实验步骤

- 科技公司仓管员通过其他入库单进行完工入库。
- 科技公司会计员为其他入库单进行入库成本维护。
- 科技公司会计员在智能会计平台上生成其他入库单的凭证。

↗ 操作部门及人员

- 由科技公司仓管员接收简单生产的完工入库产品，在系统中增加完工入库单。
- 由科技公司会计员对入库的产品进行入库成本维护，并在智能会计平台上生成凭证。

对应的业务流程如图 5-199 所示。

图 5-199　结转入库成本的业务流程

↗ 实验数据

2021 年 1 月 31 日，26 台完工产品入库，其中 13 台自动驾驶机器人 R 型的成本为 566,677.92 元，13 台自动驾驶机器人 S 型的成本为 566,677.92 元。

1. 其他入库单

单据类型：其他入库单；日期：2021/1/31；库存组织：云端科技公司_姓名；

货主：云端科技公司_姓名；部门：生产部。

其他入库单明细信息如表 5-55 所示。

表 5-55　其他入库单明细

物料名称	应收数量	仓库
自动驾驶机器人 R 型	13	科技公司成品仓
自动驾驶机器人 S 型	13	科技公司成品仓

2. 凭证数据

凭证数据如表 5-56 所示。

表 5-56　凭证数据

对应组织	凭证来源	会计科目	借方金额	贷方金额
科技公司	其他入库单	库存商品/自动驾驶机器人 R 型	566,677.92	
		库存商品/自动驾驶机器人 S 型	566,677.92	
		生产成本		1,133,355.84

↗ **操作指导**

1. "云端科技公司_张三"新增其他入库单

科技公司仓管_张三登录金蝶云星空系统，选择组织"云端科技公司_张三"，执行【供应链】—【库存管理】—【杂收杂发】—【其他入库单】命令，进入其他入库单新增界面，将日期修改为"2021/1/31"，部门选择"生产部"，单击【新增行】按钮，然后分别录入物料信息，其中包括 13 台自动驾驶机器人 R 型和 13 台自动驾驶机器人 S 型，仓库选择"科技公司成品仓"，信息录入完成后，依次单击【保存】【提交】【审核】按钮，如图 5-200 所示。

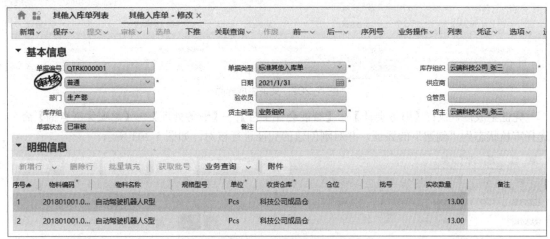

图 5-200 其他入库单新增界面

2. "云端科技公司_张三"进行入库成本维护

科技公司会计_张三登录金蝶云星空系统，选择组织"云端科技公司_张三"，执行【成本管理】—【存货核算】—【入库成本维护】命令，过滤条件中单据名称选择"其他入库单"进行入库成本维护，其中 13 台自动驾驶机器人 R 型的成本为 566,677.92 元，13 台自动驾驶机器人 S 型的成本为 566,677.92 元，维护完后单击【保存】按钮，如图 5-201 所示。

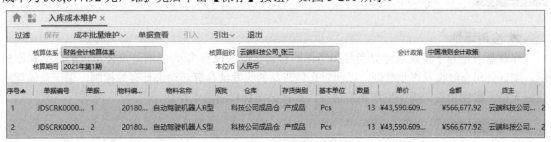

图 5-201 入库成本维护界面

3. "云端科技公司_张三"智能会计平台生成凭证

科技公司会计_张三登录金蝶云星空系统，选择组织"云端科技公司_张三"，执行【财务会计】—【智能会计平台】—【账务处理】—【凭证生成】命令，选择"其他入库单"，"单据范围"选择对应单据，并生成凭证，如图 5-202 所示。

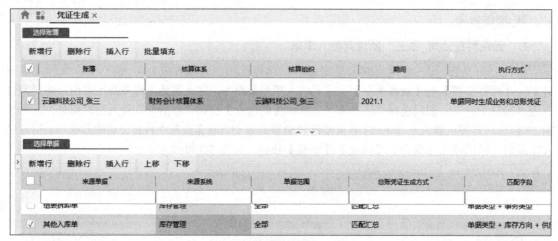

图 5-202　凭证生成界面

凭证生成后，执行【财务会计】—【智能会计平台】—【财务处理】—【总账凭证查询】命令，选择审核状态为"创建"的凭证，并对刚创建的凭证进行核对，如图 5-203 所示。

图 5-203　总账凭证查询界面

实验二十六　存货盘点

➔ 应用场景

库存盘点是为了精确地计算当月和当年的营运状况，以月/年为周期清点公司内的成品和原材料，制订公司仓储收发作业准则，以便对仓储货品的收发结存等活动进行有效控制，保证仓储货品完好无损、账物相符，确保生产正常进行，规范公司物料的盘点作业。

➔ 实验步骤

- ❏ 科技公司仓管员新增盘点方案并进行盘点。
- ❏ 科技公司会计员进行出库成本核算。
- ❏ 科技公司会计员在智能会计平台上生成盘亏单的凭证。
- ❏ 科技公司会计员新增凭证将盘亏凭证计入管理费用。

➔ 操作部门及人员

- ❏ 科技公司仓管员在存货盘点时，需要先增加盘点方案，然后根据盘点方案产生的物料盘点作业列表进行盘点。盘点结果录入后，系统自动生成盘亏单。
- ❏ 由科技公司会计员根据盘点结果，确认盘亏部分为正常生产损耗，进行出库成本核算。

- 由科技公司会计员在智能会计平台上生成凭证。
- 由科技公司会计员用凭证记录盘亏的财产损溢，计入管理费用。

对应的业务流程如图 5-204 所示。

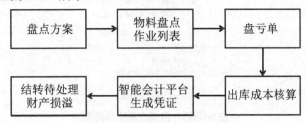

图 5-204　存货盘点的业务流程

🠞 实验数据

2021 年 1 月 31 日，科技公司进行存货盘点，设置盘点方案名称为"云端科技公司 1 月盘点方案"，盘亏的存货经过调查发现是合理损耗，计入管理费用。

1. 存货盘点数据

存货盘点数据如表 5-57 所示。

表 5-57　存货盘点数据

仓库名称	物料名称	盘点数量
科技公司原料仓	智能芯片	185.00
科技公司原料仓	主控系统	282.00
科技公司原料仓	酷炫外壳	280.00
科技公司成品仓	自动驾驶机器人 R 型	216.00
科技公司成品仓	自动驾驶机器人 S 型	227.00

2. 凭证数据

凭证数据如表 5-58 所示。

表 5-58　凭证数据

对应组织	凭证来源	会计科目	借方金额	贷方金额
科技公司	盘亏单	待处理财产损溢	398.88	
		原材料/酷炫外壳		398.88
科技公司	凭证录入	管理费用/生产部/材料成本	398.88	
		待处理财产损溢		398.88

🠞 操作指导

1. "云端科技公司_张三"新增盘点方案

科技公司仓管_张三登录金蝶云星空系统，选择组织"云端科技公司_张三"，执行【供应链】—【库存管理】—【定期盘点】—【盘点方案】命令，新增盘点方案并提交审核，如图 5-205 所示。

图 5-205 盘点方案新增界面

2. 在物料盘点作业列表中进行盘点

执行【供应链】—【库存管理】—【定期盘点】—【物料盘点作业列表】命令，通过新建的盘点方案进行物料盘点作业，并录入具体的盘点数量，依次单击【保存】【提交】【审核】按钮，如图 5-206 所示。

图 5-206 盘点作业新增界面

如果存在数量差异，自动生成盘盈单或者盘亏单，此处是物料盘亏，可执行【供应链】—【库存管理】—【定期盘点】—【盘亏单列表】命令，查看相应盘亏单，依次单击【保存】【提交】【审核】按钮，如图 5-207 所示。

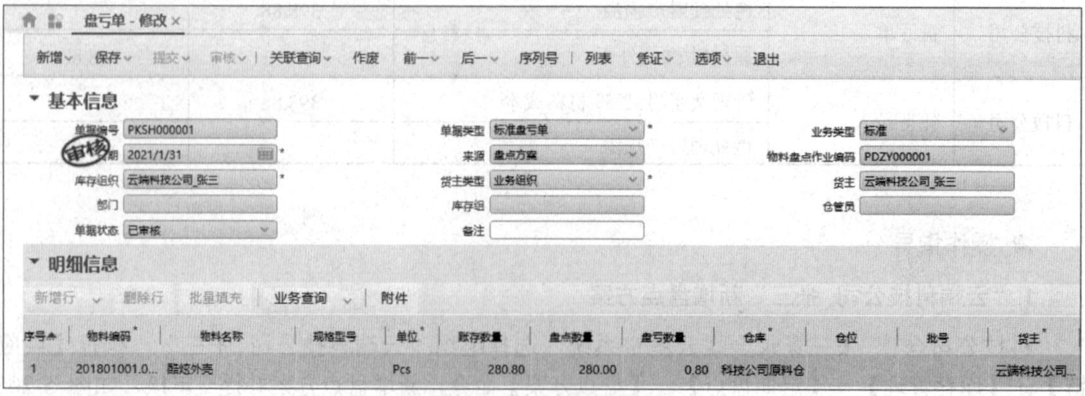

图 5-207 盘亏单生成界面

3. "云端科技公司_张三"进行出库成本核算

科技公司会计_张三登录金蝶云星空系统,选择组织"云端科技公司_张三",执行【成本管理】—【存货核算】—【出库成本核算】命令,进行出库成本核算,如图5-208所示。

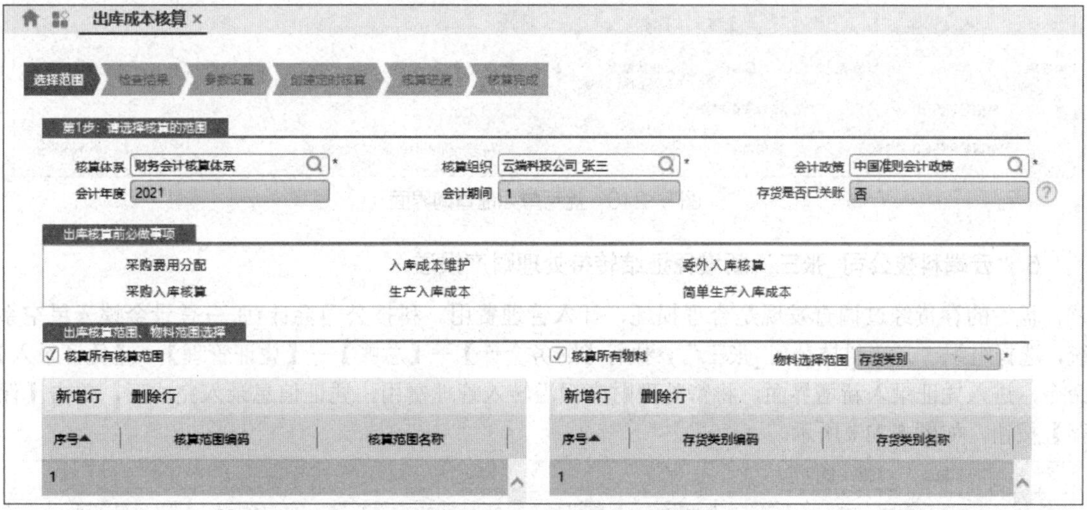

图5-208 出库成本核算界面

4. 通过智能会计平台生成盘亏单凭证

科技公司会计_张三登录金蝶云星空系统,选择组织"云端科技公司_张三",执行【财务会计】—【智能会计平台】—【账务处理】—【凭证生成】命令,选择"盘亏单"生成凭证,如图5-209所示。

图5-209 凭证生成界面

根据盘亏单生成的凭证分录,单击查看详情,如图5-210所示。

图 5-210　盘亏单凭证查询界面

5. "云端科技公司_张三"新增凭证结转待处理财产损溢

盘亏的存货经过调查发现是合理损耗，计入管理费用。科技公司会计_张三登录金蝶云星空系统，选择组织"云端科技公司_张三"，执行【财务会计】—【总账】—【凭证管理】—【凭证录入】命令，进入凭证录入新增界面，将待处理财产损溢转入管理费用，凭证信息录入完成后，单击【保存】按钮，如图 5-211 所示。

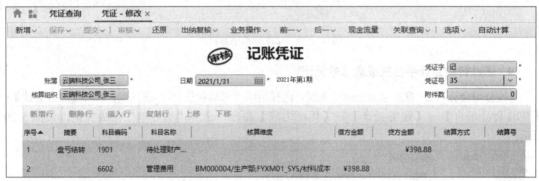

图 5-211　盘亏转入管理费用界面

实验二十七　结转未交增值税

↗ 应用场景

应交增值税是指一般纳税人和小规模纳税人销售货物或者提供加工、修理修配劳务活动本期应交纳的增值税。

在总账中，应交增值税是"应交税费"的二级明细科目，该科目是专门用来核算未缴或多缴增值税的，平时无发生额。

在月末账务处理时，当"应交税费—应交增值税"为贷方余额时，为应缴增值税，应将其贷方余额转入该科目的贷方，反映企业未缴的增值税。

当"应交税费—应交增值税"为多交增值税时，应将其多缴的增值税转入该科目的借方，反映企业多缴的增值税。

本案例主要介绍月末结转应交增值税业务的处理流程。

↗ 实验步骤

- 科技公司会计员通过自动转账结转应交增值税，并生成凭证。
- 销售公司会计员通过自动转账结转应交增值税，并生成凭证。

操作部门和操作人员

- 由科技公司会计员和销售公司会计员根据公司经营情况，结转应交增值税，并生成凭证。

实验数据

2021 年 1 月 31 日，云端科技公司及云端销售公司分别通过自动转账功能结转应交增值税。

1. 凭证数据

凭证数据如表 5-59 所示。

表 5-59 凭证数据

对应组织	凭证来源	会计科目	借方金额	贷方金额
科技公司	自动转账	应交税费-应交增值税-销项税额	844,424.77	
		应交税费-应交增值税-进项税额		11,927.92
		应交税费-未交增值税		844,424.77
		应交税费-未交增值税	11,927.92	
销售公司	自动转账	应交税费-应交增值税-销项税额	218,584.07	
		应交税费-应交增值税-进项税额		181,568.58
		应交税费-未交增值税		218,584.07
		应交税费-未交增值税	181,568.58	

操作指导

1. "云端科技公司_张三"执行自动转账方案

科技公司会计_张三登录金蝶云星空系统，选择组织"云端科技公司_张三"，执行【财务会计】—【总账】—【期末处理】—【自动转账】命令，进入期末处理自动转账界面，选择对应的转账方案单击【执行】按钮，如图 5-212 所示。

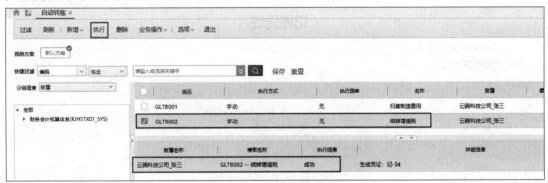

图 5-212 执行自动转账方案

系统自动结转应交增值税并生成凭证，凭证信息确认无误后，单击【保存】按钮，如图 5-213 所示。

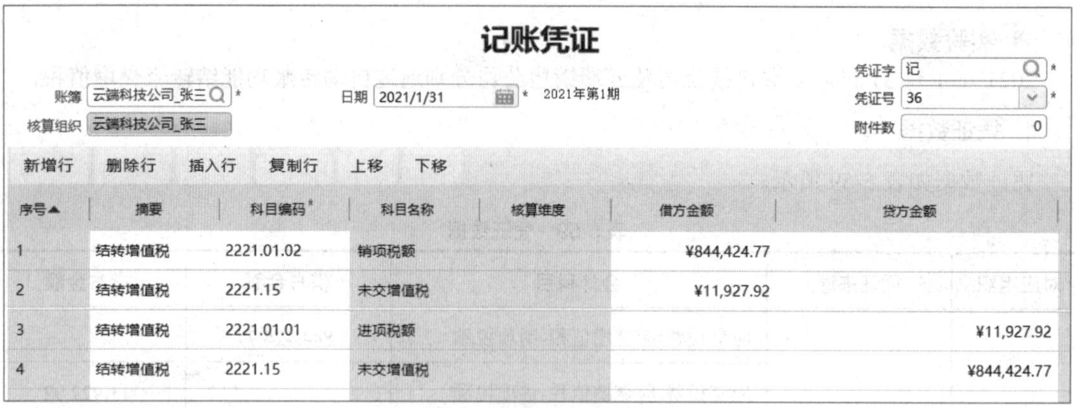

图 5-213　查看生成的记账凭证

2. "云端销售公司_张三"执行自动转账方案

销售公司会计_张三登录金蝶云星空系统，选择组织"云端销售公司_张三"，执行【财务会计】—【总账】—【期末处理】—【自动转账】命令，进入期末处理自动转账界面，选择对应的转账方案单击【执行】按钮，如图 5-214 所示。

图 5-214　自动转账方案执行界面

系统自动结转应交增值税并生成凭证，单击【查看总账凭证】按钮，凭证信息确认无误后，单击【保存】按钮，如图 5-215 所示。

图 5-215　查看生成的记账凭证界面

实验二十八　计提税金及附加

↗ 应用场景

计提税金及附加是企业日常期末处理工作之一，税金及附加反映企业经营的主要业务应负担的消费税、资源税、教育费附加、城市维护建设税等。本案例主要介绍企业计提税金及附加业务的处理流程。

↗ 实验步骤

- 科技公司会计员计提本月税金及附加，并进行凭证录入。
- 销售公司会计员计提本月税金及附加，并进行凭证录入。

↗ 操作部门及操作人员

由科技公司出纳、销售公司会计计提本月税金及附加并录入凭证。

↗ 实验数据

2021 年 1 月 31 日，科技公司计提税金及附加，其中应交城市维护建设税为 58,274.78 元，应交教育费附加为 24,974.91 元，应交地方教育费附加为 16,649.94 元。

2021 年 1 月 31 日，销售公司计提税金及附加，其中应交城市维护建设税为 2,591.08 元，应交教育费附加为 1,110.46 元，应交地方教育费附加为 740.31 元。

1. 凭证数据

凭证数据如表 5-60 所示。

表 5-60　凭证数据

对应组织	凭证来源	会计科目	借方金额	贷方金额
科技公司	凭证录入	税金及附加	99,899.63	
		应交税费-应交城市维护建设税	-	58,274.78
		应交税费-应交教育费附加	-	24,974.91
		应交税费-应交地方教育费附加	-	16,649.94
销售公司	凭证录入	税金及附加	4,441.85	
		应交税费 - 应交城市维护建设税	-	2,591.08
		应交税费 - 应交教育费附加	-	1,110.46
		应交税费 - 应交地方教育费附加	-	740.31

↗ 操作指导

1. "云端科技公司_张三" 计提本月税金及附加并录入凭证

科技公司会计_张三登录金蝶云星空系统，选择组织"云端科技公司_张三"，执行【财务会计】—【总账】—【凭证管理】—【凭证录入】命令，进入凭证录入新增界面，根据实验数据录入凭证信息，摘要录入"计提税金及附加"，信息录入完成后，单击【保存】按钮。如图 5-216 所示。

图 5-216 凭证录入界面

2. "云端销售公司_张三"计提本月税金及附加并录入凭证

销售公司会计_张三登录金蝶云星空系统，选择组织"云端销售公司_张三"，执行【财务会计】—【总账】—【凭证管理】—【凭证录入】命令，进入凭证录入新增界面，根据实验数据录入凭证信息，信息录入完成后，单击【保存】按钮，如图 5-217 所示。

图 5-217 凭证录入界面

实验二十九　出纳凭证复核并指定现金流量

↗ 应用场景

凭证复核可以对有现金、银行存款类科目的凭证进行复核，需要出纳人员进行检查，并且在系统中保留检查痕迹。本案例主要介绍了在金蝶云星空中复核凭证的步骤及指定现金流量的步骤。

↗ 实验步骤

- 科技公司出纳员对本月凭证进行复核，并指定现金流量。
- 销售公司出纳员对本月凭证进行复核，并指定现金流量。
- 集团公司出纳员对本月凭证进行复核，并指定现金流量。

⚡ 操作部门及操作人员

- 由科技公司出纳、销售公司出纳、集团公司出纳分别对凭证进行复核，并指定现金流量。

⚡ 实验数据

三家公司指定现金流量的数据如表 5-61、表 5-62、表 5-63 所示。

表 5-61　科技公司指定现金流量

凭证核算维度	对方科目	主表项目
1.002_华南制造	1.1123_预付账款	CI01.02.01_购买商品、接受劳务支付的现金
1.002_度白科技	2.2203_预收账款	CI01.01.01_销售商品、提供劳务收到的现金
003_刘辉	2.1221.03_员工往来	CI01.02.04_支付其他与经营活动有关的现金
1.001_精益电子	1.2202.02_明细应付款	CI01.02.01_购买商品、接受劳务支付的现金

表 5-62　销售公司指定现金流量

凭证核算维度	对方科目	主表项目
1.001_迅腾科技	2.1122_应收账款	CI01.01.01_销售商品、提供劳务收到的现金
1.002_度白科技	"现金科目"页签： 2.1121_应收票据	"主表项目"：CI01.01.01_销售商品、提供劳务收到的现金
	"损益科目"页签： 2.1121_应收票据	"附表项目"：CI05.01.09_财务费用
100_云端集团(资金下拨)	2.2241.04_统支款	CI01.01.03_收到其他与经营活动有关的现金
100_云端集团(资金上划)	1.1221.04_统收款	CI01.02.04_支付其他与经营活动有关的现金
应交增值税	1.2221.15_未交增值税	CI01.02.03_支付的各项税费

表 5-63　集团公司指定现金流量

凭证核算维度	对方科目	主表项目
100.002_云端销售公司(资金下拨)	1.1221.04_统收款	CI01.02.04_支付其他与经营活动有关的现金
100.002_云端销售公司(资金上划)	2.2241.04_统支款	CI01.01.03_收到其他与经营活动有关的现金

⚡ 操作指导

1."云端科技公司_张三"出纳复核凭证并指定现金流量

科技公司出纳_张三登录金蝶云星空系统，选择组织"云端科技公司_张三"，执行【财务会计】—【总账】—【凭证管理】—【出纳复核】命令。在过滤方案设置查询条件，进入出纳复核界面，如图 5-218 所示。

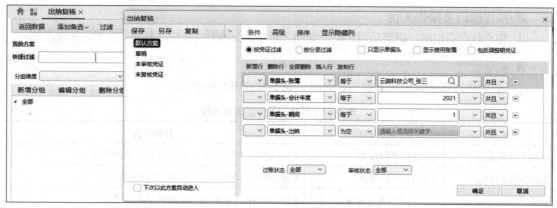

图5-218 出纳复核界面

勾选全部凭证，单击【出纳复核】按钮进行复核，操作如图5-219所示，复核结果如图5-220所示。

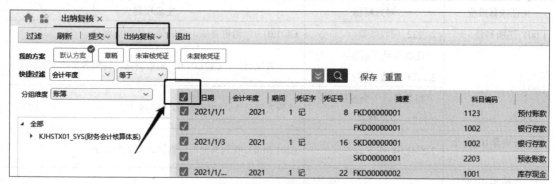

图5-219 出纳复核界面

图5-220 出纳复核结果

打开需要指定现金流量的凭证，以对方科目"预付账款"为例，单击【现金流量】按钮，在弹出窗口中，单击【自动指定】按钮，按实验数据指定对应的"主表项目"，如图5-221所示。确认无误后单击【确定】按钮。然后依次单击【提交】【审核】按钮，审核后凭证界面会显示"已指定现金流量"字样，如图5-222所示。

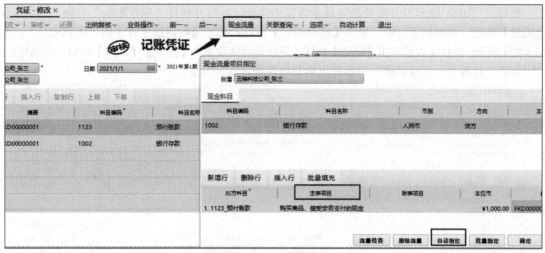

图 5-221 指定主表项目

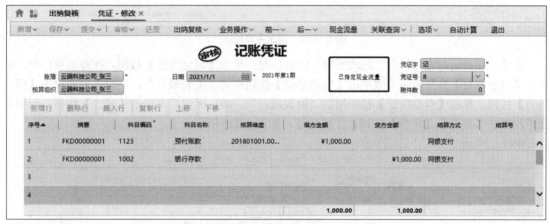

图 5-222 审核结果

参照上述操作，完成科技公司所有出纳复核、指定现金流量及审核。

2. "云端销售公司_张三" 出纳复核凭证并指定现金流量

销售公司出纳_张三登录金蝶云星空系统，选择组织"云端销售公司_张三"，执行【财务会计】—【总账】—【凭证管理】—【出纳复核】命令，进入出纳复核界面，勾选全部凭证，单击【出纳复核】按钮进行复核，如图 5-223 所示。

图 5-223 出纳复核成功

销售公司出纳_张三打开需要指定现金流量的凭证,以对方科目"应收账款"为例,单击【现金流量】按钮,在弹出窗口中,单击【自动指定】按钮,按实验数据指定对应的"主表项目",如图 5-224 所示。确认无误后单击【确定】按钮。返回界面依次单击【提交】【审核】按钮,生成凭证。

参照上述操作,完成销售公司所有出纳复核并指定现金流量。

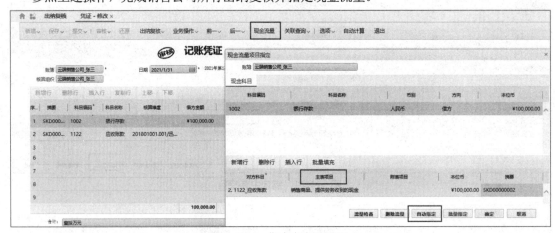

图 5-224　指定主表项目(1)

注意:在指定对方科目为"应收票据"的凭证时,单击【现金流量】按钮,在弹出窗口中,既要在【现金科目】参照上述步骤单击【自动指定】按钮指定"主表项目",同时,需要单击【损益科目】按钮,单击【自动指定】按钮指定"附表项目",确认无误后再单击【确定】按钮,返回界面依次单击【提交】【审核】按钮,生成凭证,如图 5-225 所示。

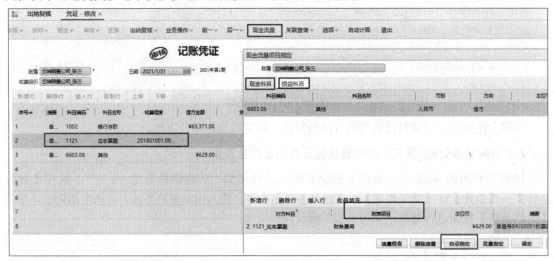

图 5-225　指定主表项目(2)

3. "云端集团公司_张三"出纳复核凭证并指定现金流量

集团公司出纳_张三登录金蝶云星空系统,选择组织"云端集团公司_张三",执行【财务会计】—【总账】—【凭证管理】—【出纳复核】命令,进入出纳复核界面,勾选全部凭证,单击【出纳复核】按钮进行复核,如图 5-226 所示。

图 5-226　出纳复核

集团公司出纳_张三打开需要指定现金流量的凭证，以对方科目"统收款"为例，单击【现金流量】按钮，在弹出窗口中，单击【自动指定】按钮，按实验数据指定对应的"主表项目"，如图 5-227 所示。确认无误后单击【确定】按钮。返回界面依次单击【提交】【审核】按钮，生成凭证，如图 5-228 所示。

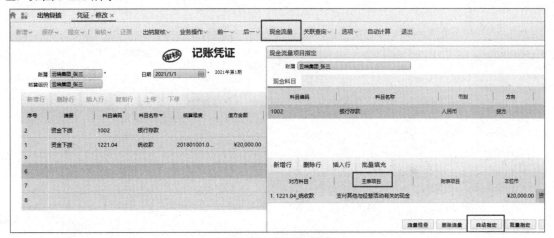

图 5-227　指定现金流量

图 5-228　记账凭证审核

参照上述操作，完成集团公司所有的出纳复核并指定现金流量。

第 6 章 期末处理

6.1 期末处理概述

会计信息系统在前期的初始化和日常业务处理中已经产生了很多凭证和控制点，前期的每一张凭证都会在期末处理中有所反映，因此期末处理至关重要。在企业会计信息系统使用过程中，期末处理往往涉及以下几个方面：

1) 凭证审核与过账

凭证过账是单位各项经济业务编制会计分录并且确认无误后，定期汇总同类业务的会计分录，并将其一次性过入有关分类账户的过程。

2) 结转损益

期末将账簿内各损益类科目的余额转入本年利润科目，并生成一张结转损益记账凭证，以反映企业在一个会计期间内实现的利润或亏损总额。

3) 结账

会计结账是把一定时期内发生的全部经济业务登记入账的基础上，计算并记录本期发生额和期末余额后，将余额结转下期或新的账簿的会计行为。各个子系统的结账顺序：出纳管理系统—应收款管理系统—应付款管理系统—费用报销系统—存货核算系统—固定资产系统—总账系统。

6.2 实验练习

实验准备：本节案例数据以学号为 201801001 的学生张三为例，进行后续全部实验操作。

实验一 凭证审核

↗ 应用场景

编制完凭证后，根据企业实际账务管理的需要，对凭证信息确认无误后进行审核。本案例介绍了金蝶云星空中凭证审核的主要步骤。

↗ 实验步骤

- 集团公司会计_张三提交、审核本月全部凭证。
- 科技公司会计_张三提交、审核本月全部凭证。
- 销售公司会计_张三提交、审核本月全部凭证。

↗ 实验前准备

- 使用教师提供的数据中心：云端集团一组。

↗ 操作指导

集团公司会计_张三登录金蝶云星空系统，选择组织"云端集团_张三"，执行【财务会计】—【总账】—【凭证处理】—【凭证审核】命令，选择默认的凭证过滤条件，单击【确定】按钮，在弹出的凭证审核界面中选择账簿为"云端集团_张三"，选中需要审核的凭证，依次单击菜单栏的【提交】【审核】按钮，如图 6-1 所示。

图 6-1 凭证提交与审核界面

审核成功后，该凭证的"审核"一栏会出现审核人的名字，如图 6-2 所示。

图 6-2 凭证审核成功界面

科技公司会计_张三、销售公司会计_张三参照以上步骤分别提交、审核云端科技公司_张三与云端销售公司_张三的全部凭证。

❖ 注意：

如有部分凭证已审核，可以选中所有凭证单击【反审核】按钮，然后重新单击【提交】【审核】按钮，提高操作效率。

实验二 凭证过账

↗ 应用场景

凭证过账是单位各项经济业务编制会计分录以后，会计需要定期汇总同类业务的会计分录，并将其一次性过入有关分类账户的过程。本案例介绍了金蝶云星空中凭证过账的主要步骤。

实验步骤

- 集团公司会计_张三将本月全部凭证过账。
- 科技公司会计_张三将本月全部凭证过账。
- 销售公司会计_张三将本月全部凭证过账。

操作指导

集团公司会计_张三登录金蝶云星空系统，选择组织"云端集团_张三"，执行【财务会计】—【总账】—【凭证处理】—【凭证过账】命令，进入凭证过账界面，选择账簿为"云端集团_张三"，单击菜单栏的【过账】按钮，如图 6-3 所示。成功过账后，界面下方会提示"过账完成"，如图 6-4 所示。

图 6-3　凭证过账界面

图 6-4　凭证过账操作结果界面

科技公司会计_张三、销售公司会计_张三参照以上步骤分别将云端科技公司_张三与云端销售公司_张三的全部凭证过账。

> **注意：**
>
> 　　过账操作之前，请打开【凭证查询】功能的【业务操作—凭证整理】菜单进行账簿的凭证断号检查，账簿待过账凭证如果存在断号，系统是不允许过账的。
> 　　然后，用户需要选择待过账的账簿，设置凭证的过账范围。单击功能菜单的【过账】按钮，执行对应操作，操作完成后，系统会显示具体的操作结果。
> 　　值得注意的是，如果总账系统参数控制凭证过账前必须审核或出纳复核，则应在执行凭证过账操作前，对相关凭证进行审核或者出纳复核。否则，将影响凭证过账操作的执行。

实验三　结转损益

应用场景

结转损益是指期末将账簿内各损益类科目的余额转入本年利润科目，并生成一张结转损益记账凭证，以反映企业在一个会计期间内实现的利润或亏损总额。本案例介绍了金蝶云星空中结转损益的主要步骤。

➤ **实验步骤**

☐ 科技公司会计_张三结转本期损益，并将生成的凭证审核过账。
☐ 销售公司会计_张三结转本期损益，并将生成的凭证审核过账。

➤ **操作指导**

科技公司会计_张三登录金蝶云星空系统，选择组织"云端科技公司_张三"，执行【财务会计】—【总账】—【期末处理】—【结转损益】命令，进入结转损益界面，选择账簿"云端科技公司_张三"，单击【新增】按钮，如图6-5所示。

图6-5 结转损益界面

在"结转损益-修改"向导界面，名称修改为"结转损益"，执行方式修改为"手动"，凭证日期方式修改为"当前期间最后一天"，凭证类型选择"损益"，凭证生成方式选择"按普通方式结转"，"原有结转损益凭证处理方式"选择"删除已结转凭证"，"本次生成结转损益凭证处理方式"选择"审核并过账"，核对结转科目正确性后单击【保存】按钮，具体界面如图6-6、图6-7、图6-8、图6-9所示，然后单击【执行】按钮。

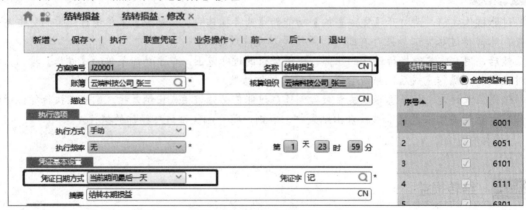

图6-6 结转损益修改界面(1)

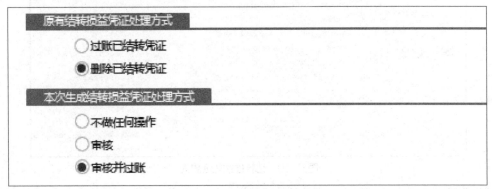

图6-7 结转损益修改界面(2)

图6-8 结转损益修改界面(3)

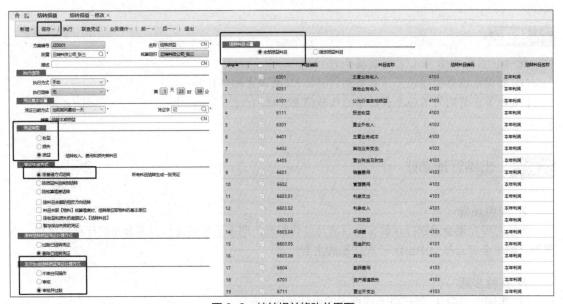

图6-9 结转损益修改总界面

结转损益完成后,可单击上方功能菜单的【联查凭证】按钮,查看生成的结转损益凭证,如图6-10所示。

图 6-10 结转损益凭证界面

销售公司_张三会计参照以上步骤结转云端销售公司_张三的本期损益,并将生成的凭证审核、过账。

❖ **注意**:

结转损益操作需满足下列前提条件:
(1) 账簿系统参数已设置〈本年利润科目〉〈利润分配科目〉;
(2) 账簿当前期间不存在未过账的结转损益凭证。

实验四 出纳管理结账

↗ 应用场景

为了对库存现金及银行存款实现日清月结的管理,期末需要结转库存现金及银行存款余额。本案例介绍了金蝶云星空中出纳管理结账的主要步骤。

↗ 实验步骤

- 集团公司会计_张三将云端集团的出纳模块结账。
- 科技公司会计_张三将云端科技公司的出纳模块结账。
- 销售公司会计_张三将云端销售公司的出纳模块结账。

↗ 操作指导

集团公司会计_张三登录金蝶云星空系统,选择组织"云端集团_张三",执行【财务会计】—【出纳管理】—【期末处理】—【出纳管理结账】命令,进入出纳管理界面,选择"云端集团_张三",

单击【结账】按钮,如图 6-11 所示。结账完成后,系统会提示结账结果为"成功",如图 6-12 所示。

图 6-11 出纳管理结账界面

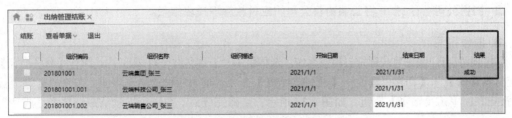

图 6-12 出纳管理结账结果界面

科技公司会计_张三、销售公司会计_张三参照以上步骤分别将云端科技公司_张三与云端销售公司_张三的出纳管理模块结账。

实验五 应收款管理结账

↗ 应用场景

应收款管理系统的数据处理都是针对本期的,要进行下一期间的处理,必须将本期的账务全部进行结账处理,系统才能进入下一期。本期所有的应收款管理业务处理完毕之后,必须进行结账,并将余额结转为下一会计期间的初始余额。本案例介绍了金蝶云星空中应收款管理结账的主要步骤。

↗ 实验步骤

- 科技公司会计_张三将云端科技公司的应收款管理模块结账。
- 销售公司会计_张三将云端销售公司的应收款管理模块结账。

↗ 操作指导

科技公司会计_张三登录金蝶云星空系统,选择组织"云端科技公司_张三",执行【财务会计】—【应收款管理】—【期末处理】—【应收款结账】命令,进入应收款结账界面,选择"云端科技公司_张三",单击【结账】按钮,如图 6-13 所示。结账完成后,系统会提示结账结果为"成功"。

图 6-13 应收款管理结账界面

销售公司会计_张三参照以上步骤将云端销售公司的应收款管理模块结账。

实验六 应付款管理结账

↗ 应用场景

应付款管理系统的数据处理都是针对本期的,要进行下一期间的处理,必须将本期的账务全部进行结账处理,系统才能进入下一期。本期所有的应付款管理业务处理完毕之后,必须进行结账,并将余额结转为下一会计期间的初始余额。本案例介绍了金蝶云星空中应付款管理结账的主要步骤。

↗ 实验步骤

- 科技公司会计_张三将云端科技公司的应付款管理模块结账。
- 销售公司会计_张三将云端销售公司的应付款管理模块结账。

↗ 操作指导

科技公司会计_张三登录金蝶云星空系统,选择组织"云端科技公司_张三",执行【财务会计】—【应付款管理】—【期末处理】—【应付款结账】命令,进入应付款结账界面,选择"云端科技公司_张三",单击【结账】按钮,如图 6-14 所示。结账完成后,系统会提示结账结果为"成功"。

图 6-14 应付款管理结账界面

销售公司会计_张三参照以上步骤将云端销售公司_张三的应付款管理模块结账。

实验七 费用管理关账

↗ 应用场景

为避免数据随意变更,费用管理系统需要在期末关账,关账期间的业务数据不允许再次新增。本案例介绍了金蝶云星空中费用管理模块关账的主要步骤。

↗ 实验步骤

- 科技公司会计_张三将云端科技公司的费用管理模块关账。
- 销售公司会计_张三将云端销售公司的费用管理模块关账。

↗ 操作指导

科技公司会计_张三登录金蝶云星空系统,选择组织"云端科技公司_张三",执行【财务会计】—【费用管理】—【期末处理】—【关账】命令,进入费用管理关账界面,选择"云端科技公司_张三",单击【关账】按钮,如图 6-15 所示。

图 6-15 费用管理关账界面

关账完成后，系统会提示关账结果为"成功"，如图 6-16 所示。

图 6-16　费用管理关账成功界面

销售公司会计_张三参照以上步骤将云端销售公司_张三的费用管理模块关账。

❖ **注意：**

现有的关账控制修改：关账日期以前的费用单据不允许新增，可以提交、审核、反审核。关账日期以前的费用单据，在提交/审核时产生下游单据，需根据下游业务系统的结账日期，判断下游单据的业务日期。下游系统未结账，则直接取原单据的申请日期；下游系统已结账，则取系统当期日期。

实验八　存货核算关账与结账

↗ 应用场景

通过存货核算关账功能可截止本期的出入库单据的录入和其他处理，有利于为期末结账前的核算处理创造稳定的数据环境。

存货核算结账功能则是截止本期核算单据的处理，计算本期的存货余额，并将其转入下一期，同时系统当前期间下置的过程。本案例介绍了金蝶云星空中存货核算模块关账与结账的主要步骤。

↗ 实验步骤

☐ 科技公司会计_张三将云端科技公司的存货核算模块关账并结账。
☐ 销售公司会计_张三将云端销售公司的存货核算模块关账并结账。

↗ 操作指导

科技公司会计_张三登录金蝶云星空系统，选择组织"云端科技公司_张三"，执行【成本管理】—【存货核算】—【期末处理】—【存货核算期末关账】命令，进入存货核算期末关账界面，单击菜单栏【关账】按钮，如图 6-17 所示。关账完成后，系统会提示关账结果为"成功"。

图 6-17　选择关账组织界面

❖ **注意：**

(1) 可以指定关账日期。关账日期大于等于库存启用日期并大于上一次关账日期。
(2) 选择需要关账的库存组织后，单击【关账】按钮完成关账。
(3) 关账后，关账日期前的库存单据不能再更改，即不允许新增、修改、删除、作废、审核、反审核关账日期前的库存单据。

存货核算关账成功后，需要再次进行成本核算。执行【成本管理】—【存货核算】—【存货核算】—【出库成本核算】命令，核算完成后再进行结账操作。

执行【成本管理】—【存货核算】—【期末处理】—【存货核算期末结账】命令，进入存货核算期末结账界面，选择"云端科技公司_张三"，单击【结账】按钮，如图6-18所示。结账完成后，系统会提示结账结果为"成功"。

图6-18 存货核算期末结账界面

销售公司会计_张三参照以上步骤将云端销售公司_张三的存货核算模块关账并结账。

实验九 固定资产结账

➤ **应用场景**

固定资产系统的期末处理主要提供结账、反结账功能。与启用期间设置同理，货主组织也是分会计政策来进行结账和反结账的。期间范围由会计政策中的会计日历来决定。固定资产进行结账处理，主要是为了将资产业务中的财务数据按期间传递至总账，并且进入下一期。本案例介绍了金蝶云星空中固定资产结账的主要步骤。

➤ **实验步骤**

❑ 科技公司会计_张三将云端科技公司的固定资产模块结账。
❑ 销售公司会计_张三将云端销售公司的固定资产模块结账。

➤ **操作指导**

科技公司会计_张三登录金蝶云星空系统，选择组织"云端科技公司_张三"，执行【资产管理】—【固定资产】—【期末处理】—【结账】命令，进入固定资产结账界面，选择"云端科技公司_张三"，单击【开始】按钮，如图6-19所示。结账完成后，系统会提示结账结果为"成功"。

图6-19　固定资产结账界面

销售公司会计_张三参照以上步骤将云端销售公司_张三的固定资产模块结账。

❖ 注意：

(1) 当前期间资产卡片、资产变更单、资产处置单、资产调出单、资产调入单、折旧调整单全部已审核；
(2) 资产调入单、资产盘盈单已建卡；
(3) 资产调出单、资产盘亏单已处置；
(4) 本期需要计提折旧的资产已全部计提折旧。

实验十　总账结账

⏵ 应用场景

总账系统的数据处理都是针对本期的，要进行下一期间的处理，必须将本期的账务全部进行结账处理，系统才能进入下一期，同时总账结账之前要先将其他子系统结账。本案例介绍了金蝶云星空中总账结账的主要步骤。

⏵ 实验步骤

- 集团公司会计_张三将云端集团的总账模块结账。
- 科技公司会计_张三将云端科技公司的总账模块结账。
- 销售公司会计_张三将云端销售公司的总账模块结账。

⏵ 操作指导

集团公司会计_张三登录金蝶云星空系统，选择组织"云端集团_张三"，执行【财务会计】—【总账】—【期末处理】—【总账期末结账】命令，进入总账期末结账界面，选择"云端集团_张三"，单击【结账】按钮，如图6-20所示。

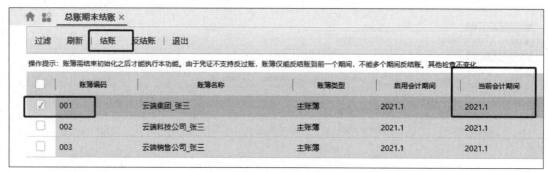

图 6-20 总账期末结账界面

结账完成后，系统会提示结账结果，如图 6-21 所示。

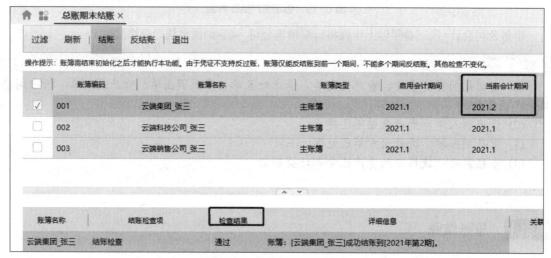

图 6-21 总账结账成功界面

科技公司会计_张三、销售公司会计_张三参照以上步骤分别将云端科技公司_张三与云端销售公司_张三的总账模块结账。

> ❖ **注意：**
> 期末结账操作需满足下列前提条件：
> (1) 账簿已经结束初始化；
> (2) 相关业务系统已经结账；
> (3) 账簿当前期间没有未过账的凭证；
> (4) 账簿当前期间已记账凭证不存在断号；
> (5) 智能会计平台已设置"必须要生成总账凭证"的业务单据都已生成总账记账凭证；
> (6) 如果账簿参数勾选"结账时要求损益类科目余额为零"，则账簿的损益科目余额须已结平。

第7章 报表

7.1 系统概述

报表系统主要满足企业财务及业务报表的编制和管理需求。报表系统与总账系统无缝集成，内置取数公式，保证报表数据的及时和准确；可方便地从总账中提取各种数据，来编制各种报表。除资产负债表、利润表等常用报表外，报表系统还可以按照用户的需求制作其他各类管理报表，可编制的报表类型包括固定样式报表和动态罗列报表。报表数据格式化存储，能够快速满足企业各种数据分析需求。

7.1.1 报表系统主要业务流程

报表系统不涉及具体的业务功能，其主要数据来源是各个业务系统所产生的业务数据和财务数据。财务报表编制流程如图7-1所示。

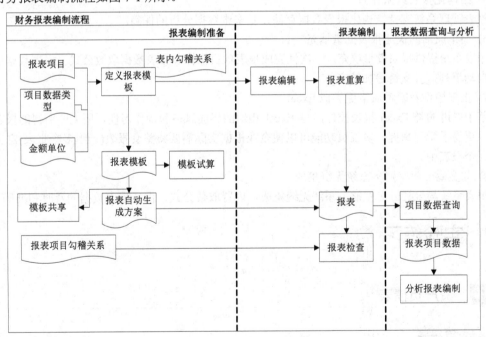

图7-1 财务报表编制流程图

7.1.2 重点功能概述

财务报表平台，基于类 Excel 报表编辑器，通过快速报表向导，灵活的取数公式，帮助用户快速、准确度地编制企业对外财务报表及各类财务管理报表。与 Excel 相似的界面风格和操作习惯，所见即所得的报表绘制过程，学习成本低；与总账系统无缝集成，内置取数公式，保证报表数据的及时和准确；报表数据格式化存储，快速满足企业各种数据分析需求。具体功能如下。

1) 基础资料设置

报表基础资料设置主要包括建立报表项目和项目数据类型、定义报告维度、确定模板样式方案。报告维度用来定义和确认多维动态罗列表的多种维度资料，一般用于分析的报告维度有：客户、供应商、部门、费用项目等。模板样式方案将报表模板内容(包括报表项目、数据类型、取数公式、报告维度等)抽象出来作为方案保存，可以重复利用，且修改方便。

2) 报表模板定义

新建一个空白报表模板并打开，通过【批量填充向导】将模板样式方案填充至报表模板中，也可以使用系统预置模板快速完成报表模板的编制。

3) 编制报表

根据报表模板，新建各期报表，从总账自动获取数据。

4) 多组织报表管理

报表系统支持多组织报表管理，支持组织间报表模板的无障碍共享。多组织报表支持隔离独立编制、统一编制及系统自动生成三种方式。

5) 结构化报表数据存储

报表管理系统支持结构化报表数据存储，是多维数据分析的保障。

6) 简单灵活的快速报表批量填充

报表系统提供报表批量填充，一次性完成报表项目指标、报表数据取数公式、报表数据项目公式的自动填列，并支持追加填充。

7) 报表控件及编辑风格更类似 Excel

基于先进的类 Excel 报表控件，与 Excel 相似的界面风格和操作习惯，所见即所得的报表绘制过程，更易于学习掌握。多表页功能可以使企业根据实际需要将整套报表(一组多个报表)定义或存放在一个报表中。

8) 与金蝶云星空财务系统无缝集成

报表系统与金蝶云星空财务系统无缝集成，内置取数公式，保证报表数据的及时和准确。

7.2 实验练习

实验一 资产负债表

▸ 应用场景

资产负债表是反映企业在某一特定日期全部资产、负债和所有者权益情况的会计报表，它表明权益在某一特定日期所拥有或控制的经济资源、所承担的现有义务和所有者对净资产的要求权。通过编制企业的资产负债表，反映企业在特定阶段的经营状况。

7 实验步骤

- 集团公司会计_张三负责资产负债表模板的制作及分发。
- 集团公司会计_张三负责编制云端集团公司的资产负债表。
- 科技公司会计_张三负责编制科技公司的资产负债表。
- 销售公司会计_张三负责编制销售公司的资产负债表。

7 实验前准备

使用教师提供的数据中心。

7 实验数据

资产负债表报表模板如表 7-1 所示。

表 7-1 资产负债表报表模板

编号	名称	周期	核算体系	所属组织	样式类型
学号_01	资产负债表_姓名	月报	财务会计核算体系	云端集团_姓名	固定样式

7 操作指导

1. 制作报表模板

1) 新增报表模板

集团公司会计_张三登录金蝶云星空，选择"云端集团_张三"组织，执行【财务会计】—【报表】—【报表管理】—【报表模板】命令，进入报表模板界面，单击【新增】按钮，进入新增报表模板界面，根据实验数据录入模板信息，如图 7-2 所示，单击【确定】按钮。

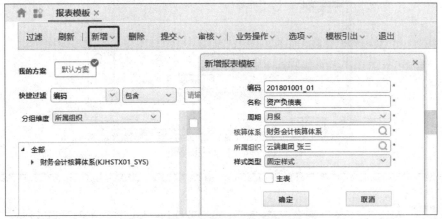

图 7-2 新增资产负债表报表模板界面

2) 编辑报表模板

双击"资产负债表"报表模板，首次使用需根据提示下载安装引导程序，如图 7-3 所示。程序安装完成后，再次单击"资产负债表"报表模板，选择【点击打开】按钮，在弹出的"用户账户控制"提示框中，单击【是】按钮，允许文件运行，进入金蝶云星空财务报表平台。

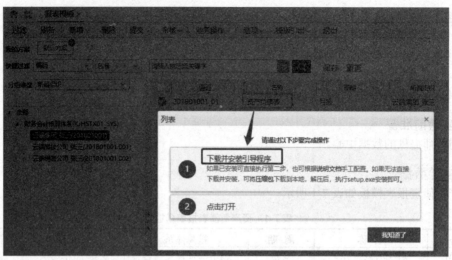

图 7-3 安装金蝶云星空财务报表平台

在财务报表平台左下方的页签处(Sheet1),右键选择"插入表页",弹出插入表页界面,在"固定样式"页签下,选择"资产负债表",单击【确定】按钮,如图 7-4 所示,在单元格中会自动填充资产负债表的报表项目、项目数据类型、Item 公式和取数公式,如图 7-5 所示。

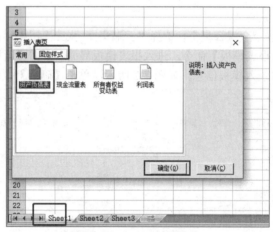

图 7-4 插入表页界面

图 7-5 编辑资产负债表模板界面

> **注意：**
>
> 系统自带资产负债表、现金流量表、所有者权益变动表及利润表等固定样式的报表模板。在编辑报表模板的时候，可以根据实际情况在原有模板的基础上进行修改。

单击【开始】页签的【显示项目公式】按钮和【显示取数公式】按钮，如图7-6所示，查看各单元格的项目公式及取数公式，如图7-7所示。本案例无须修改项目公式及取数公式，使用默认的报表模板即可。若需调整项目公式或取数公式，可通过下面介绍的方法进行修改。

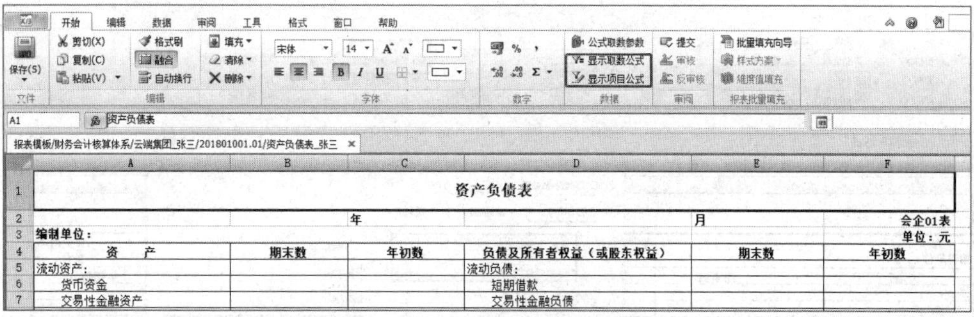

图7-6 显示取数公式界面(1)

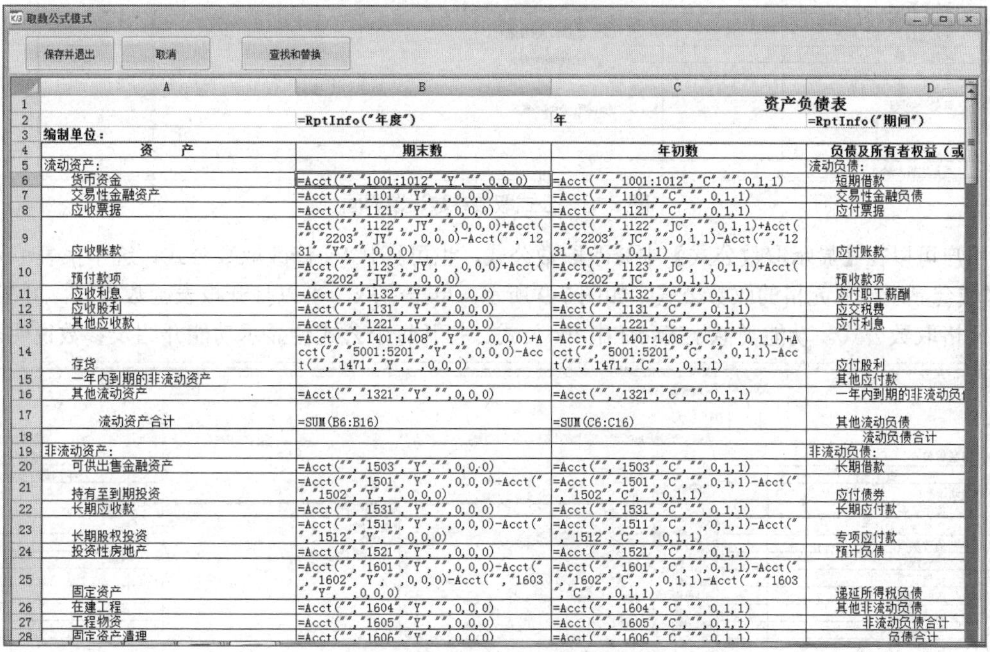

图7-7 显示取数公式界面(2)

图7-7为显示取数公式界面，例如，货币资金的取数公式是 Acct("","1001:1012","Y","",0,0,0)，括号中各参数分别代表取数账簿、科目、取数类型、币别、年度、起始期间、结束期间。其中，年度是指账簿会计年度，可直接录入，如2021，若不选，则系统默认为账簿当前年。若写入数值，表示的意义如下：0为账簿当前年，-1为账簿前一年，-2为账簿前两年，依此类推。起始、结束的期间是指会计期间，可直接录入<起始期间>和<结束期间>。若不选，则系统默认为账簿当前期。若写入数值，表示的意义如下：0为账簿当前期，-1为账簿上一期，-2为账簿上两期，依此类推。

报表重算时,根据取数公式获取数据。

各参数取值顺序:

① 如果公式中各参数有值,则优先取公式中设置的值,如"账簿"先按取数参数中设置的账簿,为空时则按第二优先级取参数;

② 在公式取数参数设置界面中设置账簿、币别、年度、期间等参数,公式取数参数设置界面如图7-8所示;

③ 若公式中参数为空,且公式取数参数设置界面中未设置,各参数取报表属性,如当前组织为"云端集团_张三",则账簿取对应的主账簿,币别取主账簿对应的币别,年度和期间取当前年度期间。

图7-8 公式取数参数设置界面

用户可以在【显示取数公式】中修改取数公式,也可打开Fx修改取数公式。选中报表单元格,Fx区域会显示该单元格的取数公式,如图7-9所示。单击"Fx"可以打开报表函数界面,可在此修改单元格取数公式。功能类似于Excel中Fx公式,打开每个公式会显示功能介绍及参数说明。

图7-9 Acct公式查看及修改界面

例如,若需要将"货币资金"以"库存现金"加上"银行存款及其他"的方式来替换显示,则可以利用报表函数的功能来分别获得"库存现金"及"银行存款及其他"的期末数与年初数的取数公式，下面以获取"库存现金"期末数的取数公式为例进行讲解。

先选中需要显示该期末数的单元格，进入报表函数界面，选择函数类别为"总账"，函数名为"Acct"，单击【确定】按钮，进入报表函数参数界面，选择科目为"1001(库存现金)"，取数类型为"Y(期末余额)"，年度为"0"，开始期间为"0"，结束期间为"0"，如图7-10所示，单击【确定】按钮，则在所选中的单元格中返回取数公式。

图7-10 报表函数参数界面

在报表客户端单击【显示项目公式】按钮，查看各单元格的项目公式，如图7-11所示。例如Item(1000.01,0,0,2)括号中逗号分开的参数分别代表项目编码、年度、期间、项目数据类型，报表中各数据以Item公式存储于后台数据库，方便引用。

图7-11 显示项目公式界面

用户可以在【显示项目公式】中修改项目公式，也可打开单元格项目公式来修改公式。选中报表单元格，单元格项目公式区域会显示该单元格的项目公式，如图 7-12 所示。单击 可以打开单元格项目公式界面，可在此修改单元格项目公式。

若需要将"货币资金"以"库存现金"加上"银行存款及其他"的方式来替换显示，则需分别在"库存现金"及"银行存款及其他"的期末数和年初数的单元格上设置对应的单元格项目公式，下面以设置"库存现金"期末数的项目公式为例进行讲解。

选择"库存现金"期末数的单元格，单击 进入单元格项目公式界面，输入项目编码"1000.01"，项目数据类型为期末数，年度和期间都为"0"，单击【确定】按钮，完成所选单元格的项目公式设置。

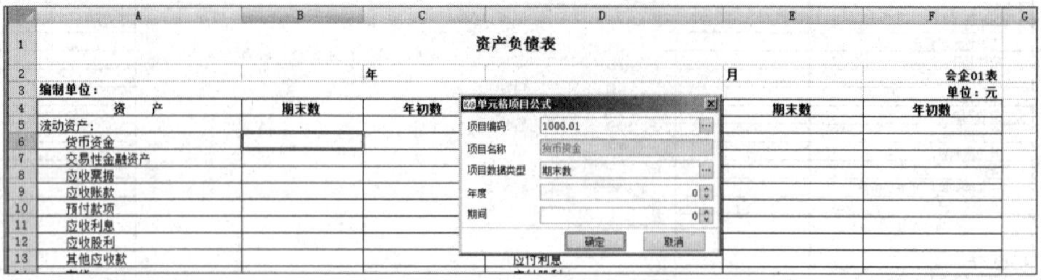

图 7-12　单元格项目公式界面

在财务报表平台中可以根据实际需要编辑各取数公式，本案例中无须修改，使用系统默认的报表模板即可。编辑完成后，单击【保存】按钮，并关闭报表编制平台。

回到报表模板界面，勾选刚才完成编辑并保存好的报表模板，提交审核，执行【业务操作】—【共享】命令，打开"请选择共享组织"窗口，核算体系选择"财务会计核算体系"，勾选"云端科技公司_张三"及"云端销售公司_张三"，单击【确定】按钮，如图 7-13 所示。

图 7-13　选择共享组织界面

将新增共享的报表模板进行提交、审核，如图 7-14 所示。

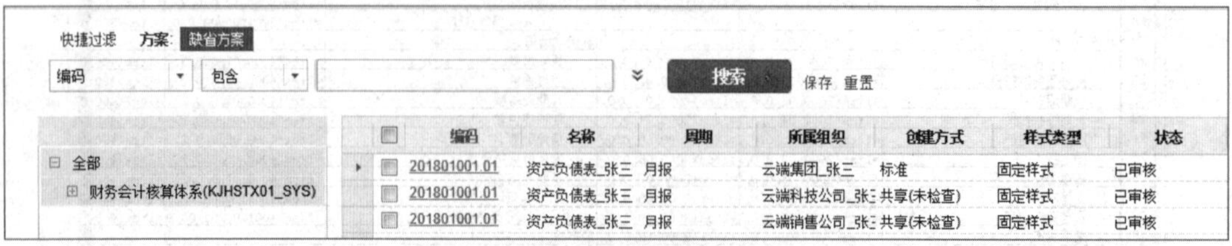

图 7-14　审核报表模板界面

2. 编制报表

1) 云端集团_张三资产负债表

集团公司会计_张三登录后，执行【财务会计】—【报表】—【报表管理】—【报表】命令，进入报表界面。单击【新增】按钮，进入新增报表界面，在报表模板中选择刚才新增的报表模板"201801001_01"，报表日期选择"2021/1/31"，币别选择"人民币"，金额单位选择"元"，如图7-15所示，单击【确定】按钮。

图7-15 新增资产负债表界面

双击刚才新增的报表，选择【点击打开】按钮，进入财务报表平台。在【数据】页签下，选择【重算表页】按钮，重算表页的报表，如图7-16所示。然后单击【开始】页签，依次单击【保存】【提交】【审核】按钮，完成报表编制，如图7-17所示。

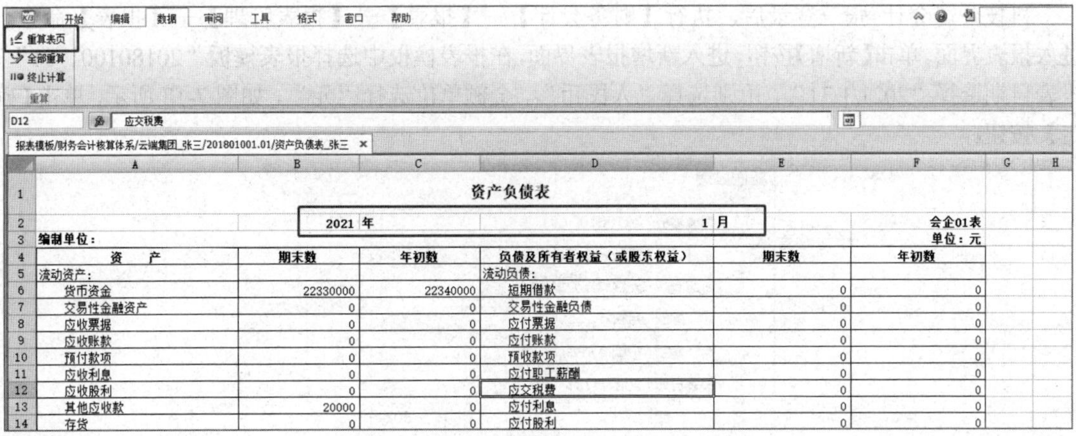

图7-16 云端集团_张三-资产负债表界面(1)

资产负债表					
编制单位：	2021	年	1	月	会企01表 单位：元
资产	期末数	年初数	负债及所有者权益（或股东权益）	期末数	年初数
流动资产：			流动负债：		
货币资金	22330000	22340000	短期借款	0	0
交易性金融资产	0	0	交易性金融负债	0	0
应收票据	0	0	应付票据	0	0
应收账款	0	0	应付账款	0	0
预付款项	0	0	预收款项	0	0
应收利息	0	0	应付职工薪酬	0	0
应收股利	0	0	应交税费	0	0
其他应收款	20000	0	应付利息	0	0
存货	0	0	应付股利	0	0
一年内到期的非流动资产	0	0	其他应付款	10000	0
其他流动资产	0	0	一年内到期的非流动负债	0	0
流动资产合计	22350000	22340000	其他流动负债	0	0
			流动负债合计	10000	0
非流动资产：			非流动负债：		
可供出售金融资产	0	0	长期借款	0	0
持有至到期投资	0	0	应付债券	0	0
长期应收款	0	0	长期应付款	0	0
长期股权投资	100000000	100000000	专项应付款	0	0
投资性房地产	0	0	预计负债	0	0
固定资产	0	0	递延所得税负债	0	0
在建工程	0	0	其他非流动负债	0	0
工程物资	0	0	非流动负债合计	0	0
工程物资	0	0	负债合计	10000	0
固定资产清理	0	0			
无形资产	0	0	股东权益：		
无形资产	0	0			
开发支出	0	0	实收资本(股本)	95340000	95340000
商誉	0	0	资本公积	0	0
长期待摊费用	0	0	减：库存股	0	0
长期待摊费用	0	0	减：库存股	0	0
递延所得税资产	0	0	盈余公积	27000000	27000000
其他非流动资产	0	0	未分配利润	0	0
其他非流动资产	0	0	未分配利润	0	0
非流动资产合计	100000000	100000000	外币报表折算差额	0	0
非流动资产合计	100000000	100000000	外币报表折算差额	0	0
			股东权益合计	122340000	122340000
资产总计	122350000	122340000	负债和股东权益合计	122350000	122340000

图 7-17 云端集团_张三-资产负债表界面(2)

2) 云端科技公司_张三资产负债表

科技公司会计_张三登录后，执行【财务会计】—【报表】—【报表管理】—【报表】命令，进入报表界面。单击【新增】按钮，进入新增报表界面，在报表模板中选择报表模板"201801001_01"，报表日期选择"2021/1/31"，币别选择"人民币"，金额单位选择"元"，如图 7-18 所示，单击【确定】按钮。

图 7-18 新增资产负债表界面

双击刚才新增的报表，选择【点击打开】按钮，进入财务报表平台。在【数据】页签下，选择

【重算表页】按钮，如图 7-19 所示，依次单击【保存】【提交】【审核】按钮，完成报表编制，如图 7-20 所示。

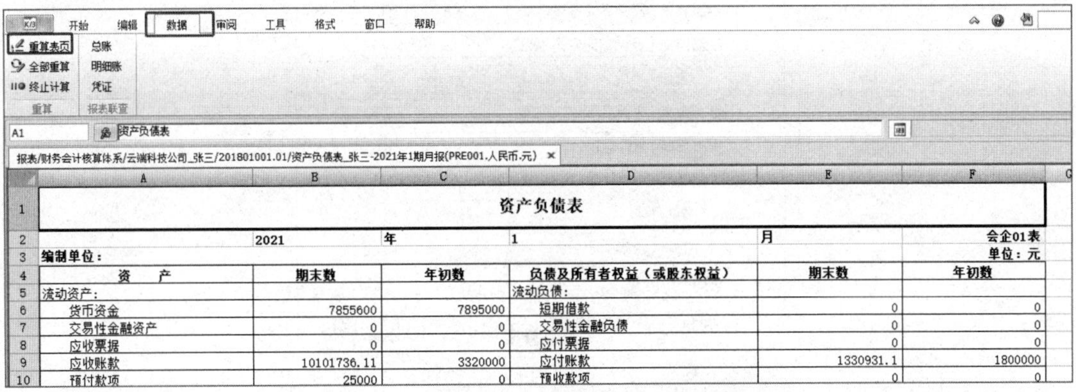

	A	B	C	D	E	F
1	资产负债表					
2		2021	年	1	月	会企01表
3	编制单位：					单位：元
4	资　产	期末数	年初数	负债及所有者权益（或股东权益）	期末数	年初数
5	流动资产：			流动负债：		
6	货币资金	7855600	7895000	短期借款	0	0
7	交易性金融资产	0	0	交易性金融负债	0	0
8	应收票据	0	0	应付票据	0	0
9	应收账款	10101736.11	3320000	应付账款	1330931.1	1800000
10	预付款项	25000	0	预收款项	0	0

图 7-19　云端科技公司_张三-资产负债表界面(1)

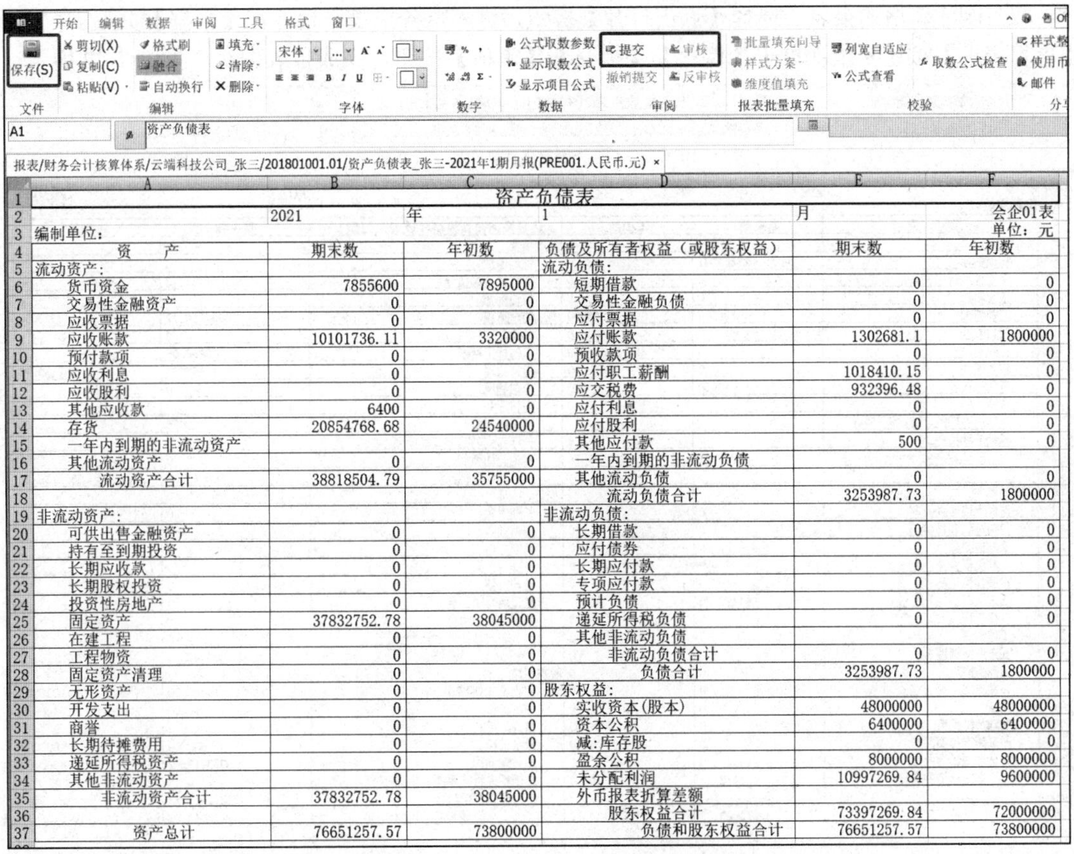

	A	B	C	D	E	F
1	资产负债表					
2		2021	年	1	月	会企01表
3	编制单位：					单位：元
4	资　产	期末数	年初数	负债及所有者权益（或股东权益）	期末数	年初数
5	流动资产：			流动负债：		
6	货币资金	7855600	7895000	短期借款	0	0
7	交易性金融资产	0	0	交易性金融负债	0	0
8	应收票据	0	0	应付票据	0	0
9	应收账款	10101736.11	3320000	应付账款	1302681.1	1800000
10	预付款项	0	0	预收款项	0	0
11	应收利息	0	0	应付职工薪酬	1018410.15	0
12	应收股利	0	0	应交税费	932396.48	0
13	其他应收款	6400	0	应付利息	0	0
14	存货	20854768.68	24540000	应付股利	0	0
15	一年内到期的非流动资产			其他应付款	500	0
16	其他流动资产	0	0	一年内到期的非流动负债		
17	流动资产合计	38818504.79	35755000	其他流动负债	0	0
18				流动负债合计	3253987.73	1800000
19	非流动资产：			非流动负债：		
20	可供出售金融资产	0	0	长期借款	0	0
21	持有至到期投资	0	0	应付债券	0	0
22	长期应收款	0	0	长期应付款	0	0
23	长期股权投资	0	0	专项应付款	0	0
24	投资性房地产	0	0	预计负债	0	0
25	固定资产	37832752.78	38045000	递延所得税负债	0	0
26	在建工程	0	0	其他非流动负债		
27	工程物资	0	0	非流动负债合计	0	0
28	固定资产清理	0	0	负债合计	3253987.73	1800000
29	无形资产	0	0	股东权益：		
30	开发支出	0	0	实收资本(股本)	48000000	48000000
31	商誉	0	0	资本公积	6400000	6400000
32	长期待摊费用	0	0	减:库存股	0	0
33	递延所得税资产	0	0	盈余公积	8000000	8000000
34	其他非流动资产	0	0	未分配利润	10997269.84	9600000
35	非流动资产合计	37832752.78	38045000	外币报表折算差额		
36				股东权益合计	73397269.84	72000000
37	资产总计	76651257.57	73800000	负债和股东权益合计	76651257.57	73800000

图 7-20　云端科技公司_张三-资产负债表界面(2)

3) 云端销售公司_张三资产负债表

销售公司会计_张三登录后，执行【财务会计】—【报表】—【报表管理】—【报表】命令，进入报表界面。单击【新增】按钮，进入新增报表界面，在报表模板中选择报表模板“201801001_01”，报表日期选择“2021/31”，币别选择“人民币”，金额单位选择“元”，如图 7-21 所示，单击【确定】按钮。

图 7-21 新增资产负债表界面

双击刚才新增的报表,选择【点击打开】按钮,进入财务报表平台。在【数据】页签下,选择【重算表页】按钮,依次单击【保存】【提交】【审核】按钮,完成报表编制,如图 7-22 所示。

	资产	期末数	年初数	负债及所有者权益（或股东权益）	期末数	年初数
		2021	年	1	月	会企01表
	编制单位：					单位：元
	流动资产：			流动负债：		
	货币资金	27483371	27862136.76	短期借款	0	0
	交易性金融资产	0	0	交易性金融负债	0	0
	应收票据	0	0	应付票据	0	0
	应收账款	5736000	4000000	应付账款	4907986.11	3320000
	预付款项	0	0	预收款项	0	0
	应收利息	0	0	应付职工薪酬	30982.05	0
	应收股利	0	0	应交税费	41457.34	552136.76
	其他应收款	10000	0	应付利息	0	0
	存货	0	0	应付股利	0	0
	一年内到期的非流动资产	0	0	其他应付款	20000	0
	其他流动资产	0	0	一年内到期的非流动负债	0	0
	流动资产合计	33229371	31862136.76	其他流动负债	0	0
				流动负债合计	5000425.5	3872136.76
	非流动资产：			非流动负债：		
	可供出售金融资产	0	0	长期借款	0	0
	持有至到期投资	0	0	应付债券	0	0
	长期应收款	0	0	长期应付款	0	0
	长期股权投资	0	0	专项应付款	0	0
	投资性房地产	0	0	预计负债	0	0
	固定资产	44472.22	10000	递延所得税负债	0	0
	在建工程	0	0	其他非流动负债	0	0
	工程物资	0	0	非流动负债合计	0	0
	固定资产清理	0	0	负债合计	5000425.5	3872136.76
	无形资产	0	0	股东权益：		
	开发支出	0	0	实收资本(股本)	16000000	16000000
	商誉	0	0	资本公积	6400000	6400000
	长期待摊费用	0	0	减：库存股	0	0
	递延所得税资产	0	0	盈余公积	800000	800000
	其他非流动资产	0	0	未分配利润	5073417.72	4800000
	非流动资产合计	44472.22	10000	外币报表折算差额		
				股东权益合计	28273417.72	28000000
	资产总计	33273843.22	31872136.76	负债和股东权益合计	33273843.22	31872136.76

图 7-22 云端销售公司_张三-资产负债表界面

实验二　利润表

↗ 应用场景

利润表是反映企业一定会计期间生产经营成果的会计报表。它全面揭示了企业在某一特定时期实现的各种收入、发生的各种费用、成本或支出,以及企业实现的利润或发生的亏损情况。通过编制企业的利润表,反映企业一定阶段的经营成果。

↗ 实验步骤

- 集团公司会计_张三负责利润表模板的制作及分发。
- 集团公司会计_张三负责编制云端集团公司的利润表。
- 科技公司会计_张三负责编制科技公司的利润表。
- 销售公司会计_张三负责编制销售公司的利润表。

↗ 实验数据

利润表报表模板如表 7-2 所示。

表 7-2 利润表报表模板

编号	名称	周期	核算体系	所属组织	样式类型
学号_02	利润表_姓名	月报	财务会计核算体系	云端集团_姓名	固定样式

↗ 操作指导

1. 制作报表模板

1) 新增报表模板

集团公司会计_张三登录金蝶云星空系统,组织选择"云端集团_张三",执行【财务会计】—【报表】—【报表管理】—【报表模板】命令,进入报表模板界面,单击【新增】按钮,进入新增报表模板界面,根据实验数据录入模板信息,如图 7-23 所示,单击【确定】按钮。

图 7-23 新增利润表报表模板界面

2) 编辑报表模板

双击刚才新增利润表的报表模板,选择【点击打开】按钮,进入报表模板编辑器。在财务报表平台左下方的页签处(Sheet1),右键选择"插入表页",弹出插入表页界面,在"固定样式"页签下,选择"利润表",单击【确定】按钮,如图 7-24 所示,在单元格中会自动填充利润表的报表项目、项目数据类型、Item 公式和取数公式。

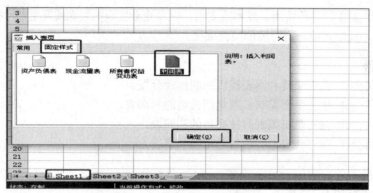

图 7-24 编辑利润表模板界面

在财务报表平台中可以根据实际需要编辑各取数公式,本案例中将报表项目"营业税金及附加"改为"税金及附加",编辑完成后,单击【保存】按钮。

回到报表模板界面,勾选刚才完成编辑并保存好的报表模板,提交审核,执行【业务操作】—【共享】命令,打开"请选择共享组织"窗口,核算体系选择"财务会计核算体系",勾选"云端科技公司_张三"及"云端销售公司_张三",单击【确定】按钮,如图 7-25 所示。

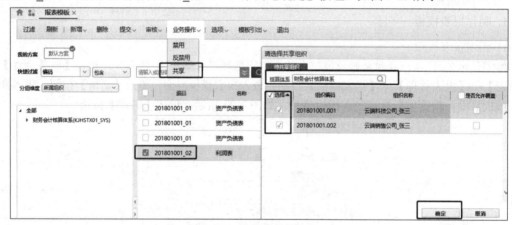

图 7-25 选择共享组织界面

将新增共享的报表模板进行提交、审核,如图 7-26 所示。

图 7-26 审核报表模板界面

2. 编制报表

1) 云端集团_张三利润表

集团公司会计_张三登录后，执行【财务会计】—【报表】—【报表管理】—【报表】命令，进入报表界面。单击【新增】按钮，进入新增报表界面，在报表模板中选择刚才新增的报表模板"201801001_02"，报表日期选择"2021/1/31"，币别选择"人民币"，金额单位选择"元"，如图 7-27 所示，单击【确定】按钮。

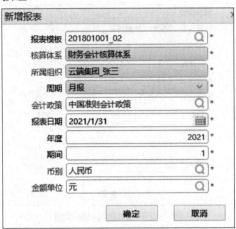

图 7-27　新增利润表界面

双击刚才新增的报表，选择【点击打开】按钮，进入财务报表平台。在【数据】页签下，选择【重算表页】按钮，如图 7-28 所示，保存、提交并审核重算后的报表，完成报表编制。

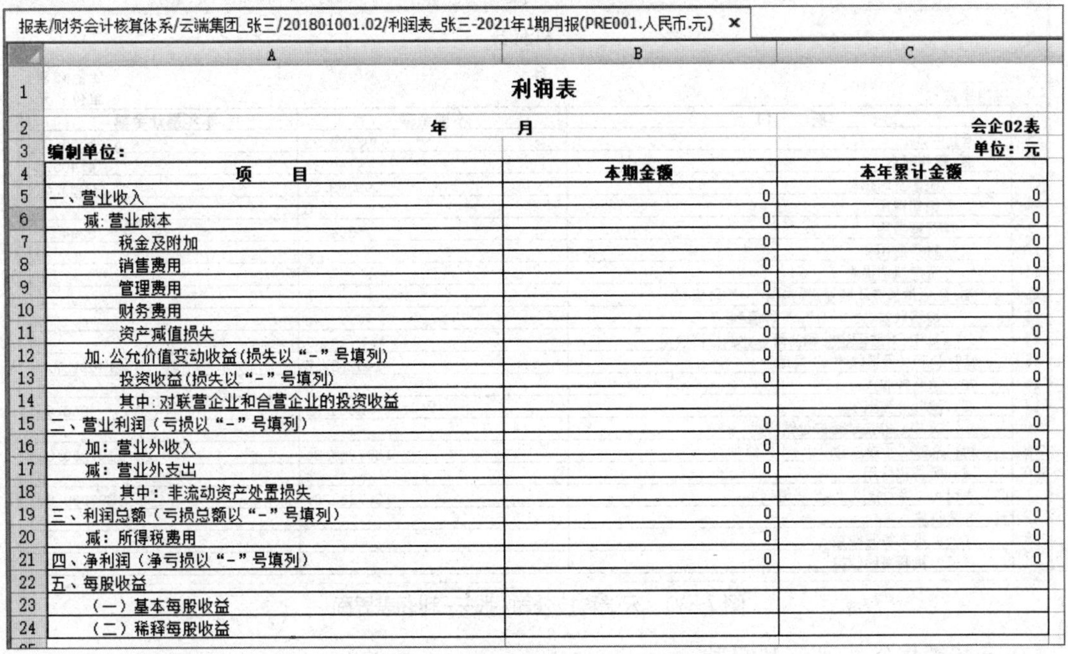

图 7-28　云端集团_张三-利润表界面

2) 云端科技公司_张三利润表

科技公司会计_张三登录后,执行【财务会计】—【报表】—【报表管理】—【报表】命令,进入报表界面。单击【新增】按钮,进入新增报表界面,在报表模板中选择报表模板"201801001_02",报表日期选择"2021/1/31",币别选择"人民币",金额单位选择"元",如图7-29所示,单击【确定】按钮。

图7-29 新增利润表界面

双击刚才新增的报表,选择【点击打开】按钮,进入财务报表平台。在【数据】页签下,选择【重算表页】按钮,如图7-30所示,保存、提交并审核重算后的报表,完成报表编制。

项目	本期金额	本年累计金额
一、营业收入	6495575.23	6495575.23
减:营业成本	4740595	4740595
税金及附加	99899.63	99899.63
销售费用	0	0
管理费用	252942.7	252942.7
财务费用	0	0
资产减值损失	0	0
加:公允价值变动收益(损失以"-"号填列)	0	0
投资收益(损失以"-"号填列)	0	0
其中:对联营企业和合营企业的投资收益		
二、营业利润(亏损以"-"号填列)	1402137.9	1402137.9
加:营业外收入	0	0
减:营业外支出	4868.06	4868.06
其中:非流动资产处置损失		
三、利润总额(亏损总额以"-"号填列)	1397269.84	1397269.84
减:所得税费用	0	0
四、净利润(净亏损以"-"号填列)	1397269.84	1397269.84
五、每股收益		
(一)基本每股收益		
(二)稀释每股收益		

图7-30 云端科技公司_张三-利润表界面

3) 云端销售公司_张三利润表

销售公司会计_张三登录后,执行【财务会计】—【报表】—【报表管理】—【报表】命令,进入报表界面。单击【新增】按钮,进入新增报表界面,在报表模板中选择报表模板"201801001_02",报表日期选择"2021/1/31",币别选择"人民币",金额单位选择"元",如图7-31所示,单击【确定】按钮。

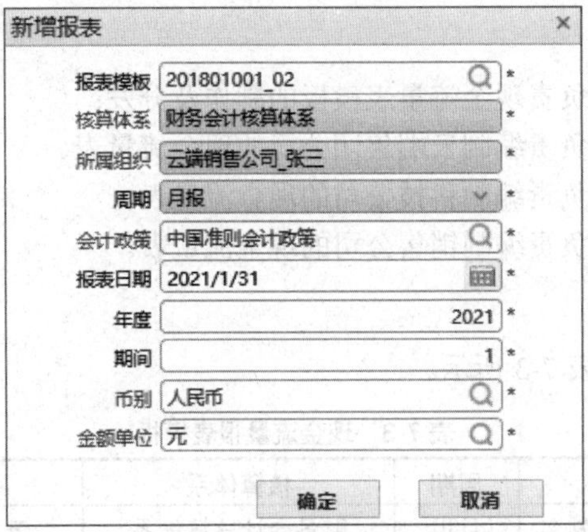

图 7-31 新增利润表界面

双击刚才新增的报表，选择【点击打开】按钮，进入财务报表平台。在【数据】页签下，选择【重算表页】按钮，如图 7-32 所示，保存、提交并审核重算后的报表，完成报表编制。

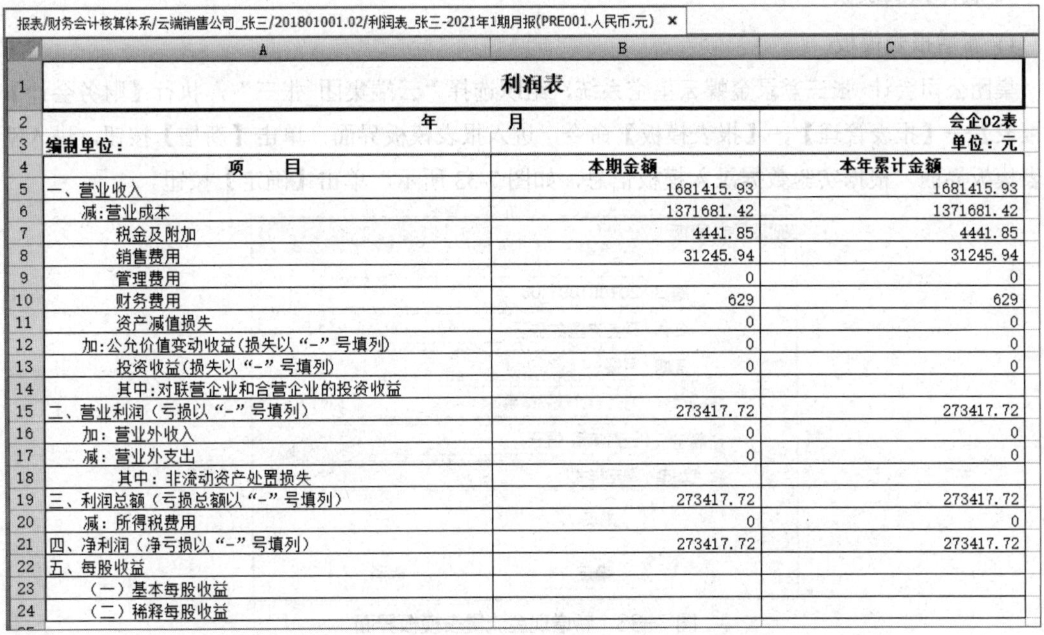
报表/财务会计核算体系/云端销售公司_张三/201801001.02/利润表_张三-2021年1期月报(PRE001.人民币.元)

	A	B	C
1	利润表		
2	年	月	会企02表
3	编制单位：		单位：元
4	项 目	本期金额	本年累计金额
5	一、营业收入	1681415.93	1681415.93
6	减:营业成本	1371681.42	1371681.42
7	税金及附加	4441.85	4441.85
8	销售费用	31245.94	31245.94
9	管理费用	0	0
10	财务费用	629	629
11	资产减值损失	0	0
12	加:公允价值变动收益(损失以"-"号填列)	0	0
13	投资收益(损失以"-"号填列)	0	0
14	其中:对联营企业和合营企业的投资收益		
15	二、营业利润（亏损以"-"号填列）	273417.72	273417.72
16	加：营业外收入	0	0
17	减：营业外支出	0	0
18	其中：非流动资产处置损失		
19	三、利润总额（亏损总额以"-"号填列）	273417.72	273417.72
20	减：所得税费用	0	0
21	四、净利润（净亏损以"-"号填列）	273417.72	273417.72
22	五、每股收益		
23	（一）基本每股收益		
24	（二）稀释每股收益		

图 7-32 云端销售公司_张三-利润表界面

实验三 现金流量表

↗ 应用场景

现金流量表是反映一定时期内企业经营活动、投资活动和筹资活动对其现金及现金等价物所产生影响的财务报表。它详细描述了由公司的经营、投资与筹资活动所产生的现金流，可以结合经营活动所产生的现金流量信息和企业净收益进行具体分析，从而对企业的投资活动和筹资活动做出评价。

> **实验步骤**
> ☐ 集团公司会计_张三负责现金流量表模板的制作及分发；
> ☐ 集团公司会计_张三负责编制云端集团公司的现金流量表。
> ☐ 科技公司会计_张三负责编制科技公司的现金流量表。
> ☐ 销售公司会计_张三负责编制销售公司的现金流量表。

> **实验数据**

现金流量表报表模板如表 7-3 所示。

表 7-3 现金流量报表模板

编号	名称	周期	核算体系	所属组织	样式类型
学号_03	现金流量表_姓名	月报	财务会计核算体系	云端集团_姓名	固定样式

> **操作指导**

1. 制作报表模板

1) 新增报表模板

集团公司会计_张三登录金蝶云星空系统，组织选择"云端集团_张三"，执行【财务会计】—【报表】—【报表管理】—【报表模板】命令，进入报表模板界面，单击【新增】按钮，进入新增报表模板界面，根据实验数据录入模板信息，如图 7-33 所示，单击【确定】按钮。

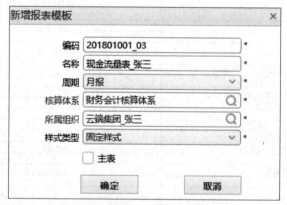

图 7-33 新增现金流量表模板界面

2) 编辑报表模板

双击刚才新增的现金流量表报表模板，选择【点击打开】按钮，进入报表模板编辑器。在财务报表平台左下方的页签处(Sheet1)，右键选择"插入表页"，弹出插入表页界面，在"固定样式"页签下，选择"现金流量表"，单击【确定】按钮，在单元格中会自动填充现金流量表的报表项目、项目数据类型、Item 公式和取数公式，如图 7-34 所示。

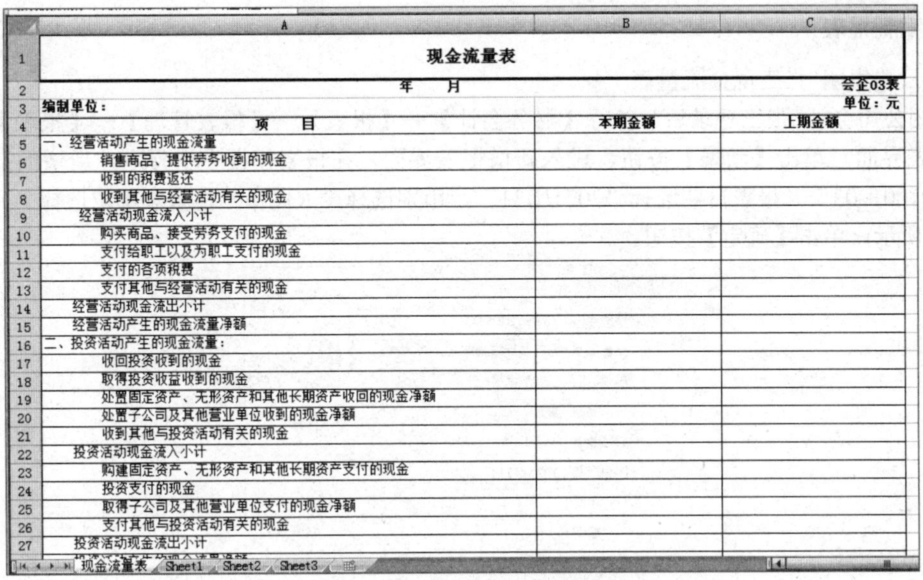

图 7-34 编辑现金流量表模板界面

在财务报表平台中可以根据实际需要编辑各取数公式，本案例中无须修改，使用系统默认的报表模板即可，编辑完成后，单击【保存】按钮。

回到报表模板界面，勾选刚才完成编辑并保存好的报表模板，提交审核，执行【业务操作】—【共享】命令，打开"请选择共享组织"窗口，核算体系选择"财务会计核算体系"，勾选"云端科技公司_张三"及"云端销售公司_张三"，单击【确定】按钮，如图7-35所示。

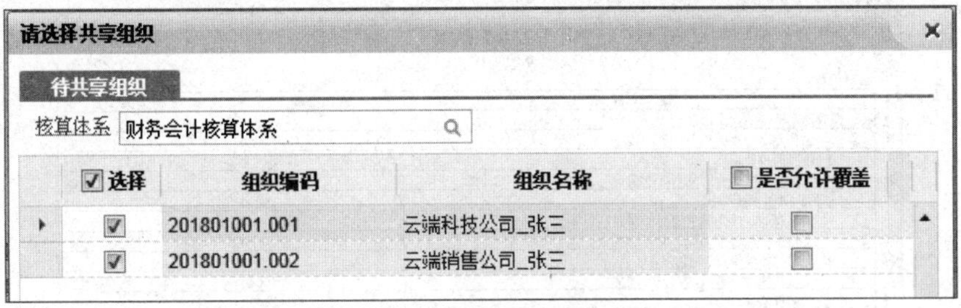

图 7-35 选择共享组织界面

将新增共享的报表模板进行提交、审核，如图7-36所示。

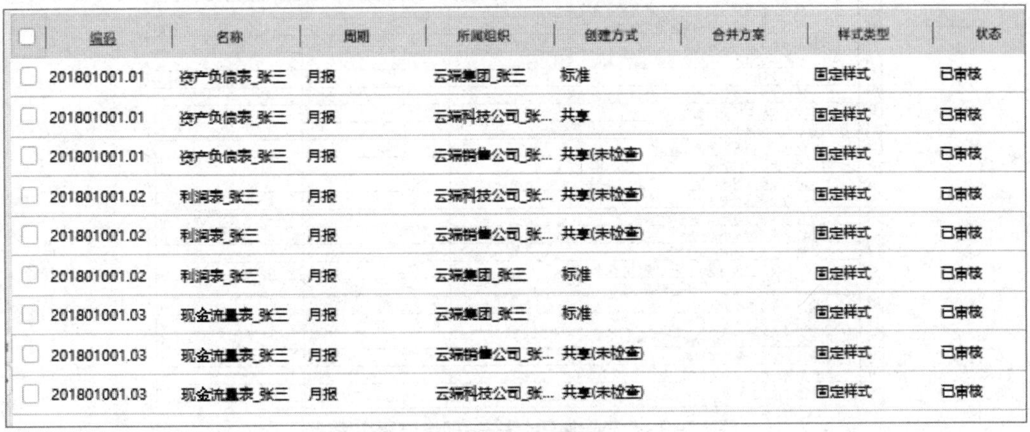

图 7-36 审核报表模板界面

3. 编制报表

1) 云端集团_张三现金流量表

集团公司会计_张三登录后，执行【财务会计】—【报表】—【报表管理】—【报表】命令，进入报表界面。单击【新增】按钮，进入新增报表界面，在报表模板中选择刚才新增的报表模板"201801001_03"，报表日期选择"2021/1/31"，币别选择"人民币"，金额单位选择"元"，如图7-37所示，单击【确定】按钮。

图7-37 新增现金流量表界面

双击刚才新增的报表，选择【点击打开】按钮，进入财务报表平台。在【数据】页签下，选择【重算表页】按钮，如图7-38所示，保存、提交并审核重算后的报表，完成报表编制。

行	项　　目	本期金额	上期金额
	现金流量表		
	年　　月		会企03表
3	编制单位：		单位：元
4	项　　目	本期金额	上期金额
5	一、经营活动产生的现金流量		
6	销售商品、提供劳务收到的现金	0	0
7	收到的税费返还	0	0
8	收到其他与经营活动有关的现金	10000	0
9	经营活动现金流入小计	10000	0
10	购买商品、接受劳务支付的现金	0	0
11	支付给职工以及为职工支付的现金	0	0
12	支付的各项税费	0	0
13	支付其他与经营活动有关的现金	20000	0
14	经营活动现金流出小计	20000	0
15	经营活动产生的现金流量净额	-10000	0
16	二、投资活动产生的现金流量：		
17	收回投资收到的现金	0	0
18	取得投资收益收到的现金	0	0
19	处置固定资产、无形资产和其他长期资产收回的现金净额	0	0
20	处置子公司及其他营业单位收到的现金净额	0	0
21	收到其他与投资活动有关的现金	0	0
22	投资活动现金流入小计	0	0
23	购建固定资产、无形资产和其他长期资产支付的现金	0	0
24	投资支付的现金	0	0
25	取得子公司及其他营业单位支付的现金净额	0	0
26	支付其他与投资活动有关的现金	0	0
27	投资活动现金流出小计	0	0
28	投资活动产生的现金流量净额	0	0
29	三、筹资活动产生的现金流量：		
30	吸收投资收到的现金	0	0
31	取得借款收到的现金	0	0
32	收到其他与筹资活动有关的现金	0	0
33	筹资活动现金流入小计	0	0
34	偿还债务支付的现金	0	0
35	分配股利、利润或偿付利息支付的现金	0	0
36	支付其他与筹资活动有关的现金	0	0
37	筹资活动现金流出小计	0	0
38	筹资活动产生的现金流量净额	0	0
39	四、汇率变动对现金及现金等价物的影响	0	0
40	五、现金及现金等价物净增加额	-10000	0
41	加：期初现金及现金等价物余额	22340000	0
42	六、期末现金及现金等价物余额	22330000	0

图7-38 云端集团_张三-现金流量表界面

2) 云端科技公司_张三现金流量表

科技公司会计_张三登录后,执行【财务会计】—【报表】—【报表管理】—【报表】命令,进入报表界面。单击【新增】按钮,进入新增报表界面,在报表模板中选择报表模板"201801001_03",报表日期选择"2021/1/31",币别选择"人民币",金额单位选择"元",如图7-39所示,单击【确定】按钮。

图 7-39　新增现金流量表界面

双击刚才新增的报表,选择【点击打开】按钮,进入财务报表平台。在【数据】页签下,选择【重算表页】按钮,如图7-40所示,保存、提交并审核重算后的报表,完成报表编制。

行	项　目	本期金额	上期金额
	现金流量表		
	年　月		会企03表
	编制单位:		单位: 元
4	项　目	本期金额	上期金额
5	一、经营活动产生的现金流量		
6	销售商品、提供劳务收到的现金	568000	0
7	收到的税费返还	0	0
8	收到其他与经营活动有关的现金	0	0
9	经营活动现金流入小计	568000	0
10	购买商品、接受劳务支付的现金	601000	0
11	支付给职工以及为职工支付的现金	0	0
12	支付的各项税费	0	0
13	支付其他与经营活动有关的现金	6400	0
14	经营活动现金流出小计	607400	0
15	经营活动产生的现金流量净额	-39400	0
16	二、投资活动产生的现金流量:		
17	收回投资收到的现金	0	0
18	取得投资收益收到的现金	0	0
19	处置固定资产、无形资产和其他长期资产收回的现金净额	0	0
20	处置子公司及其他营业单位收到的现金净额	0	0
21	收到其他与投资活动有关的现金	0	0
22	投资活动现金流入小计	0	0
23	购建固定资产、无形资产和其他长期资产支付的现金	0	0
24	投资支付的现金	0	0
25	取得子公司及其他营业单位支付的现金净额	0	0
26	支付其他与投资活动有关的现金	0	0
27	投资活动现金流出小计	0	0
28	投资活动产生的现金流量净额	0	0
29	三、筹资活动产生的现金流量:		
30	吸收投资收到的现金	0	0
31	取得借款收到的现金	0	0
32	收到其他与筹资活动有关的现金	0	0
33	筹资活动现金流入小计	0	0
34	偿还债务支付的现金	0	0
35	分配股利、利润或偿付利息支付的现金	0	0
36	支付其他与筹资活动有关的现金	0	0
37	筹资活动现金流出小计	0	0
38	筹资活动产生的现金流量净额	0	0
39	四、汇率变动对现金及现金等价物的影响	0	0
40	五、现金及现金等价物净增加额	-39400	0
41	加: 期初现金及现金等价物余额	7895000	0
42	六、期末现金及现金等价物余额	7855600	0

图 7-40　云端科技公司_张三-现金流量表界面

3) 云端销售公司_张三现金流量表

销售公司会计_张三登录后，执行【财务会计】—【报表】—【报表管理】—【报表】命令，进入报表界面。单击【新增】按钮，进入新增报表界面，在报表模板中选择报表模板"201801001_03"，报表日期选择"2021/1/31"，币别选择"人民币"，金额单位选择"元"，如图7-41所示，单击【确定】按钮。

图 7-41 新增现金流量表界面

双击刚才新增的报表，选择【点击打开】按钮，进入财务报表平台。在【数据】页签下，选择【重算表页】按钮，如图7-42所示，保存、提交并审核重算后的报表，完成报表编制。

	A	B	C
	项目	现金流量表	
		年　月	会企03表
	编制单位：		单位：元
	项　目	本期金额	上期金额
5	一、经营活动产生的现金流量		
6	销售商品、提供劳务收到的现金	163371	0
7	收到的税费返还	0	0
8	收到其他与经营活动有关的现金	20000	0
9	经营活动现金流入小计	183371	0
10	购买商品、接受劳务支付的现金		0
11	支付给职工以及为职工支付的现金		0
12	支付的各项税费	552136.76	0
13	支付其他与经营活动有关的现金	10000	0
14	经营活动现金流出小计	562136.76	0
15	经营活动产生的现金流量净额	-378765.76	0
16	二、投资活动产生的现金流量：		
17	收回投资收到的现金	0	0
18	取得投资收益收到的现金	0	0
19	处置固定资产、无形资产和其他长期资产收回的现金净额	0	0
20	处置子公司及其他营业单位收到的现金净额	0	0
21	收到其他与投资活动有关的现金	0	0
22	投资活动现金流入小计	0	0
23	购建固定资产、无形资产和其他长期资产支付的现金	0	0
24	投资支付的现金	0	0
25	取得子公司及其他营业单位支付的现金净额	0	0
26	支付其他与投资活动有关的现金	0	0
27	投资活动现金流出小计	0	0
28	投资活动产生的现金流量净额	0	0
29	三、筹资活动产生的现金流量：		
30	吸收投资收到的现金	0	0
31	取得借款收到的现金	0	0
32	收到其他与筹资活动有关的现金	0	0
33	筹资活动现金流入小计	0	0
34	偿还债务支付的现金	0	0
35	分配股利、利润或偿付利息支付的现金	0	0
36	支付其他与筹资活动有关的现金	0	0
37	筹资活动现金流出小计	0	0
38	筹资活动产生的现金流量净额	0	0
39	四、汇率变动对现金及现金等价物的影响		
40	五、现金及现金等价物净增加额	-378765.76	
41	加：期初现金及现金等价物余额	27862136.76	
42	六、期末现金及现金等价物余额	27483371	

图 7-42 云端销售公司_张三-现金流量表界面

第8章 合并报表

8.1 系统概述

合并报表系统,是基于会计核算体系,帮助集团企业构建和规范对外合并财务报告和对内管理报告体系的系统,可以简单、快速地完成各子公司个别报表数的采集和调整、内部会计事项的自动抵销、多汇报口径合并报表的并行出具等工作。合并报表系统全面满足企业法人组织架构、责任中心考核架构等多种维度、多种合并方式的报表合并要求,及时、真实、准确地反映集团整体的运营状况。

8.2 实验练习

本节案例数据以学号为 201801001 的学生张三为例,进行后续全部实验操作。

实验一 合并准备

↗ 应用场景

拥有多家分(子)公司的集团企业,需要以整个集团的名义出具合并财务报表。集团(子集团)在编制合并财务报表之前,需要确定合并范围,以明确哪些分(子)公司需纳入合并范围,以及合并结构。系统还提供对股权关系及其变化的维护,记录集团内各公司间的股权关系。理清企业集团内部股权关系是确定合并报表范围的基础,也是合并报表进行权益抵销的一项基础工作。

↗ 实验步骤
- 新增股权关系。
- 新增合并方案。
- 调整分录模板。
- 抵销分录模板。

↗ 操作部门及人员
由集团公司会计进行操作。

↗ 实验前准备
将系统日期调整到 2021 年 1 月 1 日。

↗ 实验数据
1. 投资公司为云端集团_姓名,股权关系如表 8-1 所示。

表 8-1 股权关系

投资公司	被投资公司	生效日期	持股比例
云端集团_姓名	云端科技公司_姓名	2021/1/1	100%
	云端销售公司_姓名	2021/1/1	100%

2. 合并方案信息如表 8-2 所示。

表 8-2 合并方案

编码	名称	权益核算	核算体系	会计政策	生效日期
学号.01	云端集团_姓名	统一在控股公司进行核算	财务会计核算体系	中国准则会计政策	2021/1/1

3. 云端集团_姓名合并方案下设置的合并范围信息如表 8-3 所示。

表 8-3 合并范围

编码	名称	公司名称	是否控股公司
学号.01	云端集团合并范围_姓名	云端集团_姓名	是
		云端科技公司_姓名	否
		云端销售公司_姓名	否

操作指导

1. 新增股权关系

登录用户：集团公司会计_张三，密码：201801001，登录金蝶云星空主界面，执行【财务会计】—【合并报表】—【合并准备】—【股权关系】命令，单击菜单栏上【新增】按钮，根据表 8-1 的实验数据填写股权关系，投资公司选择云端集团_张三，被投资公司分别选择云端科技公司_张三和云端销售公司_张三，完成填写后，单击【保存】按钮，如图 8-1 所示。

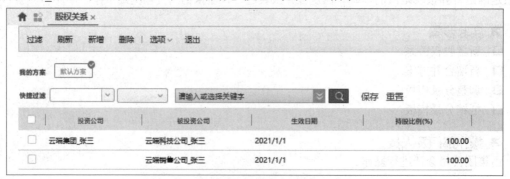

图 8-1 新增股权关系界面

2. 新增合并方案

执行【财务会计】—【合并报表】—【合并准备】—【合并方案】命令，根据表 8-2 的信息填写实验数据，根据学号和姓名输入正确信息，以张三同学为例，输入编码为"201801001.01"，名称为"云端集团_张三"，表头填写完成后，单击【新增范围】按钮，根据表 8-3 的信息填写合并范围编码为"201801001.01",填写合并范围名称为"云端集团合并范围_张三",如图 8-2 所示,并根据案例要求录入合并范围组织的实验数据,单击【保存】按钮后,在菜单栏执行【业务操作】—【启用】命令,完成合并方案的启用,如图 8-3 所示。

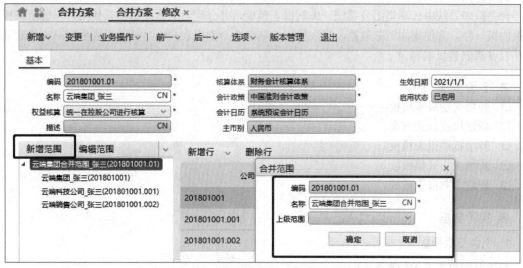

图 8-2 新增合并方案界面(1)

图 8-3 新增合并方案界面(2)

3. 调整分录模板

合并报表在编制流程中需要对个别报表进行一些事项的调整,以保证合并数据的一致性和合并结果的正确性。系统中已经预置部分调整分录模板,实验中无须修改,在后续功能中直接引用。

4. 抵销分录模板

合并报表在编制流程中一个重要的环节就是编制抵销分录,将内部事项对合并财务报表有关项目的影响进行抵销处理。编制抵销分录,进行抵销处理是合并财务报表编制的关键和主要内容,其目的在于将个别财务报表各项目的加总金额中重复的因素予以抵销。合并报表中通过抵销分录模板功能,用户可以将常用的抵销分录预置在模板中供后续使用。本实验无须新增抵销分录模板,在后续功能中直接引用预置的抵销分录模板。

实验二 编制报表模板

> **应用场景**

合并报表系统由云端集团公司统一编制报表模板,并分配给下属成员供其使用,保证所有报表模板的统一性,方便集团汇总数据。报表模板编制包含个别报表模板、抵销报表模板、工作底稿模板和合并报表模板编制。

> **实验步骤**

- 新增个别报表模板。
- 新增模板样式方案。
- 新增抵销报表模板。
- 新增工作底稿模板。
- 新增合并报表模板。

> **实验数据**

1. 个别报表模板

新建个别报表模板如表8-4所示。

表8-4 个别报表模板

编码	名称	周期	样式类型	分发
学号	个别报表模板_姓名	月报	固定样式	云端集团_姓名、云端科技公司_姓名、云端销售公司_姓名

2. 模板样式方案

新建模板样式方案如表8-5所示。

表8-5 模板样式方案

报表类型	抵销类型	方案名称	样式类型	报表项目数据类型	报表项目	取数公式取数类型
抵销表	往来类	往来抵销(应收)_姓名	动态罗列报表	期末数	1000.04应收账款	期末余额
抵销表	往来类	往来抵销(应付)_姓名	动态罗列报表	期末数	3000.04应付账款	期末余额
抵销表	往来类	往来抵销(其他应收)_姓名	动态罗列报表	期末数	1000.08其他应收款	期末余额
抵销表	往来类	往来抵销(其他应付)_姓名	动态罗列报表	期末数	3000.10其他应付款	期末余额

3. 抵销报表模板

新建抵销报表模板如表8-6所示。

表 8-6 抵销报表模板

名称	周期	导入模板样式方案	分发
往来抵销报表模板_姓名	月报	往来抵销(应收)_姓名	云端集团_姓名、云端科技公司_姓名、云端销售公司_姓名
		往来抵销(应付)_姓名	
其他往来抵销报表模板_姓名	月报	往来抵销(其他应收)_姓名	
		往来抵销(其他应付)_姓名	

4. 工作底稿模板

新建工作底稿模板如表 8-7 所示。

表 8-7 工作底稿模板

名称	类型	周期	样式类型	分发
工作底稿模板_姓名	工作底稿	月报	固定样式	云端集团合并范围_姓名

5. 合并报表模板

新建合并报表模板如表 8-8 所示。

表 8-8 合并报表模板

名称	类型	周期	样式类型	分发
合并报表模板_姓名	合并报表	月报	固定样式	云端集团合并范围_姓名

➤ 操作指导

1. 个别报表模板

登录用户：集团公司会计_张三，密码：201801001，登录金蝶云星空主界面，执行【财务会计】—【合并报表】—【报表模板】—【个别报表模板】命令，单击【新增】按钮，根据表 8-4 的实验数据，新增个别报表模板并保存，如图 8-4 所示。

图 8-4 新增个别报表模板界面

保存已建好的个别报表模板后，在个别报表模板列表界面双击新建的报表模板，当弹出列表对话框时，选择【点击打开】按钮，允许文件运行，如图 8-5 所示。

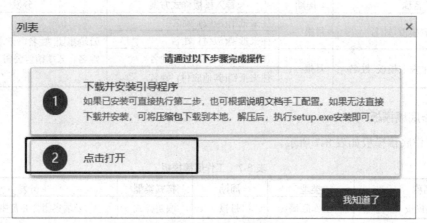

图 8-5　安装金蝶云星空财务报表平台

本案例直接引用系统预置的个别报表模板，在报表客户端左下方的页签处(Sheet1)右键选择"插入表页"，弹出插入表页界面，在"固定样式"页签下，按住 Ctrl 键不放，同时选中"资产负债表""利润表"及"现金流量表"，如图 8-6 所示，单击【确定】按钮。

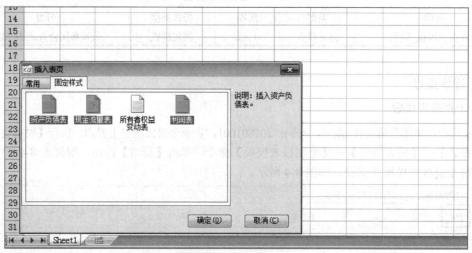

图 8-6　插入表页界面

成功插入资产负债表、利润表、现金流量表后，把利润表中的"营业税金及附加"改为"税金及附加"，把空的 Sheet1 工作表删除，如图 8-7 所示，单击菜单栏上的【保存】按钮，系统会提示个别报表模板，保存成功。完成报表模板编辑后，关闭报表编辑界面。

图 8-7　成功插入固定样式报表界面

在个别报表模板列表界面，对新建的个别报表模板进行提交、审核。选择个别报表模板后，单击列表工具栏【分发】按钮，核算体系选择"财务会计核算体系"，勾选所有组织，如图 8-8 所示，单击【确定】按钮。

图 8-8　模板分发界面

分发成功后，在个别报表模板界面可看见具体的分发信息，如图 8-9 所示。

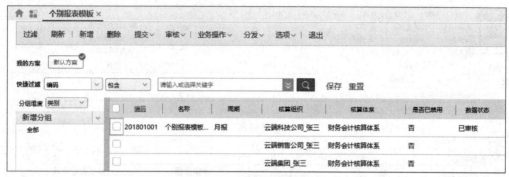

图 8-9 个别报表模板界面

2. 模板样式方案

执行【财务会计】—【合并报表】—【报表模板】—【模板样式方案】命令，单击【新增】按钮，打开新增模板样式方案界面，根据表 8-5 的内容，新增模板样式方案往来抵销(应收)_张三，在表头部分填写方案名称为"往来抵销(应收)_张三"，报表类型选择"抵销类"，抵销类型选择"往来类"，在"报表项目"页签，填写数据类型为"期末数"，报表项目为"1000.04"，如图 8-10 所示。

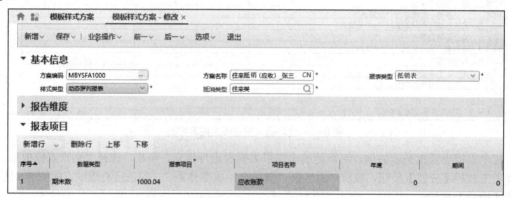

图 8-10 新增模板样式方案 "报表项目" 页签

在"取数公式"页签中录入取数类型为"Y 期末余额"，如图 8-11 所示，单击【保存】按钮完成往来抵销(应收)_张三的模板样式方案。

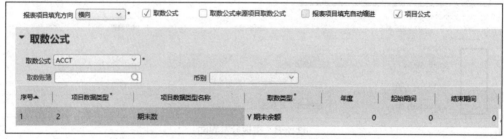

图 8-11 新增模板样式方案 "取数公式" 页签

参照上述步骤，根据表 8-5 的内容完成其他 3 个模板样式方案的新增，如图 8-12 所示。

图 8-12　往来抵销模板样式方案界面

3. 抵销报表模板

执行【财务会计】—【合并报表】—【报表模板】—【抵销报表模板】命令，单击【新增】按钮，打开抵销表模板新增界面，根据表 8-6 的实验数据，填写名称为"往来抵销报表模板_张三"，周期选择"月报"，如图 8-13 所示，信息录入完成后单击【保存】按钮完成抵销报表模板的新增。

图 8-13　新增往来抵销表模板界面

保存后，单击菜单栏上的【编辑模板】按钮，打开报表客户端，单击【开始】页签的【批量填充向导】，打开"模板填充向导"对话框，选择往来抵销(应收)_张三的模板样式方案，如图 8-14 所示，单击【批量填充】按钮，完成报表填充。

图 8-14　批量填充向导界面

在下面几行,继续使用【批量填充向导】将"往来抵销(应付)_张三"也填充到报表模板,单击【保存】按钮,如图 8-15 所示,完成后关闭报表客户端。

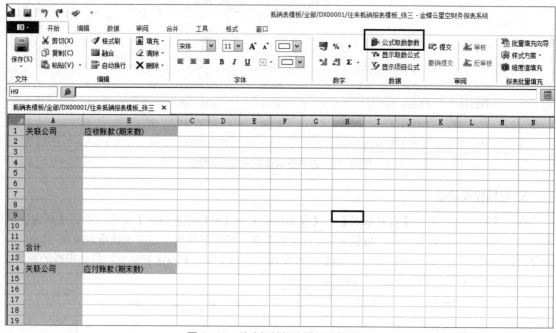

图 8-15 往来抵销报表模板编辑界面

参照上述步骤,根据表 8-6 的内容,完成"其他往来抵销报表模板_张三"的模板编辑,如图 8-16 所示。

图 8-16 其他往来抵销报表模板编辑界面

保存报表模板并关闭，回到抵销报表模板界面，对模板提交、审核，完成模板的审核。审核通过后，单击【分发】按钮，打开抵销表模板分发界面，单击【选择组织】按钮，选择"云端集团合并范围_张三"方案下所有核算组织后，如图8-17所示，返回数据后单击【分发】按钮，完成抵销表模板的分发。

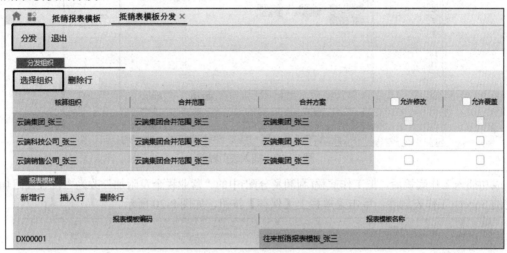

图8-17 抵销表模板分发界面

4. 工作底稿模板

执行【财务会计】—【合并报表】—【报表模板】—【合并报表模板】命令，单击【新增】按钮打开合并报表模板新增界面，根据表8-7的实验数据，填写名称为"工作底稿模板_张三"，选择类型为"工作底稿"，选择周期为"月报"，信息录入完成后单击【保存】按钮，如图8-18所示。

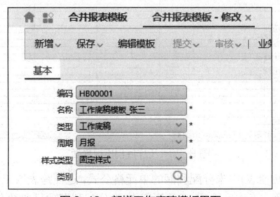

图8-18 新增工作底稿模板界面

单击【编辑模板】按钮打开财务报表平台，在Sheet1位置单击右键选择"插入表页"，弹出插入表页界面，选择"固定样式"页签中的工作底稿(资产负债表、现金流量表、利润表)，如图8-19所示。

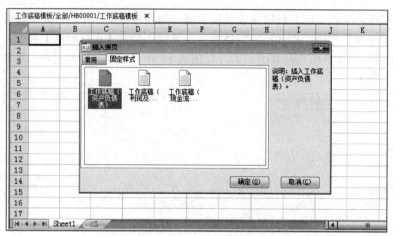

图 8-19 插入表页界面

成功插入工作底稿后,把工作底稿(利润及分配)中的"营业税金及附加"改为"税金及附加",把空的 Sheet1 工作表删除,单击菜单栏上【保存】按钮,如图 8-20 所示。

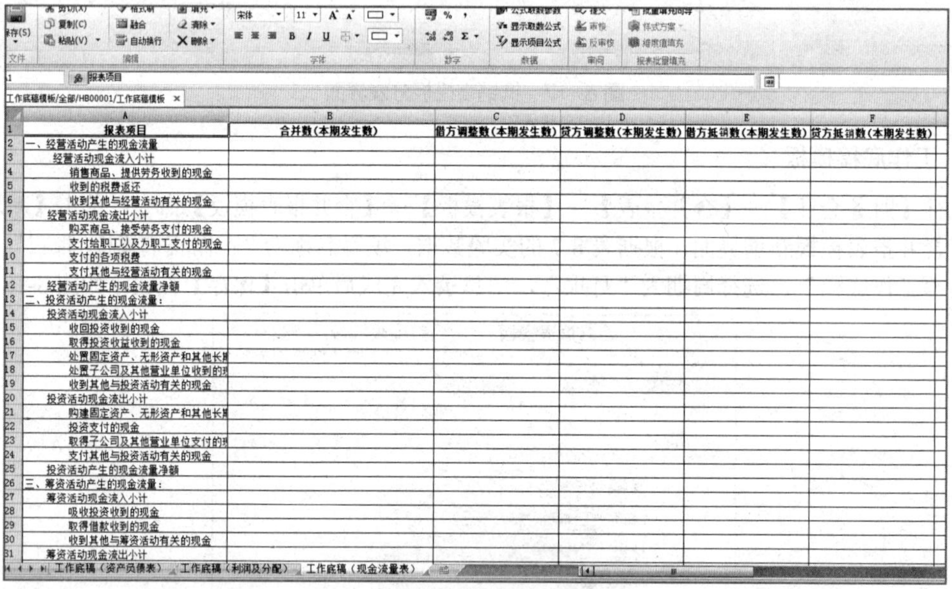

图 8-20 工作底稿模板界面

修改工作底稿(资产负债表)中未分配利润的单元格公式,这样跨表取工作底稿(利润及分配)中年末未分配利润数据才正确。工作底稿(资产负债表)中未分配利润项目取数公式如下。

合并数(期末数)公式:=REF("工作底稿(利润及分配)","B28")

借方调整数(期末数)公式:=REF("工作底稿(利润及分配)","C28")

贷方调整数(期末数)公式:=REF("工作底稿(利润及分配)","D28")

借方抵销数(期末数)公式:=REF("工作底稿(利润及分配)","E28")+14400000

贷方抵销数(期末数)公式:=REF("工作底稿(利润及分配)","F28")

说明:借方抵销数(期末数)公式中的 14400000 为年初未分配利润抵销数。

公式必须一字不差,符号为半角符号,否则报表取不到数,操作步骤如下:选定未分配利润行对应的单元格,执行【编辑】—【报表函数】—【搜索栏内输入 REF】—【转到】—【REF】命令,单击【确定】按钮,如图 8-21 所示。

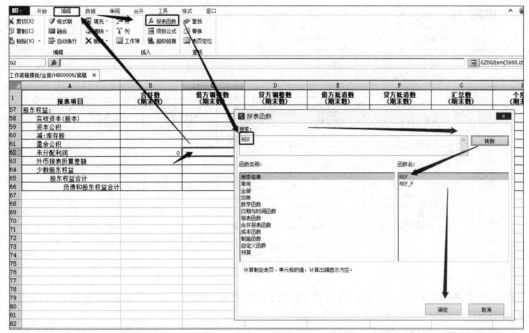

图 8-21 修改公式界面

输入函数参数，如图 8-22 所示。

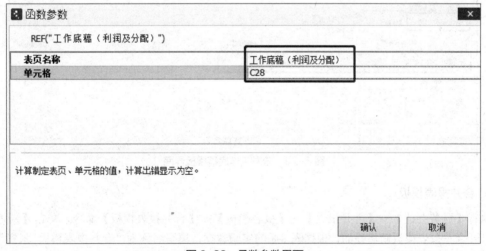

图 8-22 函数参数界面

在函数参数对话框中的单元格中输入上述所讲到的对应的单元格地址，即：工作底稿(资产负债表)中未分配利润函数分别在对应的单元格中录五次，对应工作底稿(利润及分配)单元格地址分别为 B28、C28、D28、E28、F28。然后，单击【保存】按钮。以未分配利润为例，借方抵销数(期末数)公式如图 8-23 所示。

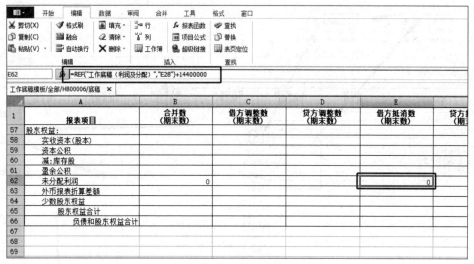

图 8-23　修改函数

对工作底稿模板提交、审核，并分发到"云端集团合并范围_张三"合并方案的合并范围，如图 8-24 所示。

图 8-24　分发工作底稿模板界面

5. 合并报表模板

执行【财务会计】—【合并报表】—【报表模板】—【合并报表模板】命令，单击【新增】按钮，打开合并报表模板新增界面，根据表 8-8 的实验数据，填写名称为"合并报表模板_张三"，类型选择"合并报表"，周期选择"月报"，如图 8-25 所示，信息录入完成后单击【保存】按钮完成模板新增。

图 8-25　新增合并报表模板界面

单击【编辑模板】按钮,打开财务报表平台,在 Sheet1 位置单击右键选择"插入表页",弹出插入表页界面,选择"固定样式"页签中的"资产负债表""利润表""现金流量表",如图 8-26 所示。

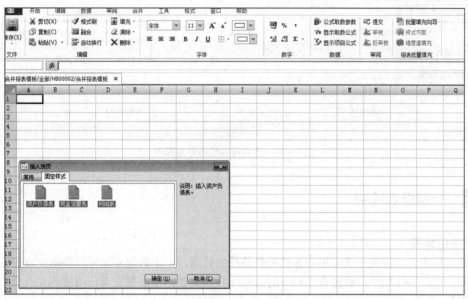

图 8-26　插入表页界面

合并报表模板中成功插入资产负债表、利润表、现金流量表后,把利润表中的"营业税金及附加"改为"税金及附加",把空的 Sheet1 工作表删除,单击菜单栏上【保存】按钮,如图 8-27 所示。

图 8-27　新增合并报表模板界面

回到合并报表模板界面,对合并报表模板提交、审核,并分发到"云端集团_张三"合并方案的合并范围,勾选"允许修改"及"允许覆盖",单击【分发】按钮,如图 8-28 所示。

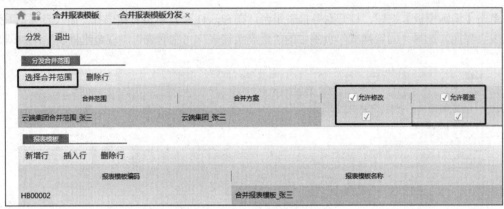

图 8-28　合并报表模板分发界面

实验三　个别报表编制

↗ 应用场景

金蝶云星空合并报表系统采用向导式的合并控制管理，一个管理界面可以清晰完成一期合并报表的编制。在合并控制中，通过自上而下的流程向导式菜单，帮助报表会计清晰地完成个别报表的收集、调整。

↗ 实验步骤

- ☐ 设置报表期间。
- ☐ 指定持股比例。
- ☐ 新增个别报表。
- ☐ 新增抵销报表。

↗ 实验数据

1. 报表期间

设置报表期间，信息如表 8-9 所示。

表 8-9　指定模板信息

合并方案	报表日期	报表周期
云端集团_姓名	2021/1/31	月报

2. 持股比例

在持股比例中指定调整分录模板和抵销分录模板，信息如表 8-10 所示。

表 8-10　指定模板信息

模板编码	模板名称	模板类型
0001	母公司长期股权投资与子公司所有者权益抵销(同一控制)	抵销
0003	母公司投资收益与子公司本年利润分配项目抵销	抵销
201	成本法调整为权益法	调整

3. 抵销报表

在集团公司其他往来抵销表中,手工录入数据如表 8-11 所示。

表 8-11　集团公司其他往来抵销

关联公司	其他应收款(期末数)	其他应付款(期末数)
云端科技公司_姓名		
云端销售公司_姓名	20,000.00	10,000.00
合计	20,000.00	10,000.00

在科技公司往来抵销表中,手工录入数据如表 8-12 所示。

表 8-12　科技公司往来抵销

关联公司	应收账款(期末数)	应付账款(期末数)
云端集团_姓名		
云端销售公司_姓名	1,559,736.11	
合计	1,559,736.11	

在销售公司往来抵销表中,手工录入数据如表 8-13 所示。

表 8-13　销售公司往来抵销

关联公司	应收账款(期末数)	应付账款(期末数)
云端集团_姓名		
云端科技公司_姓名		1,559,736.11
合计		1,559,736.11

在销售公司其他往来抵销表中,手工录入数据如表 8-14 所示。

表 8-14　销售公司其他往来抵销

关联公司	其他应收款(期末数)	其他应付款(期末数)
云端集团_姓名	10,000.00	20,000.00
云端科技公司_姓名		
合计	10,000.00	20,000.00

➚ 操作指导

1. 设置报表期间

登录用户:集团公司会计_张三,密码:201801001,登录金蝶云星空主界面,执行【财务会计】—【合并报表】—【合并控制】命令,根据表 8-9 的实验数据设置报表期间,选择合并方案为"云端集团_张三",报表日期为"2021/1/31",报表周期为"月报",如图 8-29 所示。

图 8-29 设置报表期间界面

2. 持股比例

在合并控制界面左边列表上【持股比例】中，自动显示股权关系中设置的持股比例情况。选中每条记录，单击【业务操作】—【指定】按钮，为持股比例指定抵销分录模板和调整分录模板，如图 8-30 所示。

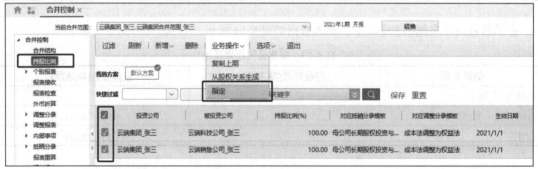

图 8-30 指定模板

根据表 8-10 的实验数据，指定的抵销分录模板为 0001 和 0003，指定的调整分录模板为 201，如图 8-31 所示，单击【确定】按钮，完成抵销分录模板和调整分录模板的指定。后续操作中可以使用指定的分录模板，自动生成权益类抵销分录和权益类调整分录。

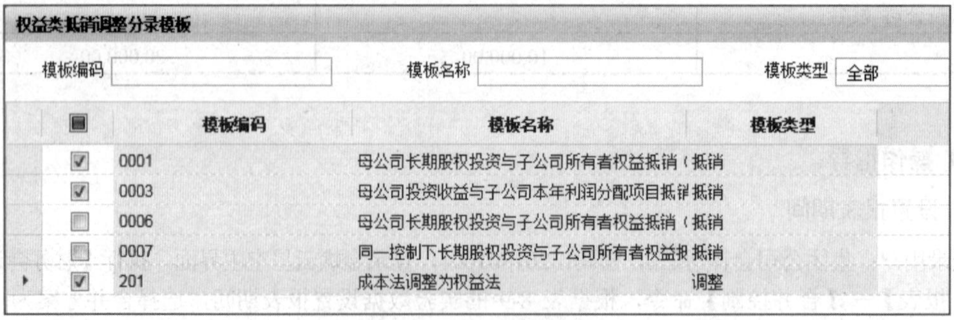

图 8-31 选择指定模板

3. 新增个别报表

在【合并控制】中左边列表的【个别报表】中，选择"云端集团_张三"，单击【新增】按钮，在个别报表新增界面选择报表模板，使用设置的个别报表模板_张三，新增 2021 年 1 期的个别报表，操作如图 8-32 所示。

图 8-32　新增个别报表

单击【确定】按钮后回到列表界面,双击【个别报表模板】,打开报表客户端,在【数据】页签下单击【全部重算】按钮,获取总账数据,返回到报表中,单击【保存】按钮,如图 8-33 所示。

图 8-33　个别报表数据重算界面

根据上述操作,新增云端科技公司_张三及云端销售公司_张三的个别报表。各公司对应的个别报表中具体的资产负债表、现金流量表和利润表数据如图 8-34~图 8-42 所示。

图 8-34　个别报表重算界面-集团资产负债表

个别报表/财务会计核算体系/云端集团_张三/201801001/个别报表模板_张三-2021年1期月报(PRE001.人民币.元) ×

	A	B	C
1	现金流量表		
2	年　　月		会企03表
3	编制单位：		单位：元
4	项　　目	本期金额	上期金额
5	一、经营活动产生的现金流量		
6	销售商品、提供劳务收到的现金	0	0
7	收到的税费返还	0	0
8	收到其他与经营活动有关的现金	10000	0
9	经营活动现金流入小计	10000	0
10	购买商品、接受劳务支付的现金	0	0
11	支付给职工以及为职工支付的现金	0	0
12	支付的各项税费	0	0
13	支付其他与经营活动有关的现金	20000	0
14	经营活动现金流出小计	20000	0
15	经营活动产生的现金流量净额	-10000	0
16	二、投资活动产生的现金流量：		
17	收回投资收到的现金	0	0
18	取得投资收益收到的现金	0	0
19	处置固定资产、无形资产和其他长期资产收回的现金净额	0	0
20	处置子公司及其他营业单位收到的现金净额	0	0
21	收到其他与投资活动有关的现金	0	0
22	投资活动现金流入小计	0	0
23	购建固定资产、无形资产和其他长期资产支付的现金	0	0
24	投资支付的现金	0	0
25	取得子公司及其他营业单位支付的现金净额	0	0
26	支付其他与投资活动有关的现金	0	0
27	投资活动现金流出小计	0	0
28	投资活动产生的现金流量净额	0	0
29	三、筹资活动产生的现金流量：		
30	吸收投资收到的现金	0	0
31	取得借款收到的现金	0	0
32	收到其他与筹资活动有关的现金	0	0
33	筹资活动现金流入小计	0	0
34	偿还债务支付的现金	0	0
35	分配股利、利润或偿付利息支付的现金	0	0
36	支付其他与筹资活动有关的现金	0	0
37	筹资活动现金流出小计	0	0
38	筹资活动产生的现金流量净额	0	0
39	四、汇率变动对现金及现金等价物的影响	0	0
40	五、现金及现金等价物净增加额	-10000	0
41	加：期初现金及现金等价物余额	22340000	0
42	六、期末现金及现金等价物余额	22330000	0

图 8-35　个别报表重算界面-云端集团现金流量表

个别报表/财务会计核算体系/云端集团_张三/201801001/个别报表模板_张三-2021年1期月报(PRE001.人民币.元) ×

	A	B	C
1	利润表		
2	年　　月		会企02表
3	编制单位：		单位：元
4	项　　目	本期金额	本年累计金额
5	一、营业收入	0	0
6	减：营业成本	0	0
7	税金及附加	0	0
8	销售费用	0	0
9	管理费用	0	0
10	财务费用	0	0
11	资产减值损失	0	0
12	加：公允价值变动收益（损失以“-”号填列）	0	0
13	投资收益（损失以“-”号填列）	0	0
14	其中：对联营企业和合营企业的投资收益		
15	二、营业利润（亏损以“-”号填列）	0	0
16	加：营业外收入	0	0
17	减：营业外支出	0	0
18	其中：非流动资产处置损失		
19	三、利润总额（亏损总额以“-”号填列）	0	0
20	减：所得税费用	0	0
21	四、净利润（净亏损以“-”号填列）	0	0
22	五、每股收益		
23	（一）基本每股收益		
24	（二）稀释每股收益		

图 8-36　个别报表重算界面-云端集团利润表

资产负债表

会企01表
单位：元

编制单位：　　　　2021 年 1 月

资　产	期末数	年初数	负债及所有者权益（或股东权益）	期末数	年初数
流动资产：			流动负债：		
货币资金	7855600	7895000	短期借款	0	0
交易性金融资产	0	0	交易性金融负债	0	0
应收票据	0	0	应付票据	0	0
应收账款	10101736.11	3320000	应付账款	1302681.1	1800000
预付款项	0	0	预收款项	0	0
应收利息	0	0	应付职工薪酬	1018410.15	0
应收股利	0	0	应交税费	932396.48	0
其他应收款	6400	0	应付利息	0	0
存货	20854768.68	24540000	应付股利	0	0
一年内到期的非流动资产			其他应付款	500	0
其他流动资产	0	0	一年内到期的非流动负债		
流动资产合计	38818504.79	35755000	其他流动负债	0	0
			流动负债合计	3253987.73	1800000
非流动资产：			非流动负债：		
可供出售金融资产	0	0	长期借款	0	0
持有至到期投资	0	0	应付债券	0	0
长期应收款	0	0	长期应付款	0	0
长期股权投资	0	0	专项应付款	0	0
投资性房地产	0	0	预计负债	0	0
固定资产	37832752.78	38045000	递延所得税负债	0	0
在建工程	0	0	其他非流动负债		
工程物资	0	0	非流动负债合计		
固定资产清理	0	0	负债合计	3253987.73	1800000
无形资产	0	0	股东权益：		
开发支出	0	0	实收资本（股本）	48000000	48000000
商誉	0	0	资本公积	6400000	6400000
长期待摊费用	0	0	减：库存股	0	0
递延所得税资产	0	0	盈余公积	8000000	8000000
其他非流动资产	0	0	未分配利润	10997269.84	9600000
非流动资产合计	37832752.78	38045000	外币报表折算差额		
			股东权益合计	73397269.84	72000000
资产总计	76651257.57	73800000	负债和股东权益合计	76651257.57	73800000

图 8-37　个别报表重算界面-云端科技公司资产负债表

现金流量表

会企03表
单位：元

　　　　　年　　月
编制单位：

项　目	本期金额	上期金额
一、经营活动产生的现金流量		
销售商品、提供劳务收到的现金	568000	0
收到的税费返还	0	0
收到其他与经营活动有关的现金	0	0
经营活动现金流入小计	568000	0
购买商品、接受劳务支付的现金	601000	0
支付给职工以及为职工支付的现金	0	0
支付的各项税费	0	0
支付其他与经营活动有关的现金	6400	0
经营活动现金流出小计	607400	0
经营活动产生的现金流量净额	-39400	0
二、投资活动产生的现金流量：		
收回投资收到的现金	0	0
取得投资收益收到的现金	0	0
处置固定资产、无形资产和其他长期资产收回的现金净额	0	0
处置子公司及其他营业单位收到的现金净额	0	0
收到其他与投资活动有关的现金	0	0
投资活动现金流入小计	0	0
购建固定资产、无形资产和其他长期资产支付的现金	0	0
投资支付的现金	0	0
取得子公司及其他营业单位支付的现金净额	0	0
支付其他与投资活动有关的现金	0	0
投资活动现金流出小计	0	0
投资活动产生的现金流量净额	0	0
三、筹资活动产生的现金流量：		
吸收投资收到的现金	0	0
取得借款收到的现金	0	0
收到其他与筹资活动有关的现金	0	0
筹资活动现金流入小计	0	0
偿还债务支付的现金	0	0
分配股利、利润或偿付利息支付的现金	0	0
支付其他与筹资活动有关的现金	0	0
筹资活动现金流出小计	0	0
筹资活动产生的现金流量净额	0	0
四、汇率变动对现金及现金等价物的影响		
五、现金及现金等价物净增加额	-39400	0
加：期初现金及现金等价物余额	7895000	0
六、期末现金及现金等价物余额	7855600	0

图 8-38　个别报表重算界面-云端科技公司现金流量表

图 8-39 个别报表重算界面-云端科技公司利润表

图 8-40 个别报表重算界面-云端销售公司资产负债表

个别报表/财务会计核算体系/云端销售公司_张三/201801001/个别报表模板_张三-2021年1期月报(PRE001.人民币.元)

	A	B	C
1	现金流量表		
2	年 月		
3	编制单位：		会企03表 单位：元
4	项 目	本期金额	上期金额
5	一、经营活动产生的现金流量		
6	销售商品、提供劳务收到的现金	163371	0
7	收到的税费返还	0	0
8	收到其他与经营活动有关的现金	20000	0
9	经营活动现金流入小计	183371	0
10	购买商品、接受劳务支付的现金	0	0
11	支付给职工以及为职工支付的现金	0	0
12	支付的各项税费	552136.76	0
13	支付其他与经营活动有关的现金	10000	0
14	经营活动现金流出小计	562136.76	0
15	经营活动产生的现金流量净额	-378765.76	0
16	二、投资活动产生的现金流量：		
17	收回投资收到的现金	0	0
18	取得投资收益收到的现金	0	0
19	处置固定资产、无形资产和其他长期资产收回的现金净额	0	0
20	处置子公司及其他营业单位收到的现金净额	0	0
21	收到其他与投资活动有关的现金	0	0
22	投资活动现金流入小计	0	0
23	购建固定资产、无形资产和其他长期资产支付的现金	0	0
24	投资支付的现金	0	0
25	取得子公司及其他营业单位支付的现金净额	0	0
26	支付其他与投资活动有关的现金	0	0
27	投资活动现金流出小计	0	0
28	投资活动产生的现金流量净额	0	0
29	三、筹资活动产生的现金流量：		
30	吸收投资收到的现金	0	0
31	取得借款收到的现金	0	0
32	收到其他与筹资活动有关的现金	0	0
33	筹资活动现金流入小计	0	0
34	偿还债务支付的现金	0	0
35	分配股利、利润或偿付利息支付的现金	0	0
36	支付其他与筹资活动有关的现金	0	0
37	筹资活动现金流出小计	0	0
38	筹资活动产生的现金流量净额	0	0
39	四、汇率变动对现金及现金等价物的影响	0	0
40	五、现金及现金等价物净增加额	-378765.76	0
41	加：期初现金及现金等价物余额	27862136.76	0
42	六、期末现金及现金等价物余额	27483371	0

图 8-41 个别报表重算界面-云端销售公司现金流量表

个别报表/财务会计核算体系/云端销售公司_张三/201801001/个别报表模板_张三-2021年1期月报(PRE001.人民币.元)

	A	B	C
1	利润表		
2	年 月		
3	编制单位：		会企02表 单位：元
4	项 目	本期金额	本年累计金额
5	一、营业收入	1681415.93	1681415.93
6	减:营业成本	1371681.42	1371681.42
7	税金及附加	4441.85	4441.85
8	销售费用	31245.94	31245.94
9	管理费用	0	0
10	财务费用	629	629
11	资产减值损失	0	0
12	加:公允价值变动收益(损失以"-"号填列)	0	0
13	投资收益(损失以"-"号填列)	0	0
14	其中:对联营企业和合营企业的投资收益		
15	二、营业利润（亏损以"-"号填列）	273417.72	273417.72
16	加：营业外收入	0	0
17	减：营业外支出	0	0
18	其中：非流动资产处置损失		
19	三、利润总额（亏损总额以"-"号填列）	273417.72	273417.72
20	减：所得税费用	0	0
21	四、净利润（净亏损以"-"号填列）	273417.72	273417.72
22	五、每股收益		
23	（一）基本每股收益		
24	（二）稀释每股收益		

图 8-42 个别报表重算界面-云端销售公司利润表

个别报表新增完成后，保存报表，回到【合并控制】—【个别报表】界面，对新增的个别报表进行提交、审核，如图 8-43 所示。

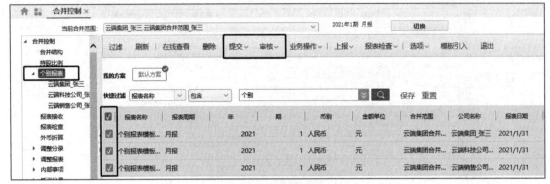

图 8-43　个别报表审核界面

审核成功后，单击【个别报表】按钮回到个别报表总界面，将几个公司个别报表全部勾选，单击【上报】按钮，统一上报至合并范围，如图 8-44 所示。

图 8-44　个别报表上报界面

报表上报后，进入【合并控制】—【报表接收】界面，可显示前序操作已上报的报表，全部勾选，单击【接收】按钮，接收上报的报表，如图 8-45 所示。

图 8-45　个别报表接收界面

4. 新增抵销报表

在【合并控制】中左边列表的【个别报表】中，选择"云端集团_张三"，单击【新增】按钮，在【个别报表新增】界面选择"其他往来抵销报表模板_张三"的报表模板，新增 2021 年 1 期的个别报表，单击【确定】按钮后返回列表界面，如图 8-46 所示。

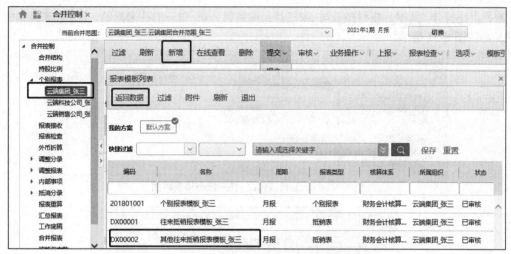

图 8-46　新增其他往来抵销报表界面

双击"其他往来抵销报表模板_张三",打开报表客户端。单击【开始】页签的【维度值填充】按钮,打开【选择关联公司】对话框,系统自动列示关联公司,全选后单击【确定】按钮,如图 8-47 所示。

图 8-47　选择关联公司界面

根据表 8-11 的实验数据,手工录入抵销报表相应信息,在【数据】页签下单击【重算表页】按钮,获取【合计】值,完成报表的保存、提交、审核,如图 8-48 所示。

	A	B	C
1	关联公司	其他应收款(期末数)	
2	云端科技公司_张		
3	云端销售公司_张	20000	
4	合计	20000	
5			
6	关联公司	其他应付款(期末数)	
7	云端科技公司_张		
8	云端销售公司_张	10000	
9	合计	10000	
10			

图 8-48　云端集团公司-其他往来抵销报表界面

根据上述操作，新增云端科技公司_张三及云端销售公司_张三的往来抵销、其他往来抵销报表，如图 8-49~图 8-51 所示。

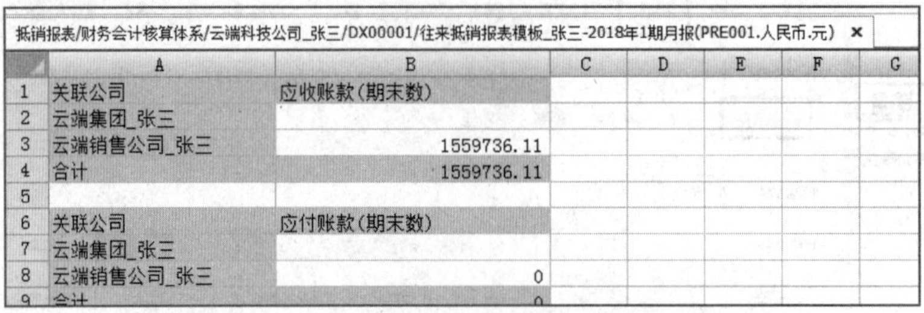

图 8-49　云端科技公司-往来抵销报表界面

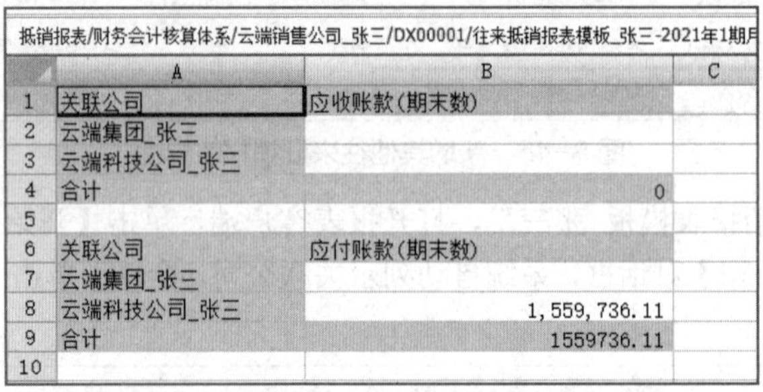

图 8-50　云端销售公司-往来抵销报表界面

图 8-51　云端销售公司-其他往来抵销报表界面

返回【合并控制】—【个别报表】界面，确认将所有往来抵销报表及其他往来抵销报表都提交、审核后，单击【上报】按钮，如图 8-52 所示。

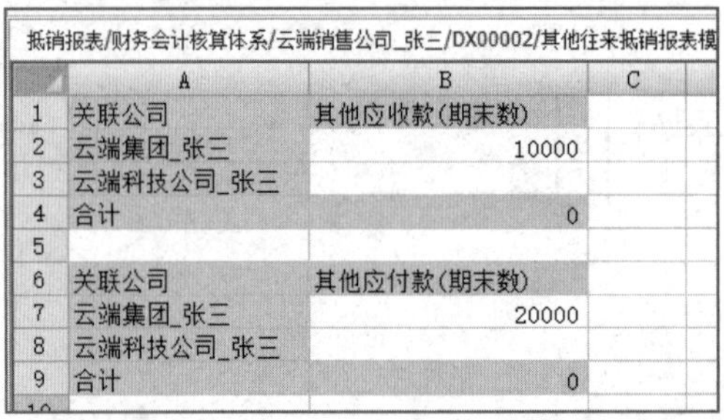

图 8-52　报表上报界面

返回【合并控制】—【报表接收】界面,选择所有往来抵销报表及其他往来抵销报表,单击【接收】按钮,如图 8-53 所示。

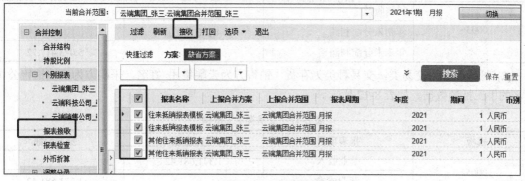

图 8-53 报表接收界面

实验四 抵销与调整

⁊ 应用场景

编制合并报表前,母公司需要统一子公司所采用的会计政策。如果与母公司采用的会计政策不一致,用于合并的子公司个别报表就需要进行调整,直至与母公司政策保持一致。为了真实反映集团的经营成果及财务状况,在编制合并报表时必须对合并范围内所有公司报表中包含的重复计算项目进行抵销,主要包括往来抵销、交易抵销和权益抵销。

⁊ 实验步骤

- ☐ 自动抵销。
- ☐ 手工抵销。
- ☐ 调整分录。
- ☐ 调整分录及抵销分录汇总核对。

⁊ 实验数据

1. **手工抵销数据**

(1) 抵销类型为权益类,投资公司为云端集团_姓名,被投资公司为云端科技公司_姓名的手工抵销数据,如表 8-15 所示。

表 8-15 权益类手工抵销

模板	报表项目	借方金额	贷方金额
0003	投资收益	1,397,269.84	
	年初未分配利润	9,600,000.00	
	年末未分配利润		10,997,269.84

抵销类型为权益类,投资公司为云端集团_姓名,被投资公司为云端销售公司_姓名的手工抵销数据,如表 8-16 所示。

表 8-16　权益类手工抵销

模板	报表项目	借方金额	贷方金额
0003	投资收益	273,417.72	
	年初未分配利润	4,800,000.00	
	年末未分配利润		5,073,417.72

(2) 抵销类型为交易类，交易种类为存货，销售方为云端集团_姓名，采购方为云端销售公司_姓名的手工抵销数据，如表 8-17 所示。

表 8-17　交易类手工抵销

模板	报表项目	借方金额	贷方金额
0005	营业收入	1,371,681.42	
	营业成本		1,371,681.42

(3) 抵销类型为现金流量类，我方为云端集团_姓名，对方为云端销售公司_姓名的手工抵销数据，如表 8-18 所示。

表 8-18　现金流量类手工抵销

摘要	项目名称	项目数据类型	借方金额	贷方金额
资金上划下拨现金流量抵销	支付其他与经营活动有关的现金流量	本期发生数	30,000.00	
	收到其他与经营活动有关的现金流量	本期发生数		30,000.00

2. 调整分录数据

(1) 对云端科技公司_姓名权益调整分录，如表 8-19 所示。

表 8-19　调整分录

模板	报表项目	借方金额	贷方金额
成本法调整为权益法	长期股权投资	1,397,269.84	
	投资收益		1,397,269.84

(2) 对云端销售公司_姓名权益调整分录，如表 8-20 所示。

表 8-20　调整分录

模板	报表项目	借方金额	贷方金额
成本法调整为权益法	长期股权投资	273,417.72	
	投资收益		273,417.72

➤ 操作指导

1. 自动抵销

(1) 往来类自动抵销

登录用户：集团公司会计_张三，密码：201801001，登录金蝶云星空主界面，选择【财务会计】—【合并报表】—【合并控制】—【内部事项】菜单下的【内部事项查询】—【往来类】，查看录入的抵销报表数据，如图 8-54 所示。

图 8-54 内部事项查询界面

选择【内部事项】菜单下的【内部事项核对】—【往来类】，单击列表工具栏中【业务操作】—【核对】，在弹出的【选择公司组织】界面中，勾选所有组织，单击【确定】按钮，在此界面会生成应收应付、其他应收应付往来抵销分录，如图 8-55 所示。

图 8-55 内部事项核对界面

勾选所有系统生成的核对纪录，对核对记录进行提交、审核，如图 8-56 所示。

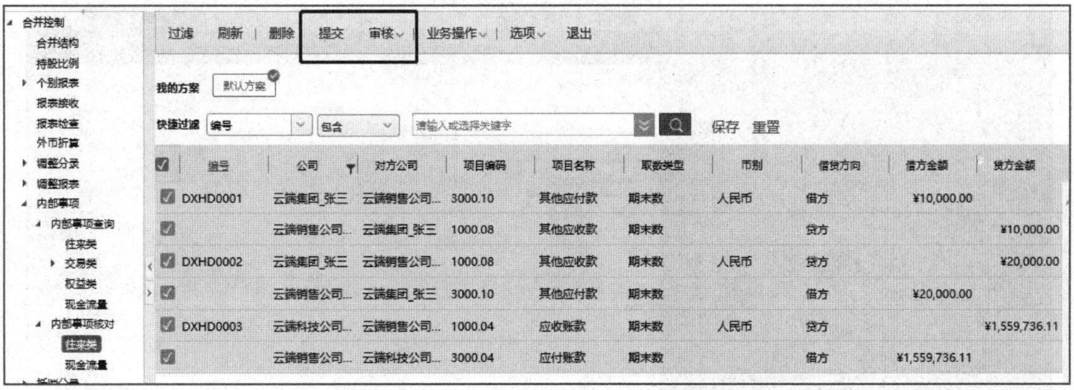

图 8-56 内部事项提交并审核界面

单击【业务操作】—【自动生成抵销分录】按钮，系统会根据双方的往来记录自动产生抵销分录，如图 8-57 所示。

执行【合并控制】—【抵销分录】—【自动抵销】命令，可以查看自动生成的抵销分录。对抵销分录进行提交、审核，审核后的抵销分录会参与后续的工作底稿计算，如图 8-58 所示。

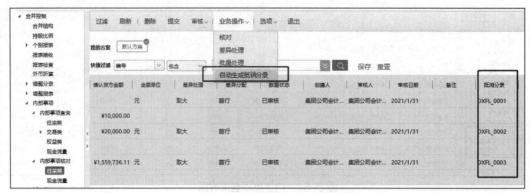

图 8-57 自动生成抵销分录

图 8-58 内部抵销分录审核

(2) 权益类自动抵销

执行【合并控制】—【抵销分录】—【自动抵销】命令,单击列表工具栏中【自动生成】按钮,打开【自动抵销】对话框,选择"权益类",单击【确定】按钮,如图 8-59 所示。

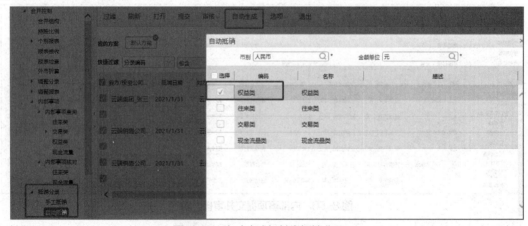

图 8-59 自动生成权益类抵销分录(1)

调整自动生成的权益抵销分录,修改项目编码,将贷方少数股东权益改为长期股权投资。确认无误后,依次单击【保存】【提交】【审核】按钮,如图 8-60 所示。

根据上述操作,将自动生成的权益抵销分录都进行调整,返回列表,确认完成提交审核,如图 8-61 所示。

图 8-60　自动生成权益类抵销分录(2)

图 8-61　自动生成权益类抵销分录(3)

2. 手工抵销

1) 权益类手工抵销分录

执行【合并控制】—【抵销分录】—【手工抵销】命令，在列表工具栏中【新增】按钮，抵销类型选择"权益类"，单击【引入模板】按钮，勾选编码为"0003"，名称为"母公司投资收益与子公司本年利润分配项目抵销"的抵销分录，如图 8-62 所示。

图 8-62　云端集团手工抵销分录

选择投资公司为"云端集团_张三",被投资公司为"云端科技公司_张三",根据表8-15的实验数据,录入手工抵销内容,若模板有其他无数据的分录可删除,依次单击【保存】【提交】【审核】按钮,如图8-63所示。

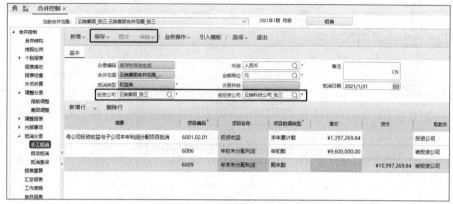

图8-63 云端科技公司手工抵销分录

单击【新增】按钮,根据上述操作及表8-16的实验数据,录入手工抵销内容,选择投资公司为"云端集团_张三",被投资公司为"云端销售公司_张三"的手工抵销分录,依次单击【保存】【提交】【审核】按钮,如图8-64所示。

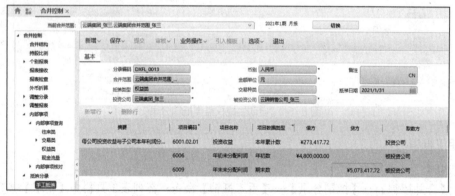

图8-64 云端销售公司手工抵销分录

2) 交易类手工抵销分录

执行【合并控制】—【抵销分录】—【手工抵销】命令,单击列表工具栏中【新增】按钮,在抵销类型列表中选择"交易类",单击【返回数据】按钮,如图8-65所示。

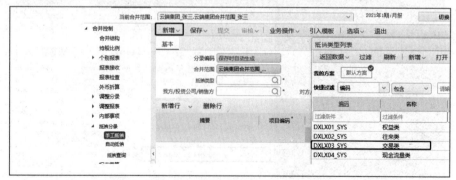

图8-65 交易类手工抵销分录(1)

交易种类选择"存货",在"引入模板"页签下选择编码为 0005 的模板,销售方选择"云端集团_张三",采购方选择"云端销售公司_张三",根据表 8-17 的实验数据录入手工抵销分录,若模板有其他无数据的分录可删除,依次单击【保存】【提交】【审核】按钮,如图 8-66 所示。

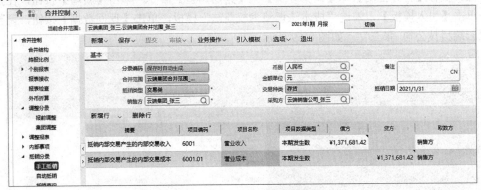

图 8-66　交易类手工抵销分录(2)

3) 现金流量类手工抵销分录

执行【合并控制】—【抵销分录】—【手工抵销】命令,单击列表工具栏中【新增】按钮,在抵销类型列表中选择"现金流量类",返回数据,如图 8-67 所示。

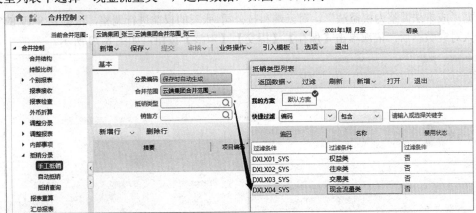

图 8-67　现金流量类手工抵销分录(1)

选择我方为"云端集团_张三",选择对方为"云端销售公司_张三",摘要录入"资金上划下拨现金流量抵销",根据表 8-18 的实验数据,录入手工抵销分录,依次单击【保存】【提交】【审核】按钮,如图 8-68 所示。

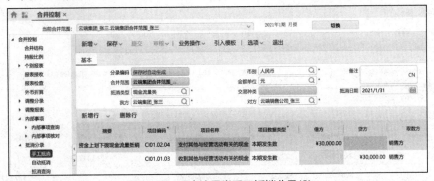

图 8-68　现金流量类手工抵销分录(2)

3. 调整分录

云端集团_张三需要按权益法对云端科技公司_张三和云端销售公司_张三的净利润做出调整，操作步骤：执行【合并控制】—【调整分录】—【集团调整】命令，单击【新增】按钮，在弹出的窗口中单击【引入模板】，勾选"成本法调整为权益法"模板，单击【返回数据】按钮，调整公司选择"云端科技公司_张三"，如图8-69所示。

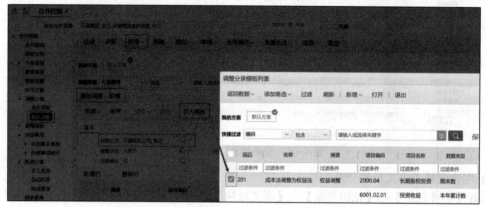

图8-69 引入模板

根据"成本法调整为权益法"，对云端科技公司_张三的权益进行调整，根据表8-19的实验数据，录入对应数据后，依次单击【保存】【提交】【审核】按钮，如图8-70所示。

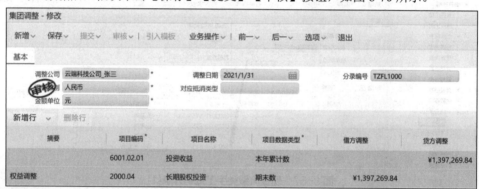

图8-70 云端科技公司权益调整

参照上述步骤，单击【新增】按钮，根据表8-20的实验数据录入对云端销售公司_张三权益调整的实验数据，依次单击【保存】【提交】【审核】按钮，如图8-71所示。

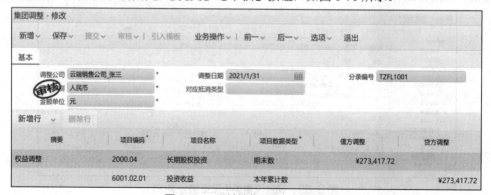

图8-71 云端销售公司权益调整

4. 调整分录及抵销分录汇总核对

完成调整分录和抵销分录后，执行【合并控制】—【调整分录】—【集团调整】命令，查询调整分录汇总，确认完成提交、审核，如图 8-72 所示。

图 8-72　集团调整界面

执行【合并控制】—【抵销分录】—【抵销查询】命令，查询抵销分录汇总并进行核对，如图 8-73 所示。

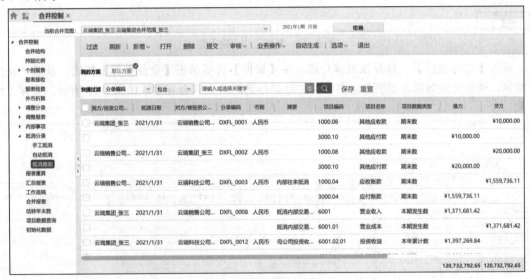

图 8-73　抵销查询界面

实验五　合并报表编制

➤ 应用场景

合并工作底稿是为合并报表编制提供基础。在合并工作底稿中，对纳入合并范围的母公司和子公司的个别报表的各项目数据进行汇总和抵销处理，最终得出合并报表各项目的合并数。合并报表进行最终合并数据的展示。

➤ 实验步骤

- 编制工作底稿。
- 编制合并报表。

操作指导

1. 编制工作底稿

登录用户：集团公司会计_张三，密码：201801001，登录金蝶云星空主界面，执行【财务会计】—【合并报表】—【合并控制】—【工作底稿】命令，单击【新增】按钮，选择"工作底稿模板_张三"，新增 2021 年 1 期的工作底稿，如图 8-74 所示。

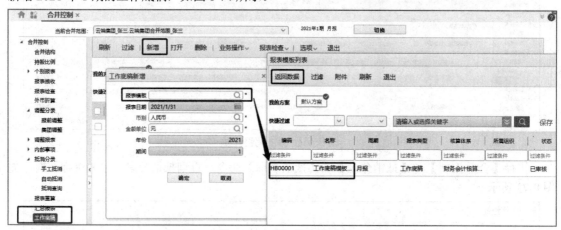

图 8-74　新增工作底稿界面

双击【工作底稿】，打开报表客户端，在【数据】页签单击【全部重算】按钮，获取个别报表数据、调整分录数据、抵销分录数据，并计算得到汇总数和合并数，如图 8-75 所示。保存工作底稿。

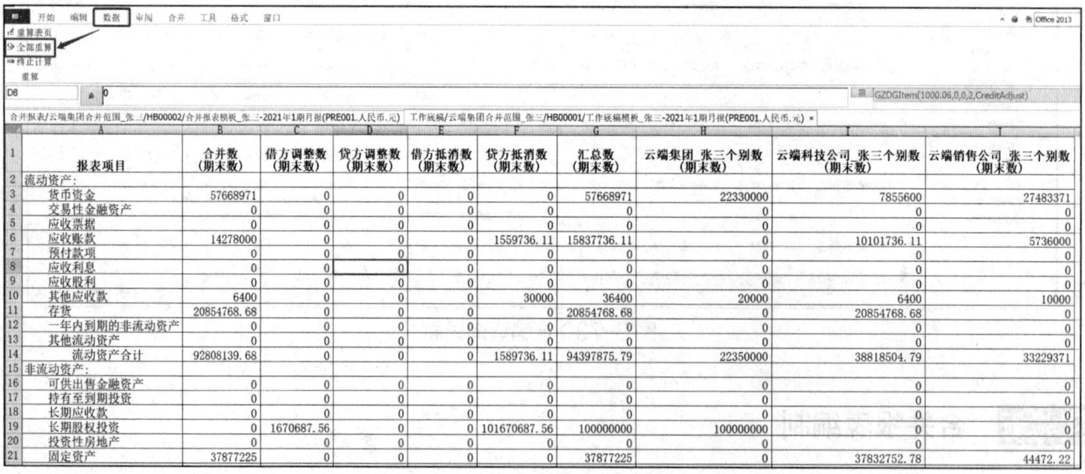

图 8-75　工作底稿(资产负债表)

2. 编制合并报表

在【合并控制】中左侧列表的【合并报表】中，单击【新增】按钮，选择"合并报表模板_张三"，新增 1 期的合并报表，如图 8-76 所示。

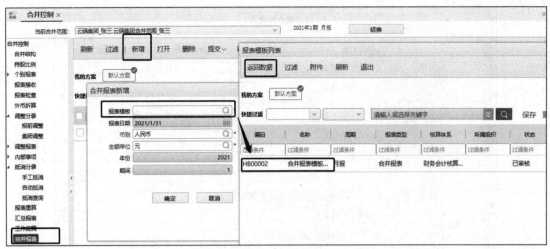

图 8-76 新增合并报表界面

双击【合并报表】按钮,打开报表客户端,在【数据】页签下单击【全部重算】按钮。合并资产负债表如图 8-77 所示。

	资产	期末数	年初数	负债及所有者权益(或股东权益)	期末数	年初数
		2021	年	1	月	会合01表 单位:元
	编制单位:					
	流动资产:			流动负债:		
	货币资金	57668971	0	短期借款	0	0
	交易性金融资产	0	0	交易性金融负债	0	0
	应收票据	0	0	应付票据	0	0
	应收账款	14278000	0	应付账款	4650931.1	0
	预付款项	0	0	预收款项	0	0
	应收利息	0	0	应付职工薪酬	1049392.2	0
	应收股利	0	0	应交税费	973853.82	0
	其他应收款	6400	0	应付利息	0	0
	存货	20854768.68	0	应付股利	0	0
	一年内到期的非流动资产	0	0	其他应付款	500	0
	其他流动资产	0	0	一年内到期的非流动负债	0	0
	流动资产合计	92808139.68	0	其他流动负债	0	0
				流动负债合计	6674677.12	0
	非流动资产:			非流动负债:		
				长期借款	0	0
	可供出售金融资产	0	0	应付债券	0	0
	持有至到期投资	0	0	长期应付款	0	0
	长期应收款	0	0	专项应付款	0	0
	长期股权投资	0	0	预计负债	0	0
	投资性房地产	0	0	递延所得税负债	0	0
	固定资产	37877225	0	其他非流动负债	0	0
	在建工程	0	0	非流动负债合计	0	0
	工程物资	0	0	负债合计	6674677.12	0
	固定资产清理	0	0	股东权益:		
	无形资产	0	0	实收资本(股本)	95340000	0
	开发支出	0	0	资本公积	0	0
	商誉	0	0	减:库存股	0	0
	长期待摊费用	0	0	盈余公积	27000000	0
	递延所得税资产	0	0	未分配利润	1670687.56	0
	其他非流动资产	0	0	外币报表折算差额	0	0
	非流动资产合计	37877225	0	少数股东权益	0	0
				股东权益合计	124010687.56	0
	资产总计	130685364.68	0	负债和股东权益合计	130685364.68	0

图 8-77 合并资产负债表界面

合并现金流量表如图 8-78 所示。

	A	B	C
1	现金流量表		
2	年　月		会合03表
3	编制单位：		单位：元
4	项目名称	本期金额	上期金额
5	一、经营活动产生的现金流量		
6	销售商品、提供劳务收到的现金	731371	0
7	收到的税费返还	0	0
8	收到其他与经营活动有关的现金	0	0
9	经营活动现金流入小计	731371	0
10	购买商品、接受劳务支付的现金	601000	0
11	支付给职工以及为职工支付的现金	0	0
12	支付的各项税费	552136.76	0
13	支付其他与经营活动有关的现金	6400	0
14	经营活动现金流出小计	1159536.76	0
15	经营活动产生的现金流量净额	-428165.76	0
16	二、投资活动产生的现金流量：		
17	收回投资收到的现金	0	0
18	取得投资收益收到的现金	0	0
19	处置固定资产、无形资产和其他长期资产收回的现金净	0	0
20	处置子公司及其他营业单位收到的现金净额	0	0
21	收到其他与投资活动有关的现金	0	0
22	投资活动现金流入小计	0	0
23	购建固定资产、无形资产和其他长期资产支付的现金	0	0
24	投资支付的现金	0	0
25	取得子公司及其他营业单位支付的现金净额	0	0
26	支付其他与投资活动有关的现金	0	0
27	投资活动现金流出小计	0	0
28	投资活动产生的现金流量净额	0	0
29	三、筹资活动产生的现金流量：		
30	吸收投资收到的现金	0	0
31	取得借款收到的现金	0	0
32	收到其他与筹资活动有关的现金	0	0
33	筹资活动现金流入小计	0	0
34	偿还债务支付的现金	0	0
35	分配股利、利润或偿付利息支付的现金	0	0
36	支付其他与筹资活动有关的现金	0	0
37	筹资活动现金流出小计	0	0
38	筹资活动产生的现金流量净额	0	0
39	四、汇率变动对现金及现金等价物的影响	0	0
40	五、现金及现金等价物净增加额	-428165.76	0
41	加：期初现金及现金等价物余额	58097136.76	0
42	六、期末现金及现金等价物余额	57668971	0

图 8-78　合并现金流量表界面

合并利润表如图 8-79 所示。

合并报表/云端集团合并范围_张三/HB00002/合并报表模板_张三-2021年1期月报(PRE001.人民币.元) ×

	A	B	C
1	利润表		
2	年　月		会合02表
3	编制单位：		单位：元
4	项目名称	本期金额	本年累计金额
5	一、营业收入	0	8176991.16
6	减：营业成本	0	6112276.42
7	税金及附加	0	104341.48
8	销售费用	0	31245.94
9	管理费用	0	252942.7
10	财务费用	0	629
11	资产减值损失	0	0
12	加：公允价值变动收益（损失以“-”号填列）	0	0
13	投资收益（损失以“-”号填列）	0	0
14	其中：对联营企业和合营企业的投资收益	0	0
15	二、营业利润（亏损以“-”号填列）	0	1675555.62
16	加：营业外收入	0	0
17	减：营业外支出	0	4868.06
18	其中：非流动资产处置损失	0	0
19	三、利润总额（亏损总额以“-”号填列）	0	1670687.56
20	减：所得税费用	0	0
21	四、净利润（净亏损以“-”号填列）	0	1670687.56
22	归属于母公司所有者的利润	0	0
23	少数股东损益	0	0
24	五、每股收益	0	0
25	（一）基本每股收益	0	0
26	（二）稀释每股收益	0	0

图 8-79　合并利润表界面